कहानी परम्परा और प्रगति

कहानी
परम्परा और प्रगति

खगेन्द्र ठाकुर

वाणी प्रकाशन

वाणी प्रकाशन
4695, 21-ए, दरियागंज, नयी दिल्ली 110 002

शाखा
अशोक राजपथ, पटना 800 004

फ़ोन : +91 11 23273167 फ़ैक्स : +91 11 23275710

www.vaniprakashan.in
vaniprakashan@gmail.com
sales@vaniprakashan.in

KAHANI : PARAMPARA AUR PRAGATI
by Khagendra Thakur

ISBN : 978-93-87889-38-5
Criticism

प्रथम संस्करण

मूल्य : ₹ 450

सिटी प्रेस, दिल्ली-110 095 में मुद्रित

वाणी प्रकाशन का लोगो मक़बूल फ़िदा हुसेन की कूची से

स्वातन्त्र्योत्तर युग के
अग्रणी कहानीकार मार्कण्डेय
की स्मृति को

अनुक्रम

कोई भूमिका नहीं

यह पुस्तक ऐसी है, कि इसके लिए किसी भूमिका की जरूरत नहीं है। इसके लेखों से किसी को यह शिकायत हो सकती है कि इतने साफ-साफ ढंग से कहीं बात कही जाती है! कुछ तो ऐसी गाँठ होनी चाहिए, जिन्हें खोलने का सूत्र भूमिका में देना जरूरी हो। लेकिन मैं आलोचना की जटिल पद्धति या प्रक्रिया का कायल नहीं। आलोचक वास्तव में रचना और पाठकों के बीच के दुराव को समाप्त करने का सामाजिक दायित्व निभाता है। इसके लिए रचना के भीतर से गुजरना, तब भी उसके या रचनाकार के प्रभाव से मुक्त रहकर रचना के कथ्य और सच को खोल कर पाठकों के सामने रख देना आलोचक का जनतान्त्रिक और कलात्मक दायित्व होता है। मैं समझता हूँ कि ऐसा कह देने से ही सिद्ध नहीं होता कि आलोचक ने अपना दायित्व पूरा कर लिया है। इसकी समीक्षा तो फिर पाठक ही कर सकता है। रचनाकार भी आलोचना की समीक्षा कर सकता है, इस प्रसंग में मैं यह कहना चाहता हूँ कि यदि आलोचना लेखक के मनोनुकूल न हो, तब भी उसे धैर्य और संयम के साथ आलोचक के द्वारा कही गयी बातों को समझने की कोशिश करनी चाहिए। यों मैं अपने अनुभव की रोशनी में यह देखता-समझता रहा हूँ जो लेखक आत्मालोचन कर सकता है, वही आलोचना भी बर्दाश्त कर सकता है। यह बड़ा मुश्किल काम है। यहाँ अनायास ही 'आलोचना' का अर्थ हो गया प्रतिकूल समीक्षा। लेकिन आलोचक 'आलोचना' को इस अर्थ में नहीं लेता। वह तो किसी रचना को सम्यक् रूप से, चारों तरफ से जाँचने-परखने और उसका ऐतिहासिक रचनात्मक मूल्य आँकने को आलोचना समझता है। आलोचना कोई ऐसी चीज तो कतई नहीं है, जिससे रचनाकार सन्तुष्ट हो। इसके साथ ही आलोचक के लिए यह ध्यान में रखने लायक बात है कि वह साहित्य का मर्मज्ञ हो सकता है, प्रवक्ता भी हो सकता है, लेकिन अधिवक्ता और न्यायाधीश नहीं। ऐसा मैंने हमेशा ध्यान में रखा है।

मैं यह महसूस करता रहा हूँ कि कहानी की आलोचना करना एक कठिन काम है। ऐसा मैं किसी दूसरी विधा की तुलना में नहीं कह रहा हूँ। कठिनाई इसलिए अधिक है, कि यह एक श्रमसाध्य और समयसाध्य काम है। आज के युग में साधना की तरह आलोचना कर्म नहीं हो रहा। मुझे मेरे कहानीकार मित्रों और सम्पादक

बन्धुओं ने कहानी-आलोचना के क्षेत्र में उतार दिया। मैं उतरा और चलने लगा, चलता रहा हूँ। इस तरह यह पुस्तक तैयार हुई। कहानीकार और सम्पादक मित्रों ने मुझसे लिखवाया, यह मेरे लिए प्रसन्नता की बात है कि उन्होंने मुझे इस योग्य समझा। मेरे आत्मविश्वास और आलोचना-कर्म को इससे बल मिलता रहा है।

हिन्दी कहानी मुख्यतः बीसवीं सदी की विधा है। हिन्दी जनता के अपने गद्य का विकास जब हुआ, तो स्वाभाविक है गद्य में विभिन्न विधाओं का विकास शुरू हो गया। कहानी का विकास बड़ी तेजी से हुआ है। बहुत बार कहानीकारों ने कहानी को साहित्य की केन्द्रीय विधा कहा है। इस प्रसंग में मैं कहना चाहता हूँ कि कोई विधा केन्द्रीय विधा नहीं होती। यह सम्भव है कि कोई विधा कभी ज्यादा प्रमुख हो जाए और कोई गौण हो जाए, इतने ही पर केन्द्रीयता का निर्णय नहीं हो सकता। मैं जब कह रहा हूँ कि कोई विधा साहित्य की केन्द्रीय विधा नहीं होती तो उसका आधार यह वैज्ञानिक समझ है कि केन्द्र की परिधि होती है, साहित्य में कोई विधा किसी दूसरी विधा की परिधि नहीं बनती, कोई बना भी नहीं सकता। साहित्य के विशाल आकाश में सभी विधाओं की रचनाएँ अपनी-अपनी चमक के साथ गतिमान रहती हैं। उनमें परस्पर आकर्षण भी होता है। कई बार ऐसा होता है कि एक विधा की रचनागत विशिष्टता दूसरी विधा में प्रवेश कर जाती है। भारतेन्दु-युग में निबन्ध प्रायः कथात्मक हो जाते थे और बीसवीं सदी के अन्तिम चरण में ऐसी कहानियाँ लिखी गयीं जो अपने शिल्प में निबन्धात्मक हो गयीं। इससे भी विधाओं में केन्द्र और परिधि के सम्बन्ध नहीं बनते।

मुख्य बात यह है कि हिन्दी कहानी की विकास-प्रक्रिया और विकास की विभिन्न अवस्थाओं के आपसी सम्बन्ध को देखा जाए। इससे कहानी की ऐतिहासिक धारा सामने आ जाती है। यद्यपि हमने हिन्दी कहानी की विकास-धारा का स्वरूप सामने रख कर यह पुस्तक नहीं लिखी है, बल्कि लम्बे समय में क्रम से लिखे गये लेखों को एकत्र किया है, फिर भी ये लेख एकत्र होकर विकास-धारा का बोध पाठकों को कराएँगे, ऐसा मैं समझता हूँ। इस दृष्टि से यदि पाठक इस पुस्तक को देखेंगे तो वे इसकी विभिष्ट उपयोगिता महसूस करेंगे। इसमें सन् 1901 में प्रकाशित माधव राव सप्रे की कहानी 'टोकरी भर मिट्टी' से लेकर अभी हाल में कहानी के क्षेत्र में आयी युवा पीढ़ी के भी रचनाकारों की कहानियाँ दिखाई पड़ेंगी। मुझे इस बात का एहसास है कि हिन्दी कहानी के कुछ अंश धारा से बाहर रह गये या छूट गये हैं। ऐसा इसलिए हो गया कि पुस्तक इतिहास की दृष्टि से नहीं लिखी गयी है।

हिन्दी कहानी ने हर अवस्था में गुणात्मक विकास किया है। आज के कहानीकारों के लिए यह अत्यन्त महत्त्वपूर्ण बात है कि उनके सामने जो हिन्दी कहानी है, वह गुणात्मक ऊँचाई, संवेदनात्मक गहराई और परिमात्णात्मक व्यापकता को अपने में समेटे हुए है। इस उपलब्धि की पृष्ठभूमि में प्रेमचन्द, सुदर्शन, चन्द्रधर शर्मा गुलेरी

आदि के रचनात्मक अनुभव हैं, तो जैनेन्द्र, अज्ञेय, इलाचन्द्र जोशी की कलात्मकता है, फिर यशपाल अमृत राय, अमृतलाल नागर, पहाड़ी, भीष्म साहनी, अमरकान्त, मोहन राकेश, मार्कण्डेय, फणीश्वर नाथ रेणु, कमलेश्वर, मन्नू भण्डारी, उषा प्रियंवदा, राजेन्द्र यादव, निर्मल वर्मा की कहानियाँ हैं, तो काशीनाथ सिंह, दूधनाथ सिंह, ज्ञानरंजन, रवीन्द्र कालिया आदि की रचनात्मक उपलब्धि है। यहाँ सारी सूची देना जरूरी नहीं है। इतने नाम लेकर मैंने सिर्फ यह कहना चाहा है कि आज का कहानीकार अपने पीछे खड़े शिखरों को पार करके ही अपना कीर्तिमान कायम कर सकता है। आज कहानीकारों की रचनात्मक मेधा के सामने एक तो अपने समय के यथार्थ को ग्रहण करके चित्रित करने की चुनौती तो है ही, अपनी रचनात्मक विरासत की महानता की ओर से भी ऐतिहासिक चुनौती पेश की जा रही है। इन दोनों प्रकार की चुनौतियों का मुकाबला करके ही आज के कहानीकार आगे बढ़ सकते हैं।

हिन्दी कहानी विकसित हो रही है। विकसित होने का एक अर्थ तो यह हो सकता है और है भी कि आज के कहानीकार अपनी अग्रज पीढ़ियों के मुकाबले कहानी को आगे बढ़ा रहे हैं। यह तुलनात्मक समीक्षा का मामला है, जो वास्तव में इतिहास का विषय है। इससे अलग विकसित होने का अर्थ यह है और असली अर्थ यही है कि अग्रज पीढ़ियों के बाद जो यथार्थ विकसित हुआ है, जीवन और समाज में जो नये लक्षण प्रकट हुए हैं, उनमें सबसे महत्त्वपूर्ण लक्षणों को पकड़ कर उन्हें इस तरह कथा का रूप देना कि वे अपने समय के यथार्थ का प्रतिनिधित्व करने में समर्थ हों। यहाँ पर हिन्दी कहानी के उस रचनात्मक अनुभव की ओर मैं पाठकों और रचनाकारों का ध्यान ले जाना चाहता हूँ, जब लेखकों ने अपनी विचारधारा और राजनीति से प्रेरित होकर मनोवादी यथार्थ की रचना की। मनोवादी यथार्थ के प्रभाव से बहुत-सी फार्मूला-बद्ध कहानियाँ लिखी गयीं। लेकिन रचना का यह दौर बहुत दिन नहीं चला। लेखकों ने महसूस किया कि फार्मूलाबद्धता के कारण संवेदना का क्षरण होता है।

इसके बाद ही कहानी के नये उठान का दौर आता है। इस दौर में लेखकों ने समाज में संवेदनशून्यता की स्थितियों को चित्रित कर पाठकों में संवेदना जगाने की कोशिश की। यहाँ इस दौर के यथार्थ के अन्तर्गत विकसित तमाम प्रवृत्तियों का जिक्र नहीं कर रहे हैं; क्योंकि पुस्तक में यथास्थान इन पर विचार किया गया है। एक बात यह कहना चाहता हूँ कि समाज में जितनी पीड़ा है, जितनी अमानुषिकता है, उतनी कहानियों में चित्रित नहीं हो पा रही है। रचनाकारों का ध्यान आज के जीवन में व्याप्त व्यावसायिकता पर ज्यादा है, ऐसा लगता है। आजीविकावाद ने भी लेखकों को प्रभावित किया है। सूचना-माध्यमों, खास कर के इलेक्ट्रोनिक माध्यमों से पैदा होने वाले चमत्कार ने भी लेखकों को प्रभावित किया है। इस प्रसंग में मैं अन्तिम बात यह कहना चाहता हूँ कि आज की कहानियों में समकालीन जीवन और यथार्थ

तो किसी-न-किसी रूप में है, लेकिन यह स्पष्ट नहीं होता कि जीवन का जो संकट है, उसका स्रोत क्या है? मैं यह समझ रहा हूँ कि कोई लेखक कह सकता है कि कहानी-कला का काम जीवन के किसी खास पहलू का चित्रण करना है, समाज का रास्ता बनाना या समस्या का समाधान प्रस्तुत करना नहीं। बात तो ठीक है, लेकिन जीवन की व्यथा का चित्रण करते हुए यदि परिप्रेक्ष्य का संकेत दिया जाए, तो क्या कला की हानि हो जाएगी? कोई आलोचक रचनाकारों को सन्देश या निर्देश नहीं दे सकता, यह मैं मानता हूँ, लेकिन मैं यह भी समझता हूँ कि कला केवल शिल्पशैली और भाषा नहीं है। कला का प्रारम्भ तो तभी हो जाता है, जब लेखक रचना के लिए समाज से घटना, पात्र और प्रसंग का, दृश्यों का चयन करता है, यही कला रचना-प्रक्रिया में विकसित होकर यथार्थ की परिणति तक जाती है, या उसे वहाँ तक जाना चाहिए। किसी घटना या घटना-क्रम की परिणति चित्रित करने से परिप्रेक्ष्य का संकेत मिल जाता है। मेरा खयाल है कि कला और कलाकार से ऐसी अपेक्षा करना नहीं गलत नहीं है। इससे कला विकसित होती है, उसका क्षरण नहीं होता है। कला का दायित्व मानव-विरोधी और रचना-विरोधी शक्तियों को बेपर्द करना तो है ही। संवेदना और विचार का घनिष्ठ सम्बन्ध आज की कला की अपेक्षा है।

समाज में अनेक प्रकार की शक्तियाँ सक्रिय हैं, कुछ सम्भावनावान् कुछ सम्भावनाहीन। दोनों में द्वन्द्व चलता रहता है। मुझे ऐसा लगता है कि सम्भावनावान् शक्तियों को उजागर करने से भी परिप्रेक्ष्य की सांकेतिक अभिव्यक्ति हो जाती है। प्रश्न यह है कि लेखक का ध्यान सम्भावनाहीनता पर है या सम्भावना पर, इस प्रश्न का उत्तर यह देखने से मिलता है कि लेखक का लगाव किससे है? आज के लेखक, पाठक आदि इन प्रश्नों पर विचार करें, तो कहानी-कला और मानव-मूल्य दोनों का भला हो सकता है। यह पुस्तक यदि इस दिशा में कुछ मदद कर पायी तो मुझे अतिरिक्त प्रसन्नता होगी।

इस पुस्तक के पीछे अनेक कहानीकार, सम्पादक और पाठक मित्रों की प्रेरणा और कामना काम करती रही है, सबका नाम लेना सम्भव नहीं है, लेकिन सबको हार्दिक धन्यवाद। और अन्त में इसे पुस्तक रूप में पाठकों तक पहुँचाने के लिए वाणी प्रकाशन के स्वामी श्री अरुण माहेश्वरी के प्रति आभार।

आलोचनात्मक उपक्रम और कहानी का संसार

हिन्दी के एक कवि अथवा कवि-समीक्षक अशोक वाजपेयी ने 'कहानी का उपक्रम और आलोचना का संसार' शीर्षक अपने लेख में समकालीन हिन्दी कविता के धरातल और स्वरूप के बारे में अपनी धारणा के आधार पर हिन्दी कहानी के बारे में कुछ विचार व्यक्त किये अथवा यह कहें कि कविता की ओर से कहानीकारों को छेड़ दिया है। एक ओर एक कहानीकार अपनी प्रतिक्रिया व्यक्त कर रहे हैं। यह ध्यान देना रोचक है कि कवियों ने अपने को इस बहस से अलग रखा है तो आलोचक भी अलग ही है। बहस ने कहानी का रूप ले लिया है और यही अशोक वाजपेयी का उद्देश्य था। मेरे विचार से साहित्य की किसी समस्या पर विचार करने का यह सही तरीका नहीं है, यह तो खण्डित विचार-पद्धति है। विचार करने वाला आलोचक हो या कवि अथवा कहानीकार, जिससे समस्या पर संजीदगी से वस्तुगत दृष्टि से विचार करने की अपेक्षा की जाती है। लेकिन अब तक की बहस में अशोक वाजपेयी के वास्तविक निहितार्थ का उद्घाटन नहीं किया जा सका है। यदि ऐसा किया गया होता तो बहस का स्वरूप कविता बनाम कहानी नहीं होता।

कुछ लोकापवादों को रास्ते से हटाने के उद्देश्य से अशोक वाजपेयी ने जो कुछ बातें स्वयंसिद्ध निष्कर्ष की तरह कही हैं, उन पर बहस नहीं करके उन्हें 'निराधार' मान लेने का उनका आग्रह बताता है कि वे बहस के माध्यम से सच्चाई पर पहुँचने के प्रयत्न का ही निषेध कर देते हैं। समकालीन हिन्दी कहानी की उपलब्धियाँ कई दृष्टियों से महत्त्वपूर्ण हैं, उन पर आलोचना का ध्यान नहीं जाने के कारण और भी हो सकते हैं तथा हैं भी। कहानी सम्बन्धी कुछेक लोकापवादों को रास्तों से हटाने के बावजूद, अशोक जी एक स्वनिर्मित धारणा को लोकापवाद बनाने की कोशिश करते दिखते हैं कि रचना में कुछ महत्त्वपूर्ण होगा तो वह आलोचना का ध्यान खींचेगी ही। हिन्दी-साहित्य और हिन्दी-आलोचना के इतिहास इसे साबित नहीं करते। उदाहरण के लिए छायावादी कविता ने उस समय के दमदार आलोचकों का ध्यान कहाँ खींचा! बीसवीं सदी के प्रारम्भिक दौर में आलोचकगण बहस कर रहे थे कि श्रेष्ठ कवि देव हैं या बिहारी? श्रेष्ठ कवियों में कहीं कबीर, जायसी, सूर, तुलसी आदि की गिनती नहीं थी। जब शुक्ल जी ने कविता को नये सिरे से परिभाषित करते हुए जायसी,

सूर, तुलसी आदि का विश्लेषण किया, तब कहीं देव, बिहारी पीछे हटे। कबीर को तो तब भी हजारी प्रसाद द्विवेदी का इन्तजार करना पड़ा। यों ऐसे उदाहरण भी हैं, जब रचना ने तुरन्त आलोचकों का ध्यान खींचा, जैसे फणीश्वर नाथ रेणु अपने पहले उपन्यास 'मैला आँचल' के प्रकाशन के साथ ही अद्‌भुत प्रभा-मण्डल वाले लेखक बन गये। अक्सर ऐसा होता है कि लेखाक पाठकों के बीच पहले प्रतिष्ठा पा लेता है, तब आलोचक का ध्यान उस पर जाता है। फिर यह भी अनुभव-सिद्ध है कि कोई आलोचक अगर किसी रचना या रचनाकार पर ध्यान दे ही दे, तो क्या वह कमजोर रचना या रचनाकार को भी महत्त्वपूर्ण बना दे सकता है? कतई नहीं। उसी तरह आलोचक की उपेक्षा महत्त्वपूर्ण रचना को महत्त्वहीन नहीं बना दे सकती। आचार्य नन्ददुलारे वाजपेयी प्रेमचन्द को उनके ऐतिहासिक स्थान से नीचे नहीं गिरा सके और न रामेश्वर शुक्ल 'अंचल' को श्रेष्ठ कवि बना सके। इस प्रसंग में इतना ही कहना चाहता हूँ कि हिन्दी-आलोचना ने आज यद्यपि रचनात्मक विश्लेषण की पद्धति, चिन्तन और ऐतिहासिक मूल्यांकन की दृष्टि से बहुत ऊँचाई प्राप्त कर ली है, फिर भी व्यावहारिक आलोचना यानी अलग-अलग रचनाकारों तथा रचनाओं का विश्लेषण और मूल्यांकन करने की दृष्टि से हिन्दी-आलोचना आज भी बहुत गरीब है। मैंने एक लेख में पढ़ा कि चंगेज़ आइत्मातोव ने जितनी किताबें लिखी हैं, उससे ज्यादा किताबें उसके बारे में लिखी गयी हैं। हमारे कितने लेखक हैं, जिन्हें ऐसा आलोचनात्मक सुयोग प्राप्त है? यहाँ तो पचहत्तर और अस्सी की उम्र तक पहुँच गये अत्यन्त महत्त्वपूर्ण रचनाकारों पर भी ठीक-ठिकाने से लिखी दो-चार आलोचनात्मक कृतियाँ भी नहीं मिलती हैं। आलोचना की इस स्थिति को भी ध्यान में रखना चाहिए।

असल में अशोक वाजपेयी अपने उपर्युक्त लेखक के माध्यम से क्या कर रहे हैं? उन्होंने विजन का सवाल तो ठीक ही उठाया है। महान् विजन या एकान्त विजन के बिना किसी लेखक का महान् बनना सम्भव नहीं है, लेकिन यह विजन कहाँ से आता है या कैसे विकसित होता है? इसके बारे में वे कुछ नहीं कहते। हाँ वे यह कहते हैं कि वह 'विजन' अद्वितीय, हिन्दी जातीय और मेजर हो। विचार करें कि विविधतापूर्ण समाज में, अन्तर्विरोधगत समाज में, परस्पर विरोधी हितों वाले समाज में कोई विजन अद्वितीय हो सकता है क्या? विजन का सम्बन्ध जीवन के परिप्रेक्ष्य से है, भविष्य की दिशा से है, लेकिन यहाँ तो परस्पर टकराते हुए परिप्रेक्ष्य हैं। अद्वितीय को निर्विरोध और निर्विवाद होना चाहिए, जो ऐसे समाज में सम्भव नहीं है और कहीं सम्भव होगा, तो वह सवाल जनतान्त्रिक नहीं, अधिनायकतान्त्रिक होगा। यह भी सोचें कि कोई एक हिन्दी जातीय विजन सम्भव है? हिन्दी जाति तो वह सामाजिक समुदाय है, जो हिन्दी क्षेत्र में रहता है और जिसे हिन्दी भाषा आपस में जोड़ती है। ऐसा समुदाय कारोबारी भाषा की दृष्टि से तो एक है, लेकिन भावी जीवन के बारे में अनेक प्रकार के सपने, अनेक प्रकार की कल्पनाएँ उसकी चेतना में सक्रिय हैं।

इसलिए हिन्दी जातीय विजन कहना-सुनना तो अच्छा लगता है, लेकिन व्यवहार में वह कहाँ है? हिन्दी जाति के लेखक अज्ञेय भी हैं और यशपाल भी, हिन्दी जाति के कवि दिनकर और नागार्जुन दोनों हैं, हिन्दी जाति के कथाकार निर्मल वर्मा भी हैं और रेणु भी। लेकिन इन लेखक-युग्मों में परस्पर कितनी भिन्नता है? अशोक जी क्या बता सकते हैं कि हिन्दी जातीय विजन अज्ञेय की रचनाओं में है या नागार्जुन की रचनाओं में, निर्मल की रचनाओं में है या रेणु की रचनाओं में? 'मेजर' विजन होने का निर्णय कैसे किया जाएगा? मैं समझता हूँ कि किसी दौर में जन-जीवन और राष्ट्रीय जीवन के सबसे बड़े प्रश्न को हल करने की दिशा से सम्बन्धित विजन 'मेजर' होता है। ऐसा विजन यथार्थवादी रचनाओं को छोड़ कर और कहीं मिल नहीं सकता। लेकिन अशोक जी को असली एतराज यथार्थवाद से ही तो है। इसलिए जिसे मैं मेजर विजन कह रहा हूँ, वह अशोक जी के लिए कोई विजन ही नहीं है।

अशोक वाजपेयी कहानी ही नहीं कविता के बारे में भी ऐसी धारणा प्रस्तुत कर रहे हैं, जो हमारे अपने सामाजिक सन्दर्भ और जीवन प्रसंग से विकसित है ही नहीं, वे बार-बार लातीन अमरीकी कहानी का मॉडेल हिन्दी-कहानीकारों के लिए पेश कर रहे हैं या फिर कुन्देरा के उपन्यासों का जिक्र करते हैं। उस प्रकार हमारे कहानीकारों को अपने देश-काल-पात्र से विच्छिन्न होने की सलाह देते हैं, यदि हमारे कहानीकार ऐसा नहीं करते हैं, तो वे 'रूढ़िवादी' हैं। यह उन्हें विचलित करने के लिए उन पर मनोवैज्ञानिक हमला है। वे हिन्दी कहानी पर चोट करते हुए कहते हैं—"कविता के मुकाबले हमारी कहानी रूढ़िग्रस्त रही आयी है—उसमें नव प्रवर्त्तन भी कम रहा है। वह ज्यादातर आदि-मध्य-अन्त वाली यथार्थवादी संरचना रही है। पिछले पचास वर्षों में कविता ने अपना कायाकल्प ही कर लिया है, कुछ उस हद तक कि रूढ़िवादी कई बार उसके कविता होने को पहचान सकने में भी असमर्थ रहते हैं, जबकि कहानी का चेहरा-मोहरा, ढाँचा काफी कम बदला है। ...कविता ने छन्द, तुक, अलंकारों आदि से मुक्ति पा ली, पर कहानी में कथानक और चरित्र की रूढ़ियाँ बरकरार हैं।" अशोक वाजपेयी को असली शिकायत इस बात से है कि हिन्दी कहानी "ज्यादातर आदि-मध्य-अन्त वाली यथार्थवादी संरचना रही है।" यथार्थवादी संरचना का मतलब होता है किसी घटना या चरित्र का उसकी पृष्ठभूमि में, सामाजिक सन्दर्भ और परिप्रेक्ष्य में, सामाजिक अन्तस्सम्बन्धों के बीच चित्रण करना। यह है वस्तुगत चित्रण की पद्धति। इस पद्धति को अपना कर चलने वाली कहानी या कोई भी रचना रूढ़िग्रस्त नहीं हो सकती; क्योंकि वस्तुगत परिस्थिति बदलती रहती है, यथार्थ बदलता रहता है। यथार्थ एक गतिशील परिघटना है, इसलिए जो लेखक घटनाओं और चरित्रों को अपनी चेतना के भीतर आँख मूँद कर गढ़ने की मनमानी नहीं करते, वे गतिशील यथार्थ की परिवर्तित अवस्था को, उसके पात्रों को, पहचानने की कोशिश करते हैं। अशोक जी कहानी को घटना और चरित्र से मुक्त करने के लिए कहानीकारों को

ललकारते हुए, वास्तव में कहानी से उसका स्वत्व यानी कहानीपन छीनना चाह रहे हैं। वे कहानी का चेहरा-मोहरा मूलतः बदल देने की सलाह दे रहे हैं। लेकिन वे स्वयं रूढ़िवादी नहीं, तो मनोवादी तो जरूर दिखते हैं, जब वे कहानी के ढब-ढाँचे में आयी विविधता और परिवर्तन को देखने से इनकार कर रहे हैं। 'पंच परमेश्वर' और 'उसने कहा था' से लेकर असगर वजाहत, उदय प्रकाश और अखिलेश तक कहानी में जो विकास और बदलाव घटित हुए हैं उनको अशोक जी नहीं देख पा रहे हैं, तो इसीलिए कि इस दौर में यथार्थवाद की विजय से वे परेशान हैं। यों कविता के बारे में भी जो कुछ उन्होंने कह दिया है, वह पिछले पचास वर्षों की हिन्दी कविता से तो प्रमाणित नहीं होता। हिन्दी कविता ने अगर छन्द, तुक, अलंकारों आदि से मुक्ति पा ली है, तो यह मुक्ति दैहिक है, आत्मिक नहीं। हिन्दी कविता की वर्तमान धारा भी यथार्थवादी ही है, हाँ यह वही यथार्थ नहीं है, जो पचास साल पहले था। हकीकत तो यह है कि समकालीन हिन्दी कविता में घटना और चरित्र की स्थूलता भी अच्छी-खासी मात्रा में मौजूद है। जीवन के ठोस प्रसंग आज की कविता के स्वरूप के अनिवार्य अंग हैं। अशोक जी देखें तब तो। 'कथानक और चरित्र' कहानी की अन्तर्वस्तु है, जबकि छन्द, तुक आदि कविता के बाहरी ढाँचे के अंग, वह भी अनिवार्य नहीं। इसलिए कहानी की अन्तर्वस्तु और कविता नहीं। इसलिए कहानी की अन्तर्वस्तु और कविता के बाह्य रूप का मिलान करना किसी तरह आलोचनात्मक विवेक के अनुकूल नहीं है। जाहिर है कि अशोक जी अपने ढंग से (जो विवेक से प्रेरित नहीं है) कहानी और कविता दोनों को 'यथार्थवादी संरचना' से यानी रचना के स्रोत से ही मुक्त कर देना चाहते हैं।

अपने लेख में अशोक जी ने उपर्युक्त प्रमाण कई बार दिया है। आगे चलकर फिर वे कहते हैं—कविता में उन दिनों कथ्य और शिल्प में द्वैत में बात करना पुरानी और कुछ पिछड़ी ही प्रवृत्ति मानी जाती है, जब कि सृजनात्मक स्तर पर अवास्तविक रस द्वैत का कहानी में प्रभुत्व अभी भी कायम है। यहाँ भी वे कथ्य और शिल्प के द्वैत पर समता करते हुए वास्तव में कविता और कहानी दोनों में ही 'कथ्य' का निषेध कर रहे हैं। रचनाकार को अपनी रचना में कहने को तथ्य होगा, तभी कथ्य की योजना होगी। अशोक जी रचना में कुछ कहने के प्रयत्न को पिछड़ापन कह कर लेखकों को यहाँ भी मनोवैज्ञानिक रूप से भड़काना चाहते हैं, क्योंकि कोई रचनाकार रूढ़िवादी कहलाना नहीं चाहता। कथ्य और शिल्प का द्वैत नहीं होना, उनका एकाकार होकर अद्वैत प्रस्तुत करना तो अच्छी बात है, लेकिन रचना में यह आदर्श स्थिति जैसे बनती है या हासिल की जाती है? रचना को कथ्यहीन बना कर या कथ्य और शिल्प के अस्तित्व में ऐसे आनुपातिक सन्तुलन का निर्माण करके कि किसी एक को प्रधानता न दिखे! इस प्रश्न का उत्तर देना अशोक जी का विषय नहीं है, उद्देश्य तो एकदम नहीं। यह सन्तुलन ही किसी भी कला का केन्द्रीय तत्त्व

है, लेकिन अशोक जी के ध्यान में यह सन्तुलन एकदम नहीं है। देखिए आगे वे कहते हैं—"याद होना चाहिए कि शिल्प या भाषा का सार संक्षेप नहीं हो सकता, कथ्य का हो सकता है...।" इस कथन से एकदम साफ हो जाता है कि अशोक जी काव्य के रस और शिल्प को अधिक महत्त्व देते हैं। यानी सृजनात्मक सन्तुलन के पक्ष में बिल्कुल नहीं हैं। रचना को कथ्य के मामले में दरिद्र बनाने का जो नतीजा हो सकता है, उसे समझना बहुत मुश्किल नहीं है। अशोक जी भाषा की प्रकृति और रचना की अन्तर्वस्तु के स्वरूप को ठीक से समझते तो हैं ही, फिर भी वे कहते हैं "सार-संक्षेप शिल्प या भाषा का नहीं, कथ्य का हो सकता है" तो ताज्जुब होता है। हकीकत यह है कि सार-संक्षेप भाषा का ही होता है, कथ्य का नहीं। कथ्य के संक्षेपण का मतलब होगा रचना के किसी आवश्यक पक्ष को ही काट देना, जब कि भाषा के संक्षेपण का अर्थ होता है कम-से-कम शब्दों में अधिक-से-अधिक कथ्य को अभिव्यक्त कर देना। अशोक जी को इस कलात्मक श्रेष्ठता से परहेज क्यों?

अशोक जी ने रचना की परम्परा का प्रश्न भी उठाया है, लेकिन वह भी हिन्दी-साहित्य की परम्परा का प्रश्न नहीं मालूम पड़ता। वे कहते हैं—"हिन्दी में कहानी उसी शताब्दी की विधा है। चूँकि किसी लम्बी परम्परा और उसके बोझ से जूझना नहीं पड़ा है, उसके पास कोई ऐतिहासिक स्मृतियाँ और खोंचें नहीं हैं, कविता को अपने नये मूल्यों और नये शास्त्र की एक लम्बी परम्परा के कारण और उसके बरअक्स स्थापित करने के लिए लम्बा और लगातार संघर्ष भी करना पड़ा है।" इन पंक्तियों से साहित्य की परम्परा और सृजन के सम्बन्ध में अशोकजी की जो धारणा व्यक्त होती है, वह गलत है; क्योंकि नयी सृजनशीलता का संघर्ष जितना अपनी परम्परा से होता हे, उससे अधिक अपने समय के प्रश्नों और चुनौतियों से होता है। और रचनाकार के लिए परम्परा भी सम्बद्ध विधा के साथ समाज की भी होती है, जिससे उसे जूझना पड़ता है। ध्यान देने पर आसानी से स्पष्ट होगा कि बीसवीं सदी के पूर्वार्द्ध में यानी भारतीय स्वाधीनता संग्राम के दौर में भारतीय समाज की लम्बी परम्परा के बोझ से सबसे अधिक संघर्ष हिन्दी कथा-साहित्य ने किया है; यह तो आप समझ रहे होंगे कि मेरा ध्यान प्रेमचन्द के कथा-साहित्य पर है। यह प्रेमचन्द हैं जिन्होंने साहित्य में नायकत्व के बारे में भारतीय काव्यशास्त्र की मान्यता यानी नायक के उच्चकुल सम्भूत (देवता, ब्राह्मण, क्षत्रिय) होने की मान्यता को एकदम उलट दिया, अछूत भिखारी सूरदास, होरी, गोबर, जोखू, हल्कू, धनियाँ, झुनियाँ अदि को नायकत्व की गद्दी पर बैठा दिया। इसीलिए तो नयी सौन्दर्य सृष्टि की माँग साहित्य में उठ गयी। यह कथा-साहित्य की ओर से साहित्य में नये चिन्तन के आह्वान का सर्वोत्तम उदाहरण है। उन्नीसवीं सदी के उत्तरार्द्ध में यही संघर्ष गद्य की मुख्य विधाओं ने किया, जैसे नाटक, निबन्ध आदि ने। व्यंग्य निबन्धों में 'राजा भोज का सपना' एक अद्भुत अपूर्व स्वप्न जैसे व्यंग्यात्मक निबन्धों की भूमिका उल्लेखनीय

है, जिनमें हिन्दी कहानी के बीज भी दिखायी पड़ते हैं। उन दिनों कविता ने तो यह संघर्ष बहुत कम किया। स्वयं गद्य का और फिर कथा-साहित्य का विकास भारतीय सामाजिक परम्परा में नये तत्त्वों को व्यक्त करने वाली शक्तियों की भूमिका का ही इजहार है। इस बात की उपेक्षा करके हिन्दी कहानी और उपन्यास की भूमिका को नहीं समझा जा सकता। लेकिन पता नहीं अशोक जी की चेतना में किस साहित्य की परम्परा जोर मार रही है।

अशोक वाजपेयी की 'नुकसानदेह' धारणाओं में यह भी है कि हिन्दी की प्रगतिशील आलोचना "कविता पर केन्द्रित रही है", जब कि "पश्चिम की मार्क्सवादी आलोचना अधिकतर कथा-साहित्य के सहारे विकसित हुई"। यहाँ वे पश्चिमी आदर्श को ध्यान में रख कर हिन्दी-आलोचना पर चोट कर रहे हैं, इससे पहले पश्चिमी आदर्श से प्रेरित होकर कविता और कहानी के स्वरूप पर वे चोट कर चुके हैं। यहाँ इतना ही निवेदित करूँ कि डॉ. रामविलास शर्मा ने निराला पर लिखने के बहुत पहले प्रेमचन्द पर लिखा, और डॉ. नामवर सिंह की पुस्तक 'कविता के नये प्रतिमान' से पहले ही 'कहानी : नयी कहानी' नाम की पुस्तक आयी।

अशोक जी को एक शिकायत है कि कहानीकारों ने कहानी का काव्यशास्त्र क्यों नहीं विकसित किया! लेकिन यह जरूरी है? कवियों ने जो काव्य चिन्तन किया अथवा आलोचनात्मक लेखन किया, वह इस स्थिति में कि आलोचना ने उनकी नयी सृजनशीलता की पहचान ठीक से नहीं की; छायावाद के साथ ऐसा घटित हुआ और फिर नयी कविता के दौर में। लेकिन इसे नियम बनाना क्या जरूरी है। नागार्जुन जैसे कवि-कथाकार ने कविता और कथा-साहित्य के माध्यम से साहित्य-चिन्तन को जो दिया है, सो दिया है, लेकिन अलग से साहित्य-चिन्तन का काम उन्होंने नहीं किया है। वे अक्सर कहते हैं—"रचनाकार का खुद आलोचना लिखने के लिए प्रेरित होना नव-वधू का अपना घूँघट खुद ही उठाने जैसा है।" रचनाकार खुद जब अपना मूल्यांकन करने लगता है तो आलोचना में विकट मनोवैज्ञानिक समस्याएँ पैदा हो जाती हैं। यों वे रचना और उसकी प्रवृत्तियों के ऐतिहासिक विश्लेषण में महत्त्वपूर्ण योगदान कर सकते हैं, जैसे पल्लव की भूमिका, परिमल की भूमिका और प्रेमचन्द के लखनऊ-व्याख्यान ने किया है। आगे चल कर मुक्तिबोध में इसका अच्छा उदाहरण मिलता है। उदाहरण और भी हैं, सबका उल्लेख यहाँ आवश्यक नहीं।

हिन्दी-क्षेत्र में रूढ़िवाद, सम्प्रदायवाद, उपभोक्तावाद आदि के सिर उठाने के खतरे का जो जिक्र अशोक जी ने किया है, वह ध्यान देने योग्य है। उन खतरों से लड़ने में कौन विधा आगे है और कौन पीछे, यह तय करने में समय खर्च करने से बेहतर है हर विधा के लेखकों को उपर्युक्त खतरों को महसूस करके अपनी रचनात्मकता और जनता के बीच गहरा लगाव कायम करके लेखन के मानवीय मूल्यों को समाज में प्रतिष्ठित करने के संघर्ष को अधिक तेज करना चाहिए। लेकिन अगर अशोक

जी द्वारा उद्धृत निर्मल वर्मा के उस कथन को मान लिया जाए कि "भाषा और समय कविता और इतिहास के बीच" कोई खाली जमीन फैली है, तो मामला गड़बड़ा जाएगा; क्योंकि इस समझ के मुताबिक भाषा और समय तथा कविता और इतिहास अलग-अलग हैं, जबकि भाषा हो या कविता और कहानी समय और इतिहास से तादात्म्य होकर ही अपनी सृजनशीलता की रक्षा कर सकती है। और निर्मल जी तो उन दिनों यानी पिछले कई वर्षों से लघुता के सौन्दर्य, इतिहास की चक्रीय धारणा (यानी सतयुग, त्रेता, द्वापर, कलियुग-सतयुग) तथा भारतीय संस्कृति की हिन्दुत्ववादी मान्यता का प्रचार करते रहे हैं। इन धारणाओं को ग्रहण करके सम्प्रदायवाद और उपभोक्तावाद का मुकाबला तो नहीं ही किया जा सकता, जनता की ऐतिहासिक शक्ति को भी नकार दिया जाता है; क्योंकि इतिहास की चक्रीय धारणा जनता को सतयुग की प्रतीक्षा करने के सिवा और कुछ करने की सलाह नहीं देती। जाहिर है कि अशोक जी का आलोचनात्मक उपक्रम समकालीन कहानी-संसार क्या किसी भी विधा के संसार से मेल नहीं खाता और न हिन्दी जाति की आकांक्षा से।

हिन्दी कहानी का प्रारम्भिक दौर

हिन्दी की पहली कहानी को लेकर विद्वानों में आज भी विवाद या भ्रम है, यह देखकर मुझे अचरज होता है यदि आचार्य रामचन्द्र शुक्ल ने हिन्दी की पहली कहानी का निर्णय करते समय 'कानों में कँगना' (राजा राधिकारमण प्रसाद सिंह), 'ग्राम' (जयशंकर प्रसाद), 'ग्यारह वर्ष का समय'–(स्वयं रामचन्द्र शुक्ल) और 'दुलाई वाली' (बंग महिला) पर ही विचार किया, तो यह समझना गलत नहीं होगा कि इससे पहले लिखी गयी कहानियाँ उनकी नजर से नहीं गुजरी थीं, लेकिन आज भी कोई कहता है कि असल में हिन्दी की पहली कहानी 'उसने कहा था' है, तो बात समझ में नहीं आती। अब तो सन् 1901 में प्रकाशित माधवराव सप्रे की कहानी 'टोकरी भर मिट्टी' हिन्दी के पाठकों और आलोचकों के सामने है। इस कहानी के रहते कोई दूसरी कहानी हिन्दी की पहली कहानी हो नहीं सकती। 'टोकरी भर मिट्टी' हिन्दी की पहली श्रेष्ठ कहानी भी है। इस कहानी का कथ्य ही नहीं, कथ्य के सम्प्रेषण के लिए रचा गया कथा-प्रसंग और प्रसंगों की अभिव्यक्ति के लिए गढ़ी गयी शिल्प-शैली एवं भाषा की बुनावट भी इतनी कलात्मक और रची हुई है कि यह कहानी किसी और नहीं प्रेमचन्द की भी 'नमक का दारोगा', जैसी कहानियों से आगे है। शुक्ल जी द्वारा चर्चित कहानियों से तो हर तरह से आगे है ही। विजयमोहन सिंह ने (कथादेश में) सम्भवतः कहानी की कलात्मक अवधारणा के आधार पर ही शुक्ल जी द्वारा चर्चित कहानियों को छोड़कर 'उसने कहा था' को पहली कहानी कहा है। मैं कहता हूँ कि अवधारणा के आधार पर 'टोकरी भर मिट्टी' पहली कहानी है।

'टोकरी भर मिट्टी' जैसी श्रेष्ठ कहानी 1901 में लिखी गयी और वह भी एक ऐसे लेखक के द्वारा जिसकी मातृभाषा हिन्दी नहीं मराठी थी, यह आश्चर्य में डालती है। एक मजदूरिन पर सामन्ती जुल्म, इस कहानी का कथ्य है। एक सामन्त ने एक मजदूरिन की झोंपड़ी पर जबरन अधिकार कर लिया, उसे अपने नाम से लिखा भी लिया। बेचारी असहाय मजदूरिन ने झोंपड़ी छोड़ दी और कहीं चली गयी। जब सामन्त उस पर अपना भवन बनवाने लगा तो फिर वह मजदूरिन वहाँ पहुँची, प्रत्यक्ष विरोध करने या संघर्ष करने नहीं, लेकिन सामन्त की अमानुषिकता को लज्जित करने का अद्‌भुत तरीका लेकर। मजदूरिन ने सामन्त से कहा कि झोंपड़ी और जमीन तो

आपने ले ही ली, ले लीजिए, लेकिन एक टोकरी मिट्टी मुझे दे दीजिए। सामन्त ने उसे मिट्टी ले लेने की इजाजत दे दी, तो उसने कहा आप ही टोकरी में मिट्टी भर दीजिए, सामन्त ने यह आग्रह भी मान लिया, तब मजदूरिन ने कहा कि टोकरी उठा कर मेरे माथे पर रख दीजिए। यह आग्रह भी मानकर सामन्त टोकरी उठाने लगा लेकिन टोकरी उससे नहीं उठी, नहीं उठी। इस पर मजदूरिन ने कहा—महाराज एक टोकरी मिट्टी आपसे नहीं उठती है, तो इस पूरी जमीन का बोझ आप कैसे उठा पायेंगे? यह एक वाक्य इतना प्रभावशाली साबित होता है कि वह सामन्त आहत और लज्जित होकर जमीन उस मजदूरिन को वापस कर देता है।

हिन्दी कहानी को प्रारम्भ से ही अंग्रेजी कहानी से प्रेरित और प्रभावित माना जाता रहा है। इस मान्यता का पूरी तरह निषेध किया भी नहीं जा सकता। लेकिन इस प्रसंग में मैं कहना यह चाहता हूँ कि सप्रे जी की यह छोटी सी कहानी 'टोकरी भर मिट्टी' अन्तर्वस्तु की दृष्टि से उस यथार्थ की बेधक अभिव्यक्ति है, जो भारतीय समाज में विकसित हो रहा था और वैचारिक स्वरूप और संवेदनशीलता की दृष्टि से उस भारतीय परम्परा का नया रूप है, जिसमें आध्यात्मिक चेतना का केन्द्रीय महत्त्व रहा है। एक टोकरी मिट्टी उठाने के लिए सामन्त को कहना श्रम की कसौटी पर मनुष्यत्व को परखने की कोशिश है और एक टोकरी भी मिट्टी नहीं उठा सकने की हालत में पूरी जमीन का बोझ उठाने की क्षमता पर शक करना आध्यात्मिक दृष्टि से जीवन के भवितव्य की ओर संकेत करना है। यह है परम्परा का नवीकरण और इस तरह से सामन्ती जुल्म का विरोध करना। आम तौर से आध्यात्मिक चेतना और परम्परा का इस्तेमाल सामन्ती जुल्म एवं आज भी पूँजीवादी शोषण के बचाव के लिए किया जाता है लेकिन इस कहानी में माधवराव सप्रे ने एक मजदूरिन को संवेदना का केन्द्र बनाकर और श्रम से आध्यात्मिक चेतना को जोड़कर कहानी को आधुनिक यथार्थ का मर्मस्पर्शी अंग बना दिया है। ध्यान देने की बात है कि 1901 में हमारे देश में न तो मार्क्स का वर्ग संघर्ष पहुँचा था और न गाँधी का हृदय-परिवर्तन, फिर भी इस कहानी में सामन्त विरोधी चेतना भी है और जमींदार का हृदय परिवर्तन भी हुआ है। यह है हिन्दी कहानी की प्रारम्भिक चेतना। कलात्मकता ऐसी कि लेखक कहीं नहीं बोलता, पात्र ही बोलते हैं या स्थितियाँ बोलती हैं।

इससे स्पष्ट है कि हिन्दी कहानी अपने जन्म-काल से ही अथवा अपने प्रस्थान-बिन्दु से ही किस प्रकार भारतीय समाज के यथार्थ को गहरी संवेदनशीलता के साथ अभिव्यक्त करने का प्रयत्न करती रही है। मैं तो महसूस करता हूँ कि माधव राव सप्रे के प्रति हिन्दी कहानी के इतिहास को कृतज्ञ होना चाहिए।

जब मेरे दिमाग में हिन्दी कहानी के जन्म का प्रश्न आता है तो इसका उत्तर खोजते हुए मैं राजा शिवप्रसाद सितारेहिन्द और भारतेन्दु तक अनायास ही चला जाता हूँ। इसके दो कारण मेरे मन में हैं। एक तो आज की अनेक कहानियों में निबन्ध के

तत्त्वों का समावेश देखकर दूसरे सितारेहिन्द की रचना 'राजा भोज का सपना' और भारतेन्दु की रचना 'एक अद्‌भुत अपूर्व स्वप्न' में कहानी के तत्त्व देखकर। हिन्दी कहानी का इतिहास लिखते समय इन रचनाओं का जिक्र किया जाता रहा है, यही समझकर कि इनमें निबन्धात्मकता प्रधान है। लेकिन आज बीसवीं सदी के अन्तिम दशक तक आते-आते हिन्दी कहानी ने लम्बी कहानी के ढाँचे में जो स्वरूप ग्रहण कर लिया है, उसमें कई विधाओं के तत्त्व शामिल हो गये हैं और निबन्धात्मकता तो उसमें खास तौर से है, यहाँ तक कि उदय प्रकाश की भी कई कहानियों में। इस प्रसंग में उनकी कहानी 'टेपचू' को देख सकते हैं। इस कहानी के प्रारम्भ में प्रायः दो पृष्ठों में कहानी के बारे में विचार व्यक्त किये गये हैं, जिनका कथानक से कोई सम्बन्ध नहीं। यहाँ यह विषय विचारणीय नहीं है, इसलिए इसके विस्तार में नहीं जा रहा हूँ। लेकिन एक फर्क का जिक्र कर रहा हूँ। उदय प्रकाश या अन्य कई समकालीन कहानीकारों की कहानियों में निबन्धात्मकता कम है, कहानीपन ज्यादा है। इसके विपरीत सितारेहिन्द और भारतेन्दु की उपर्युक्त रचनाओं में निबन्धात्मकता ज्यादा है, कहानीपन कम, वैसे 'राजा भोज का सपना' में तो कहानीपन ही ज्यादा लगता है। मेरे कहने का तात्पर्य यह कि हिन्दी कहानी का बीज तो भारतेन्दु युग में ही बोया गया, हाँ, कहानी का बिरवा मिट्टी फोड़कर निकला उन्नीसवीं के खतम होते-होते और बीसवीं सदी के आँख खोलते ही। 'टोकरी भर मिट्टी' हिन्दी कहानी का पहला मजबूत कदम है।

हिन्दी की पहली कहानी कौन सी है? इस प्रश्न से अधिक आवश्यक और महत्त्वपूर्ण है हिन्दी कहानी के प्रारम्भिक दौर का निर्णय कर उस दौर की कहानियों पर गौर करना। हिन्दी कहानी के ऐतिहासिक स्वरूप विकास को समझने की दृष्टि से यह जरूरी है। इस प्रसंग में मैं दो बातें खास तौर से कहना चाहता हूँ। एक तो यह कि हिन्दी कहानी का प्रारम्भिक दौर 1901 से 1915-16 तक माना जाना चाहिए, यानी सप्रे जी की 'टोकरी भर मिट्टी' से लेकर गुलेरी जी की 'उसने कहा था' और प्रेमचन्द की 'पंच परमेश्वर' तक। दूसरी बात यह कहना चाहता हूँ कि चूँकि प्रेमचन्द आगे चलकर हिन्दी कहानी के उन्नायक के रूप में सामने आये और इतिहास में उसके विकास के प्रतीक बन गये, इसलिए 'सोज़ेवतन' की कहानियों को गिनना उचित होगा। हिन्दी कहानी, कह सकते हैं कि भारतीय कहानी की चेतना के विकास का अध्ययन करें, साथ ही स्वयं प्रेमचन्द की कथा-यात्रा या कहानी चेतना के विकास का अध्ययन करें, तो 'सोज़ेवतन' की कहानियों पर गौर करना ही पड़ेगा। हिन्दी कहानी के प्रारम्भिक दौर का या उसके इतिहास के प्रारम्भिक चरण का अध्ययन करने की आधार-सामग्री में उन कहानियों का भी महत्त्वपूर्ण स्थान होगा, जिनका जिक्र आचार्य शुक्ल ने अपने 'इतिहास' में 'पहली कहानी' का निर्णय करने की दृष्टि से किया है। वे हिन्दी की पहली कहानियाँ नहीं हैं, लेकिन प्रारम्भिक

चरण की प्रमुख कहानियाँ हैं। और 'उसने कहा था' तक पहुँचकर हिन्दी कहानी का प्रारम्भिक चरण इतना मजबूत हो जाता है कि उसके बाद कहानी के विकास का दूसरा और कुछ उच्चतर अध्याय शुरू हो जाता है। 'उसने कहा था' पहले और दूसरे अध्यायों को जोड़ने वाली यानी संक्रमण की प्रक्रिया का उल्लेखनीय सबूत बनकर सामने आती है। 'पंच परमेश्वर' हिन्दी में प्रेमचन्द की पहली कहानी है, और कथ्य एवं स्वरूप विधान की दृष्टि से भी 'पंच परमेश्वर' प्रारम्भिक चरण की ही लगती है। मतलब यह कि उसकी कलात्मक चेतना अगले चरण जैसी परिपक्व नहीं है, इसलिए भी पंच परमेश्वर तक यानी 1916 तक मैं हिन्दी कहानी का प्रारम्भिक चरण या दौर मानता हूँ। यह प्रेमचन्द का भी प्रारम्भिक दौर है।

इस दौर की कहानियों की विशेषताओं की पहचान हम कर लें तो हिन्दी कहानी के विविधतापूर्ण विकास के सूत्रों को समझने में आसानी हो सकती है। मेरे कहने का अर्थ यह नहीं है कि आज तक हिन्दी कहानी में जो प्रवृत्तियाँ विकसित हुई हैं, उन सबका मूल प्रारम्भिक दौर में ही मिलता है। ऐसा नहीं है लेकिन हम यह महसूस करते हैं कि इस प्रारम्भिक दौर की कहानियों में कई प्रकार की विविधताएँ हैं, जिनसे प्रारम्भ में ही यह दिखाई पड़ने लगता है कि हिन्दी कहानी को विकास की उच्चतम मंजिल तक पहुँचने के लिए बहुत लम्बी दूरी नहीं तय करनी पड़ेगी। इसका कारण क्या है? कारण मुख्य रूप से भारतीय समाज और उसकी चेतना के विकास की गति और दिशा है। एक तो यह देखें कि यथार्थ के अनेक रूप ऊपर चर्चित कहानियों में हैं। उन तमाम रूपों को मिलाकर हम कहना चाहते हैं कि औपनिवेशिक भारत का यथार्थ पूरी तड़प के साथ कई रूपों में इन कहानियों में अभिव्यक्त हुआ है। भारत का औपनिवेशिक यथार्थ वास्तव में तीसरी दुनिया का यथार्थ है, उस दुनिया का जिसे साम्राज्यवादियों ने अपना चरागाह बनाया। इसका मतलब यह है कि हिन्दी की प्रारम्भिक कहानियों में चित्रित यथार्थ साम्राज्यवादी शोषण के दौर की उपज है। यह यथार्थ भारत के परम्परागत समाज का अंग नहीं, बल्कि भारत में अंग्रेजी राज कायम होने के फलस्वरूप भारतीय समाज में आये बदलाव और उसकी प्रतिक्रिया में विकसित सामाजिक एवं राष्ट्रीय चेतना का मूर्त्त रूप है। 'टोकरी भर मिट्टी' में जो मजदूरिन है, वह भी ब्रिटिश भारत के समाज की उपज है, क्योंकि ब्रिटिश पूर्व भारत में वैसी दरिद्रता नहीं थी, यह बात अलग है कि परम्परागत भारतीय समाज में अनेक दूसरे रूपों में शोषण उत्पीड़न था। मजदूरिन में जो अपने स्वत्व को फिर से पाने की गहरे आत्मविश्वास से भरी चेतना है, वह भारतीय समाज में उस समय चल रहे नवजागरण अभियान और राष्ट्रीय चेतना के उभार का ही एक अंग है। इसका सार तत्त्व है 'जाहि विधि राखै राम ताहि विधि रहिए' की मान्यता को इनकार करना। यह चेतना मध्यकालीनता से मुक्त और आधुनिकीकरण का अंग है।

प्रेमचन्द की कहानी 'दुनिया का सबसे अनमोल रतन' में शहीद के खून को

दुनिया का अनमोल रतन कहना उसी समाज में सम्भव है, जहाँ स्वाधीनता के लिए कुर्बान होने को नौजवानों की कतार लगी हुई है। इस कहानी की पृष्ठभूमि में लोकमान्य तिलक को एक लेख लिखने के लिए छह साल की सजा और अंग्रेज जज पर बम फेंकने के जुर्म में खुदीराम बोस जैसे तरुण को फाँसी देने की घटनाएँ जरूर हैं। 'सोज़ेवतन' की सात में से पाँच कहानियाँ राष्ट्रीय स्वाधीनता संग्राम के सन्दर्भ की हैं। उनमें एक इटली के राष्ट्रीय जागरण के नेता मेंजिनी से भी सम्बन्धित है। इस प्रकार राष्ट्रीयता एक अन्तर्राष्ट्रीय स्वरूप लेती नजर आती है।

गुलेरी जी की कहानी 'उसने कहा था' भी औपनिवेशिक भारत और तीसरी दुनिया के यथार्थ के अत्यन्त महत्त्वपूर्ण पहलुओं को चित्रित करती है। कहानी की पृष्ठभूमि में पहला विश्व युद्ध है, जो साम्राज्यवाद की देन है। दूसरी बात यह कि भारत ब्रिटिश शासन में था, इसलिए युद्ध में शरीक कर दिया गया, तभी तो भारतीय सैनिक ब्रिटिश साम्राज्य की ओर से लड़ने यूरोप की धरती पर गये हैं। पंजाबी समाज के अनुभवों के आधार पर ही लहना सिंह वेश बदले हुए जर्मन अधिकारी का भेद खोल पाता है। भारत औपनिवेशिक गुलामी में न होता, तो इस कहानी का कथ्य दूसरे प्रसंगों के माध्यम से व्यक्त होता।

इस आधार पर हम कह सकते हैं कि हिन्दी कहानी के जन्म और विकास का धरातल भारतीय समाज में मौजूद था। केवल ढाँचे को ध्यान में रखकर हिन्दी कहानी के उद्‌भव का स्रोत अंग्रेजी कहानी को मान लेना एक ऐतिहासिक सच्चाई को नकारना है। अंग्रेजी साहित्य जब भारत के लेखकों को पढ़ने को मिलने लगा, तो उससे प्रभावित होना एक बात है और उसकी विधाओं को ही देखकर लिखने लगना दूसरी बात है। प्रभाव तो रूसी साहित्य का भी हिन्दी और अन्य भारतीय लेखकों पर पड़ा। और फ्रेंच साहित्य का भी असर पड़ा। प्रेमचन्द ने अंग्रेजी ही नहीं रूसी कथा-साहित्य का भी दाय स्वीकार किया है। लेकिन प्रेमचन्द का प्रेरणा-स्रोत भारतीय यथार्थ है, बल्कि यह कहना बेहतर होगा कि उनका पूरा मिजाज भारतीय है।

प्रारम्भिक दौर की हिन्दी कहानियों की दूसरी विशेषता यह है कि ग्रामीण जीवन के सामाजिक अनुभव कहानियों के विषय बने हैं। 'टोकरी भर मिट्टी', 'ग्राम' और 'पंच परमेश्वर' पर नजर डालें तो यह बात स्पष्ट होगी। प्रेमचन्द ने तो ग्रामीण जीवन के अनुभवों को खास तौर से शुरू से अन्त तक अपना विषय बनाया है, लेकिन सप्रे जी और जयशंकर प्रसाद का भी प्रारम्भ ग्रामीण जीवन के यथार्थ से ही होता है, यह महत्त्व के साथ उल्लेखनीय है। सप्रे और जयशंकर प्रसाद की आलोच्य कहानियों में तो सामन्ती शोषण का प्रत्यक्ष चित्रण है और प्रेमचन्द की कहानी 'पंच परमेश्वर' में सम्पत्ति के लोभ में बिगड़ते ईमान और पंच की ईमानदारी की मर्यादा का प्रभावकारी चित्रण है। यों इस कहानी की बनावट और बुनावट दोनों ही सप्रे और जयशंकर प्रसाद की कहानी 'टोकरी भर मिट्टी' और 'ग्राम' की तुलना में कमजोर है। भाषा में

जो कसाव और चुटीलापन 'टोकरी भर मिट्टी' और 'उसने कहा था' में है या स्वयं प्रेमचन्द की बाद की कहानियों में, वह 'पंच परमेश्वर' में नहीं है। लेकिन सामाजिक यथार्थ के भीतर की सच्चाई को भी पहचान लेने की प्रेमचन्द की मर्मभेदी दृष्टि यहाँ भी है, जिसने कहानी को उल्लेखनीय बनाया है।

प्रारम्भिक दौर की इन कहानियों की तीसरी विशेषता है पारिवारिक वैयक्तिक यथार्थ को चित्रित करने का प्रयत्न। राजा साहब की कहानी 'कानों में कँगना', शुक्ल जी की कहानी 'ग्यारह वर्ष का समय' और बंग महिला की 'दुलाई वाली' इसी तरह की कहानियाँ हैं। इनमें कोई जोरदार कथ्य नहीं है, फिर भी प्रारम्भिक दौर की कहानी होने के कारण ये उल्लेखनीय हैं। यों ये कहानियाँ यह बताती हैं कि हिन्दी कहानी प्रारम्भ से ही कथ्य या यथार्थ के चित्रण की दृष्टि से भो विविधतापूर्ण रही है। विविधता किसी साहित्य या विधा या किसी लेखक की भी समृद्धि का प्रमाण है। इस प्रकार हिन्दी कहानी शुरू से ही अपनी समृद्धि के लिए चारों तरीफ हाथ-पैर और नजर फैला रही थी।

शिल्प या बनावट की दृष्टि से भी इन प्रारम्भिक कहानियों में विविधता है। 'टोकरी भर मिट्टी' और 'ग्राम' जैसी कहानियाँ अपने स्पष्ट कथ्य के लिए कम-से-कम घटनाओं और चरित्रों की योजना करती हैं। कथानक को फैलाने की प्रवृत्ति इनमें नहीं है। इस दौर में तो हिन्दी कहानी अपना स्वरूप निर्धारित करने का प्रयत्न कर रही थी। एक धारणा यह थी कि कहानी एक ऐसी विधा है, जो उपन्यास से भिन्न है। उपन्यास से उसकी भिन्नता केवल आकार की दृष्टि से नहीं, बल्कि जीवन को देखने और उसे रचना में पेश करने के नजरिये में भी होनी चाहिए। आगे चलकर कहा गया कि जैसे आगरे के किले के एक खम्भे में लगे एकदम छोटे आकार के शीशे में दूर खड़ा ताजमहल पूरा का पूरा दिख जाता है, वैसे ही कहानी जीवन के एक छोटे टुकड़े में पूरे-के-पूरे जीवन को प्रतिबिम्बित करने में समर्थ हो। कमोबेश यह विशेषता 'टोकरी भर मिट्टी' और 'ग्राम' में है। 'कानों में कँगना' और 'ग्यारह वर्ष का समय' जीवन के एक टुकड़े की कहानी तो नहीं हैं, लेकिन वे भी जीवन को पूरे विस्तार के साथ चित्रित करने वाली कहानी नहीं हैं। ये कहानियाँ जीवन के एक प्रसंग को चित्रित करके समाप्त होती हैं। अवधि भले ही अपेक्षया लम्बी इनमें भी है। 'दुलाई वाली' एक सामाजिक समस्या की चुटकुले जैसी सामान्य कहानी है।

'दुनिया का सबसे अनमोल रतन' एक खास उद्देश्य और उससे सम्बद्ध जीवन मूल्य की सार्थकता और ऐतिहासिक महत्ता स्थापित करने वाली कहानी है। इसीलिए उसमें तीन प्रसंग संक्षेप में आये हैं, जिनकी जरूरत तुलनात्मक पद्धति की दृष्टि से है। 'उसने कहा था' और 'पंच परमेश्वर' औपन्यासिक शिल्प में लिखी गयी कहानियाँ हैं। यों इनमें भी अपना निश्चित जीवन मूल्य है। उस मूल्य को स्थापित करने के लिए कथा का लम्बा पाट लिया गया है। मैं यह नहीं कहता कि उस लम्बे पाट में

कोई हिस्सा अप्रासंगिक है, लेकिन कहानी का स्वरूप-विधान औपन्यासिक है जो कहानी के लिए अपेक्षित नहीं है। आगे चलकर प्रेमचन्द कहानी को औपन्यासिक शिल्प से युक्त करते दिखते हैं। गुलेरी जी तो मूलतः कहानीकार हैं नहीं, इसलिए उनके जरिये कहानी का विकास होता नहीं। यों प्रेमचन्द ने बाद में भी कई कहानियाँ औपन्यासिक शिल्प में भी लिखी हैं, लेकिन उनकी मुख्य प्रवृत्ति एक कथ्य या एक संवेदन या एक मूल्य को व्यंजित करने के लिए संक्षिप्त प्रसंग और अत्यल्प पात्रों की योजना करने की शैली अपनाये जाने की है।

हिन्दी की इन प्रारम्भिक कहानियों में भाषा के भी कई स्तर दिखाई पड़ते हैं। लेकिन उन अनेक स्तरों में भी एक समानता दिखती है भाषा को आम फहम बनाये रखने की। प्रसाद जी आगे चलकर भले तत्सम प्रधान भाषा की ओर जाते हैं, लेकिन 'ग्राम' में ऐसा नहीं है। गुलेरी जी भी बोलचाल की भाषा और परिनिष्ठित भाषा दोनों का यथा प्रसंग इस्तेमाल करते हैं। प्रेमचन्द तो शुरू से ही बोलचाल की भाषा को साहित्य का दर्जा देते हैं। इस प्रकार हिन्दी कहानी के इस प्रारम्भिक भण्डार में सामान्य और श्रेष्ठ दोनों तरह की कहानियाँ हैं। हिन्दी कहानी के विकास की सम्भावना के ठोस संकेत उस समय भी मिल रहे थे। जैसे जीवन के शैशव की बोली में तुतलाहट होती है, वैसी हिन्दी कहानी के शैशव में नहीं है। किसी विकसित जाति के ऐतिहासिक कृतित्व में किसी नयी विधा के विकसित होने पर उसे शैशव की अपरिपक्वता झेलनी ही पड़े, कोई जरूरी नहीं। इतिहास और परम्परा की शक्ति उसे अल्पकाल में ही आकस्मिक ढंग से विकसित होने की शक्ति देती है। यह बात हम हिन्दी कहानी के विकास में भी चरितार्थ होते देखते हैं। भारत में कथा की लम्बी और समृद्ध परम्परा अनेक रूपों में रही है। हिन्दी कहानी ने उससे भी लाभ उठाया है। इसके साथ ही जिन भारतीय परिस्थितियों ने गद्य के विकास को बल पहुँचाया, वे परिस्थितियाँ कहानी के उद्‌भव में भी साधक बनीं।

चिन्तन की सक्रियता और जीवन का यथार्थ

प्रसिद्ध कथाकार गिरिराज किशोर ने एक लेख में एक बार लिखा था—"प्रेमचन्द की तरह लिखना आसान है, जैनेन्द्र की तरह मुश्किल।" मुझे इस पर आश्चर्य हुआ। उनके जैसे संजीदा कथाकार के इस कथन पर अपनी प्रतिक्रिया व्यक्त करते हुए मैं प्रेमचन्द का बचाव करने को नहीं तत्पर हुआ हूँ। प्रेमचन्द को किसी के बचाव की जरूरत नहीं है क्योंकि इतिहास उनके पक्ष में है। इसे स्वयं जैनेन्द्र जी ने महसूस किया था। मुझे याद आता है सन् 1980 में जयपुर विश्वविद्यालय में प्रेमचन्द जन्मशती समारोह आयोजित किया गया था, जिसका उद्‌घाटन जैनेन्द्र जी ने किया था। उन्होंने अपने उद्‌घाटन भाषण में कहा था कि प्रेमचन्द को मरे चौवालीस साल हो गये, फिर भी लोग उन्हें इतने बड़े पैमाने पर याद कर रहे हैं, यह आश्चर्य की बात है। आश्चर्य इसलिए कि प्रेमचन्द ने समकालीन विषयों पर लिखा और वह समय तो बीत गया। सम्भवतः उनमें गहरी मानवीय संवेदना है, इसीलिए वे अब तक प्रासंगिक बने हुए हैं। जाहिर है कि इतिहास के साथ-साथ प्रेमचन्द के ऊपर उठते हुए लेखनीय व्यक्तित्व को देखकर जैनेन्द्र जी हैरत में तो थे, लेकिन यह महसूस कर रहे थे कि इतिहास प्रेमचन्द के साथ है, इसका कारण चाहे जो भी हो। अगर वह गहरी मानवीय संवेदना ही है तो क्या कम है।

मैं कथाकार नहीं हूँ, फिर भी मुझे परेशानी हुई यह देखकर कि आज का एक प्रमुख कथाकार प्रेमचन्द की तरह लिखने को आसान और जैनेन्द्र की तरह लिखने को मुश्किल बताता है। जैनेन्द्र की तरह लिखना मुश्किल है, लेकिन प्रेमचन्द की तरह लिखना आसान कैसे है? हकीकत यह है कि कोई एक लेखक किसी दूसरे लेखक की तरह नहीं होता। क्या हिन्दी में प्रेमचन्द जैसा कोई दूसरा कथाकार हुआ है? गाँव के जीवन पर लिखने वाले तो बहुत हुए, लेकिन प्रेमचन्द जैसा कोई नहीं हुआ, न हो सकता था, और न होना चाहिए था।

नहीं होना चाहिए था इसलिए कि प्रेमचन्द के बाद किसी कथाकार को उनका अनुकर्ता नहीं होना चाहिए। प्रेमचन्द की परम्परा में होना एक बात है और प्रेमचन्द की तरह होना दूसरी बात है। यह दूसरी बात परवर्ती लेखक को अनुकर्ता बना देती है। जबकि परम्परा का विकास करने वाला लेखक कुछ बातों में समानता रखने के

साथ ही भिन्नता भी रखता है। यशपाल की कथाकृतियों में ग्रामीण जीवन नहीं है, फिर भी वे प्रेमचन्द की परम्परा के लेखक हैं। फणीश्वर नाथ 'रेणु' की कथा कृतियों में ग्रामीण जीवन अपने सारे संस्कारों के साथ मौजूद है। फिर भी उन्हें प्रेमचन्द की परम्परा में रखने में बहुतों को हिचक होती है क्योंकि ग्रामीण जीवन का अन्तस्संघर्ष जिस तरह प्रेमचन्द में है, उस तरह रेणु में नहीं। यशपाल, नागार्जुन, अमृत लाल नागर, भैरव प्रसाद गुप्त आदि प्रेमचन्द की परम्परा में गिने जाते हैं, लेकिन कोई प्रेमचन्द की तरह नहीं है, बल्कि सामाजिक यथार्थ के चित्रण में ये कथाकार प्रेमचन्द से आगे हैं। इस माने में कि प्रेमचन्द के बाद विकसित सामाजिक यथार्थ का चित्रण करने का ऐतिहासिक दायित्व इन कथाकारों ने निभाया। देखने की बात है कि ये कथाकार आपस में भी एक-दूसरे से कितने भिन्न हैं। इसलिए जैसे जैनेन्द्र की तरह लिखना मुश्किल है, वैसे ही प्रेमचन्द की तरह भी। किसी भी बड़े लेखक की तरह लिखना मुश्किल है, क्योंकि बड़ा लेखक बनना मुश्किल काम है।

जैनेन्द्र, अज्ञेय, इलाचन्द्र आदि एक परम्परा के लेखक माने जाते हैं क्योंकि ये कथाकार व्यक्ति के मन में घुसकर 'मानसिक अवरोधों के पर्दे नोचकर' आन्तरिक उथल-पुथल, उतार-चढ़ाव आदि का चित्रण करते रहे हैं। मनोजगत के इस चित्रण की विशेषता मानी गयी यथार्थ का अतिक्रमण और आध्यात्मिकता की हद तक पहुँचने वाली सूक्ष्मता, जिसमें प्रत्यक्ष इन्द्रियबोध का महत्त्व बहुत कम हो जाता है, लेकिन मेरा आग्रह है कि इस बात पर विचार किया जाय कि क्या जैनेन्द्र, अज्ञेय आदि ने सचमुच यथार्थ का अतिक्रमण किया है? क्या सुखदा, कल्याणी, सुनीता, शेखर, शशि, भुवन, रेखा जैसे चरित्र हमारे वर्तमान समाज के किसी वर्ग में नहीं हैं? क्या जैनेन्द्र, अज्ञेय ने आँख मूँदकर शून्य का ध्यान करके इन चरित्रों का सृजन किया है? हकीकत यह है कि इन लेखकों ने यानी मनोवैज्ञानिक लेखकों ने भी अपने चरित्रों, उनकी जीवन स्थितियों, उनके आपसी सम्बन्धों, उनकी आकांक्षाओं और कुंठाओं तथा उनके अन्तस्संघर्षों का चित्रण इसी समाज के उच्च-मध्य वर्ग के जीवन के आधार पर किया है। यह यथार्थ का अतिक्रमण नहीं बल्कि यथार्थ का संकोच है, क्योंकि इनके चरित्र और उनकी आकांक्षाएँ एक छोटे-से सुविधा प्राप्त वर्ग के सदस्य की निहायत निजी आकांक्षाएँ हैं। ये चरित्र अपने सिवा किसी दूसरे का प्रतिनिधित्व नहीं करते। प्रसंगवश यहाँ यह उल्लेख करना गलत नहीं होगा कि प्रेमचन्द की रचनाओं में उनके समय का सम्पूर्ण भारतीय सामाजिक जीवन चित्रित है। किसान, जमींदार, मजदूर, मिल मालिक, अफसर, किरानी, चपरासी, महाजन, कर्जखोर, प्रोफेसर, शिक्षक, छात्र, पढ़ी-लिखी और अनपढ़ महिलाएँ, उनके बच्चे सभी वहाँ हैं, अपनी-अपनी विशेषताओं, आकांक्षाओं, कुण्ठाओं, आपसी सम्बन्धों और संघर्षों के साथ। जीवन के यथार्थ का यह विस्तार प्रेमचन्द को महान बनाने वाला महत्त्वपूर्ण तत्त्व है। मनोवैज्ञानिक लेखकों में इलाचन्द्र जोशी को सर्वाधिक प्रतिष्ठा

मिली 'जहाज का पंछी' से जिसमें उन्होंने कथा-नायक के बहुविध कार्यों के साथ जीवन यथार्थ का विस्तार चित्रित किया है। यह संकुचित यथार्थ पर व्यापक यथार्थ यानी मानसिक यथार्थ पर सामाजिक यथार्थ की विजय का प्रमाण है। यही बात मन्नू भण्डारी और उनकी औपन्यासिक कृति 'महाभोज' के प्रसंग में कही जा सकती है।

दो लेखकों की पारस्परिक तुलना आलोचना की एक लाभदायी पद्धति हो सकती है लेकिन तभी, जब एक लेखक का उपयोग कोड़े की तरह दूसरे को पीटने के लिए न किया जाय। प्रेमचन्द और जैनेन्द्र दोनों बड़े लेखक हैं और उनके बड़प्पन के बिल्कुल अलग-अलग कारण हैं, इसलिए एक से दूसरे को पीटने का कोई आवश्यक प्रसंग नहीं है लेकन ऐसा लगता है कि गिरिराज जी समझते हैं कि प्रेमचन्द को ठोक-पीटकर छोटा बनाये बिना जैनेन्द्र को बड़ा नहीं साबित किया जा सकता। इसीलिए वे कहते हैं कि "प्रेमचन्द के सरोकार बड़े थे, परन्तु उनके सरोकारों के मुकाबले उनका लेखन छोटा था।" उनके लेखन को छोटे होने का जो कारण गिरिराज जी ने बताया है, वह आश्चर्यजनक है। वे कहते हैं—"उनका (प्रेमचन्द का) अन्तर्चिन्तन उतना सक्रिय कभी नहीं रहा कि लिखने के साथ-साथ वह लिखे हुए की कसौटी भी बनता जाता।" इस प्रसंग में एक बात तो साफ-साफ समझ लेनी चाहिए कि चिन्तन हमेशा अन्तर्चिन्तन ही होता है, क्योंकि चिन्तन मस्तिष्क करता है और मस्तिष्क मानव शरीर के भीतर ही है, बाहर कभी भी नहीं है। दूसरी बात यह कि मस्तिष्क की अथवा चिन्तन की सक्रियता के बिना लेखन क्या कोई कलात्मक सृजन सम्भव नहीं है और मस्तिष्क की सक्रियता बाह्य जगत अथवा दृश्य जगत के प्रत्यक्षीकरण के बिना असम्भव है। तीसरी बात यह है कि प्रेमचन्द जैसी मानसिक सक्रियता वाला कथाकार हिन्दी में विरल है। यथार्थ के विशाल और अथाह प्रवाह के बीच से घटनाओं, पात्रों, उनकी समस्याओं और सम्बन्धों को तराश कर प्रस्तुत करना, पात्रों को प्रातिनिधिक चरित्र प्रदान करना तथा उन्हें समाज की भविष्योन्मुख शक्तियों और उनके ऐतिहासिक प्राप्य से जोड़ देना अत्यन्त सजग मानसिक सक्रियता के बिना कतई सम्भव नहीं। अपनी पहली ही कहानी 'दुनिया का सबसे अनमोल रतन' में प्रेमचन्द ने जब यह दिखाया कि एक शहजादी का प्रेम पाने के इच्छुक युवक को दुनिया का सबसे अनमोल रत्न लाकर देने की शर्त दी जाती है और शहजादी सती की राख, एक अपराधकर्मी के पश्चात्ताप के आँसू तथा राष्ट्र की स्वतन्त्रता के लिए कुर्बान हुए शहीद के खून में से प्रथम दो को रद्द करके शहीद के खून को ही दुनिया का सबसे अनमोल रत्न घोषित करती है, तो यह वास्तव में मानसिक रूप से जागरूक और सक्रिय लेखक प्रेमचन्द का ही प्राथमिक निर्णय था। इस निर्णय का आधार था भारतीय स्वतन्त्रता संग्राम का जीवन्त यथार्थ, जिसमें एक तरफ ब्रिटिश गुलामी थी तो दूसरी तरफ उस गुलामी को ध्वस्त कर देने के लिए खुदीराम बोस जैसे तरुणों की हादत तथा कलम की स्वतन्त्रता के लिए माण्डले जेल की काल-कोठरी को स्वीकार करने वाले

स्वतन्त्रता सेनानी और बौद्धिक नेता लोकमान्य तिलक। प्रेमचन्द का लेखन राष्ट्र, मनुष्य और व्यक्ति की स्वतन्त्रता का सवाल उठाता है मानवीय मूल्यों की प्रतिष्ठा के लिए, मानवीय सम्बन्धों के पुनर्गठन का सवाल उठाता है, मनुष्य की शक्ति और जीने में विश्वास पैदा करता है। इस प्रकार अपने पाठकों के मानस को भी सक्रियता और उदात्तता प्रदान करता है। उनका लेखन मानव-मूल्यों और मानवीय उदात्तता के दुश्मनों की पहचान कराता है। इन सबके बावजूद किसी को यदि उनका लेखन छोटा लगे, तो इसका क्या इलाज है?

जैनेन्द्र की मानसिक सक्रियता दो खानों में बँटी हुई है। राष्ट्रीय और सामाजिक विषयों के चिन्तक के रूप में वे गाँधीवादी हैं और साहित्य-सर्जक के रूप में व्यक्तिवादी, जीवन-मूल्यों के संस्थापक लेखक के रूप में वे गाँधीवादी जीवन-मूल्यों का खण्डन भी कर डालते हैं। प्रेमचन्द इस प्रकार की द्वैध सक्रियता से सोच-समझकर बचे रहे हैं। यह भी आश्चर्यजनक है कि गिरिराज किशोर ने प्रेमचन्द को परम्परागत कर्मकाण्ड को पुष्ट करने वाला तथा जैनेन्द्र को विद्रोह करने वाला बताया है। यह ठीक है कि जैनेन्द्र जब मध्यवर्गीय स्त्री-पुरुष सम्बन्ध का प्रसंग उठाते हैं ओर 'पत्नी घर में और प्रेमिका मन में' की मान्यता स्थापित करने की वकालत करते हैं तो अवश्य ही एतत् सम्बन्धी परम्परागत मान्यताओं को झकझोर देते हैं, लेकिन इसका यह मतलब थोड़े ही है कि प्रेमचन्द परम्परागत कर्मकाण्ड के पोषक थे। स्वयं जैनेन्द्र जी ने जब मरते हुए प्रेमचन्द को राम नाम लेने को कहा तो प्रेमचन्द ने निर्द्वन्द्व भाव से कहा था कि उनको क्यों कष्ट दें। रही बात गोदान उपन्यास में होरी के मरने पर गोदान कराने की, इस सम्बन्ध में दो बातें निवेदित करूँगा—एक तो यह कि उपन्यास में गो-दान कराने का प्रसंग कर्मकाण्ड का पोषण उतना नहीं करता, जितना कि उस पर व्यंग्य। ध्यान दीजिये जब हीरा ने रोते हुए कहा—"भाभी दिल कड़ा करो, गो-दान करा दो, दादा चले" तो धनिया ने उसकी ओर तिरस्कार की आँखों से देखा। तिरस्कार से देखने का कुछ तो अर्थ है, लेकिन जब पूरा गाँव कह रहा है 'गो-दान करा दो' तो धनिया यन्त्र की भाँति उठी और उसी दिन सुतली बेचकर प्राप्त किये बीस आने पैसे पति के ठण्डे हाथ में रखकर दातादीन से बोली—महाराज घर में गाय है न बछिया, न पैसा। यही पैसे हैं यही इनका गो-दान है और वह पछाड़ खाकर गिर पड़ी। क्या यह वही गो-दान है जिसकी स्थापना कर्मकाण्ड करता है? और क्या यह गो-दान हुआ? गो-दान करने वाले यह समझकर करते हैं कि उसी गाय की पूँछ पकड़कर मृत व्यक्ति का जीव वैतरणी पार करेगा। धनिया ने जो बीस आने पैसे मृत होरी के ठण्डे हाथ पर रख दिये, उनको पकड़कर क्या होरी का जीव वैतरणी पार कर सकेगा? गो-दान के नाम पर बीस आने देने के लिए धनिया 'यन्त्र की भाँति' उठी, विश्वास के साथ नहीं, वास्तव में होरी और धनिया के जीवन की त्रासदी से उत्पन्न बेधक करुणा, परम्परागत कर्मकाण्ड की निरर्थकता का बोध कराती है। दूसरी बात

यह है कि प्रेमचन्द ने अपनी प्रगतिशीलता प्रदर्शित करने के लिए इस प्रसंग को छोड़ ही क्यों नहीं दिया? तो मेरा कहना यह है कि प्रेमचन्द यथार्थ का चित्रण करते हैं, उसको अपनी मान्यताओं के मुताबिक जबर्दस्ती गढ़ते नहीं, जैसा जैनेन्द्र ने शिवाजी के जीवन से सम्बन्धित एक कहानी (माफ कीजिए शीर्षक भूल रहा हूँ) में किया है। एक पहाड़ी पर पड़ाव डाले शिवाजी ललक के साथ लताओं और झाड़ियों को देखते हैं। हवा के साथ उनका डोलना देखकर रोमांचित होते हैं, फूलों का मुस्कुराना देखते हैं और तब सोचने लगते हैं कि ये सब कितने स्वच्छन्द हैं और मैं किस फेर में पड़ गया हूँ। गुरुजी ने मुझ पर ही यह जवाबदेही क्यों डाल दी है? उसी समय एक लड़की उपस्थित होकर जब उनसे सेना में भरती होने का निवेदन करती है तो वे चकित होकर उससे कहते हैं—तुम लड़की होकर सेना में भरती होगी। यह कैसा नारी भाव है? सबसे बड़ा सवाल तो यह है शिवाजी का जो रूप इस कहानी में है, वह क्या वास्तविक और ऐतिहासिक है? व्यक्ति के मन में जरूर घुसिए, लेकिन उसे अपनी व्यक्ति सम्बन्धी मान्यताओं के आधार पर विकृत न कीजिए। प्रेमचन्द ने अपने लेखन के प्रारम्भिक दौर में अवश्य अपनी मान्यताओं को जहाँ-तहाँ थोपने का काम किया है, जिससे कहानी और चरित्र दोनों कमजोर हुए हैं, लेकिन बाद में उनकी कलात्मकता निखरती गयी फलस्वरूप उनके लेखन में गतिशील यथार्थ का आग्रह प्रबल हुआ है और वैचारिक आग्रह उसके साथ उसी तरह प्रच्छन्न रूप से मौजूद रहता है, जिस तरह मेंहदी के पत्ते में लाली।

जैनेन्द्र की एक विशेषता यह बतायी गयी है कि वे अपने लेखन का मूल्यांकन करने की कोशिश करते रहे हैं। बेशक उनमें यह विशेषता है। मैं समझता हूँ कि आत्मालोचन और आत्म-मूल्यांकन की प्रक्रिया से हर बड़ा लेखक गुजरता ही है। लेकिन क्या इस प्रक्रिया से गुजरने वाला हर लेखक बड़ा हो जाता है? और प्रेमचन्द इस प्रक्रिया से नहीं गुजरे, यह कहना क्या सही है, 'दुनिया का सबसे अनमोल रतन' और 'पंच परमेश्वर' से लेकर 'कफ़न' तक और 'निर्मला' से लेकर 'गोदान' तक की जो यात्रा कथाकार प्रेमचन्द ने तय की है, उसके विभिन्न पड़ावों पर क्या उनमें आत्मालोचन और आत्म-मूल्यांकन के सबूत नहीं मिलते। यह बात यूँ ही नहीं है कि बड़े-बड़े कथाशिल्पी नयी हिन्दी कहानी का बीज कफ़न में देखते हैं। रही बात यह महसूस करने की कि 'मैं लिख ही क्या सका हूँ' या लेखक को अपने से बड़ा मानने की। इस प्रसंग में मेरा निवेदन है कि सन् 1930 में पण्डित बनारसी दास चतुर्वेदी ने प्रेमचन्द से जो भेंटवार्ता ली थी, उसे देखिये। प्रेमचन्द ने पहली बात यह कही कि स्वाधीनता के उद्देश्य से कुछ और रचनाएँ वे दे जाना चाहते हैं। दूसरी बात यह कि अपने लेखन की उस समय तक की सबसे बड़ी उपलब्धि उन्होंने धन से दुश्मनी को बताया। इन बातों से क्या यह स्पष्ट नहीं है कि वे लेखन को क्या समझते थे और साहित्य के मूल्य को उन्होंने कितना महत्त्व दिया था।

कुछ लोग अब भी यह समझते हैं कि प्रेमचन्द को जरूरत से ज्यादा प्रचार मिल गया, क्योंकि उन्होंने प्रगतिशील लेखक संघ को और प्रगतिशील लेखक संघ ने उनको अपना लिया। ऐसा समझना प्रेमचन्द के प्रति तो अन्याय है ही, इस देश की उस जनता का भी अपमान है, जो स्वतन्त्र और जनतान्त्रिक भारत के निर्माण से ऐतिहासिक भूमिका अदा कर रही है। ऐसे लोगों को यह बात अटपटी मालूम हो सकती है कि ऐसी जनता साहित्य के मूल्यांकन में भी अपनी भूमिका अदा करती है। प्रेमचन्द का बढ़ता हुआ महत्त्व वर्तमान भारत में किसानों और मजदूरों की बढ़ती हुई भूमिका के आधार पर प्रतिष्ठित है। गौर कीजिए छठे दशक की कविता में अज्ञेय-मण्डली का कितना प्रभाव और आतंक था, लेकिन सातवाँ दशक शुरू होते-होते जब एक नये सामाजिक परिवर्तन के लिए जन-संघर्ष शुरू हुआ तो उस मण्डली की आभा क्रमशः मन्द पड़ती चली गयी और नागार्जुन, केदार, त्रिलोचन, मुक्तिबोध आदि निखरकर सामने आ गये। इनकी ओर आलोचकों का ध्यान भी जनता की ऐतिहासिक भूमिका ने ही खींचा। इसी दौर में भारत का कोई एक लेखक यदि लेखकों की अन्तरराष्ट्रीय बिरादरी में महत्त्वपूर्ण स्थान बना सकता है, तो वह है प्रेमचन्द।

हिन्दी कहानी : विकास के चरण

हिन्दी कहानी मुख्यतः बीसवीं सदी की विधा है। इन सौ वर्षों में हिन्दी कहानी ने रचनात्मक रूप से इतनी विविधतापूर्ण, इतनी जटिलतापूर्ण ऐतिहासिक यात्रा की है कि उसे देख कर आश्चर्य होता है। एक सदी में ही उसने कई सदियों की यात्रा की है। लेकिन यह भारतीय यथार्थ की यानी बीसवीं सदी के भारतीय यथार्थ की विशिष्टता थी कि हिन्दी कहानी को कम समय में ही अत्यधिक समृद्धि प्राप्त हो गयी। कम समय में ही उसे विविधता और जटिलता प्राप्त हो गयी।

हिन्दी कहानी के उदय के पीछे, खास करके उसके रूप के विकास के पीछे कई लोग अंग्रेजी कहानी के प्रभाव की प्रेरणा देखते हैं। अंग्रेजी साम्राज्य के शासन के दौर में अंग्रेजी-साहित्य से सम्पर्क और अंग्रेजी-साहित्य की श्रेष्ठता का बोध इसके पीछे रहा हो तो कोई आश्चर्य नहीं। हिन्दी कहानी को हर तरह से प्रगति के शिखर पर पहुँचाने वाले प्रेमचन्द भी हिन्दी कहानी पर विचार करते हुए इस विधा के विकास के पीछे अंग्रेजी कहानी के प्रभाव को इनकार नहीं करते। मैं यह बात यहाँ इसलिए नहीं उठा रहा कि अंग्रेजी के प्रभाव को एकदम इनकार कर दिया जाए। यह प्रभाव तो हमारे कहानीकारों पर कुछ उसी तरह पड़ा होगा, जैसे उन्नीसवीं सदी में ही हमारे स्वाधीन चेता विचारकों, समाज-सुधारकों और नेताओं की चेतना में जनतान्त्रिक अधिकार की समझ आयी। लेकिन इसमें भी मुख्य बात यह है कि जिन लोगों की चेतना में स्वाधीनता का भाव आ गया था, जो भारत के सामाजिक-राजनीतिक यथार्थ को बदलने के बारे में सोचने लगे थे, उन्हीं लोगों की चेतना में ब्रिटिश संसदीय जनतन्त्र के उदाहरण से जनतान्त्रिक अधिकार पाने का विचार जोर मारने लगा। इसी तरह जो लेखक उन्नीसवीं सदी के भारतीय यथार्थ का, समकालीन समस्याओं का मुकाबला करने को प्रेरित हुए, नये-नये अनुभवों को अभिव्यक्त करने का कलात्मक रास्ता ढूँढ़ रहे थे, उन्हीं की सजर्नात्मक चेतना में अंग्रेजी कहानी-विधा का प्रभाव पड़ा होगा या यह भी कहें कि पड़ा। ध्यान देने की बात यह है कि प्रभाव और प्रेरणा में फर्क होता है। अतः मेरा कहना यह है कि हिन्दी कहानी-विधा के विकास की प्रेरणा-भूमि हमारे समाज का नया यथार्थ थी और जहाँ तक प्रभाव की बात है, तो वह भी केवल अंग्रेजी ही क्यों, रूसी, फ्रेंच आदि के माध्यम से भी आया। हिन्दी

के लेखक-पाठक बीसवीं सदी के प्रारम्भ से ही, यानी हिन्दी कहानी के विकास के प्रथम चरण से ही टाल्सटाय, चेखव, गोर्की, मोपासाँ आदि महान् लेखकों की रचनाओं से परिचित थे। साहित्य-क्षेत्र में विरासत बहुत व्यापक हुआ करती है, वह अपनी भाषा से लेकर दुनिया भर की विभिन्न भाषाओं से छन कर किसी रचनाकार तक आती है। वह व्यापक मानवीय उत्तरदायित्व होता है। लेकिन महान् और व्यापक रचनात्मक विरासत के बावजूद हिन्दी कहानी की अन्तर्वस्तु, चाहे माधवराव सप्रे की कहानी 'टोकरी भर मिट्टी' हो या प्रेमचन्द की कहानी 'दुनिया का सबसे अनमोल रतन' अथवा 'पंच परमेश्वर', जयशंकर प्रसाद की कहानी 'ग्राम', राजा राधिकारमण प्रसाद सिंह की कहानी या फिर गुलेरी जी की 'उसने कहा था' की, बिल्कुल भारतीय समाज के यथार्थ से प्राप्त अनुभवों से निर्मित संवेदना से बनी है। यह भी देखने की बात है कि इन प्रारम्भिक हिन्दी कहानियों का यथार्थ कितना विविधतापूर्ण, कितना गतिशील, कितना फैला हुआ और कितना मार्मिक है, यह देखें।

आज तो हम यह भी कह सकते हैं कि इन कहानियों की यथार्थपरक संवेदनशीलता कालजयी भी है। हम बेहिचक यह भी कह सकते हैं कि काल का मुकाबला करके ही ये कहानियाँ कालजयी बनी हैं। काल की उपेक्षा करके कोई रचना कालजयी हो नहीं सकती। इसी प्रसंग में मुझे डॉ॰ नामवर सिंह की यह पंक्ति याद आ रही है कि 'सौन्दर्य काल में नहीं कला में होता है।' सौन्दर्य वस्तुपरक होता है, वस्तु में होता है और काल का न भी किसी वस्तु के भौतिक अस्तित्व से प्राप्त होता है। अतः काल और सौन्दर्य का सम्बन्ध हम सहज भाव से समझ सकते हैं। लेकिन काल के अनुभव हमेशा अनुकूल नहीं होते, प्रतिकूल भी होते हैं, अनेक बार वे भयानक भी होते हैं। ये सारी बातें, अनुकूलता-प्रतिकूलता, सुखद-दुखद, सुन्दर-भयानक आदि कला में आकर नये प्रकार के सौन्दर्य का निर्माण करती हैं। हिन्दी कहानी में यह सौन्दर्य प्रारम्भ से मौजूद है। इस दौर से ही कहानी के स्वरूप पर समग्रता से विचार करें तो स्पष्ट होगा कि कहानी-कला वास्तव में कहानीकार की मानसिक बनावट की अभिव्यक्ति का एक रूप है, लेकिन उसकी मानसिक बनावट यथार्थ की गतिशीलता एवं द्वन्द्वात्मकता से तैयार होती है।

बीसवीं सदी के प्रारम्भिक दौर में हिन्दी कहानी बनती है मुख्यतः अपनी जमीन की तलाश से और फिर पाठकों के बीच अपनी भूमिका तय करने के संघर्ष से। इस प्रक्रिया में सबसे महत्त्वपूर्ण भूमिका निभाते हैं प्रेमचन्द। मनुष्य की भावना को, संवेदना को गहराई से उत्प्रेरित करने का प्रभावशाली प्रयत्न जयशंकर प्रसाद और सुदर्शन जैसे कहानीकारों ने किया, कहानी को समृद्ध करने में उनका योगदान भी ऐतिहासिक है, कलात्मक श्रेष्ठता भी उनमें है, लेकिन प्रेमचन्द की कहानियाँ जितने महत्त्वपूर्ण सवाल उठाती हैं, मानवीय चेतना को कुरेदने के लिए जितनी व्यापक भूमिका अदा करती हैं, व्यक्ति ही नहीं, पूरी मनुष्यता के सामने जो परिप्रेक्ष्य प्रस्तुत करती

हैं, वह न प्रसाद में है और न सुदर्शन में। बीसवीं सदी के पूर्वार्द्ध में ऐतिहासिक रूप से कहानी के उत्थान के प्रारम्भिक दौर के बाद हिन्दी कहानी मुख्यतः प्रेमचन्द की कहानियों के माध्यम से विकास के शिखर का निर्माण करती है।

कहानी की रचना-प्रक्रिया में भी प्रेमचन्द की कलम से ही जो परिवर्तन आये हैं, वे अद्भुत हैं। इस दूसरे दौर में हिन्दी कहानी अपनी जमीन से ज्यादा बेधक बनने के, पाठकों को बेचैन कर देने के हुनर की खोज करती हुई दिखायी पड़ती है। वह सौन्दर्य-दृष्टि, सौन्दर्य-बोध को बदलने वाले जीवन-बोध को अधिकाधिक मर्मस्पर्शी बनाने की कला की खोज करती है।

प्रेमचन्दोत्तर काल में अनेक समर्थ और श्रेष्ठ कहानीकार कहानी को देश-काल से मुक्त कर देने का प्रयत्न करते हैं। व्यक्ति के मनोजगत् में प्रवेश करके ऐसी कथा-रचना की गयी, जिसे पढ़कर यह पता नहीं चले कि वह कहाँ की है, कब की है। यों जैनेन्द्र और अज्ञेय की भी अत्यन्त चर्चित और प्रशंसित वे ही कहानियाँ हुई हैं, जिनमें देश-काल का यथार्थ किसी-न-किसी रूप में आ ही गया है; जैसे जैनेन्द्र की 'दृष्टिदोष', अज्ञेय की 'शरणदाता', 'रोज' आदि।

देश-काल से युक्त, यथार्थ के सन्दर्भ में रहित व्यक्ति के मनोजगत् में विचरण करने वाली कहानी में घटनाओं की भूमिका बहुत कम हो जाती है। कहानी को प्रातिनिधिकता और परिप्रेक्ष्य से युक्त करने वाले लेखकों और आलोचकों ने इस कथा-शिल्प को बहुत पसन्द किया। कहानी-कला को शिल्प-विधि की रचना तक सीमित करने की कोशिश की गयी। इसी प्रसंग में कहानी की क्या बात मनुष्य को ही क्षणजीवी कहा गया। काल को खण्ड-खण्ड कर दिया गया, मनुष्य की चेतना को क्षण से जोड़ दिया गया। अकेलापन उसका जीवन-मूल्य हो गया। ऐसा नहीं कि मनुष्य जीवन में कभी अकेलापन नहीं महसूस करता, ऐसी स्थितियाँ आती हैं जीवन में, जब वह बेहद अकेला हो जाता है, लेकिन अकेला होना एक बात है और अकेलापन को जीवन-मूल्य के रूप में स्वीकार करना और स्थापित करना दूसरी बात है। वास्तव में अकेलापन का मूल्य और क्षणजीवी होने की मान्यता समाज के लिए स्वाभाविक नहीं थी, नहीं है। इसलिए ऐसी रचनात्मकता हिन्दी कहानी में भी अल्पायु हुई।

जिसे 'नयी कहानी' कहा गया है, उसने भी क्षणजीविता और अकेलेपन को स्वीकार नहीं किया, हालाँकि उसमें वैयक्तिकता को किसी-न-किसी रूप में जगह दी गयी थी। किसी ने व्यक्ति-मन को टटोलना जारी रखा, तो किसी ने व्यक्ति के सामाजिक सन्दर्भ को भी समझने की कोशिश की। मोहन राकेश, निर्मल वर्मा, राजेन्द्र यादव, कमलेश्वर आदि इस प्रसंग में बहुचर्चित थे। लेकिन आज 'नयी कहानी' से इतनी दूर आने के बाद जब हम उलट कर देखते हैं तो महसूस करते हैं कि उस दौर के प्रतिनिधि कहानीकारों में भीष्म साहनी, अमरकान्त, शेखर जोशी आदि ज्यादा स्वीकृत हैं। यह समय का प्रभाव है। भीष्म जी ने 'आज के अतीत' में एक जगह

लिखा है कि वे कहानी लिखने को छूटे हुए सूत्रों को खोजने और जोड़ने की कोशिश कर रहे थे, इसी प्रक्रिया में उन्होंने एक कहानी लिखी और निर्मल वर्मा को दिखाई। निर्मल ने कह दिया यह तो कहानी बन ही नहीं पायी। भीष्म जी का दिल बैठ गया। लेकिन निर्मल जी कहानी बनाते रहे, गढ़ते रहे और भीष्म जी जीवन में कहानी खोजते रहे और लिखते रहे। अमरकान्त की 'डिप्टी कलक्टरी', 'जिन्दगी और जोंक' या 'दोपहर का भोजन' जैसी कहानियाँ भारत के स्वातन्त्र्योत्तर काल और जीवन के अन्तर्विरोध के बीच ही मिली और लिखी गयी है। काल से सम्बन्धित होने के कारण ही वे कालजयी रचनाएँ हैं। ऐसी ही रचनाओं ने आगे यथार्थ की परम्परा को विकसित किया। यहाँ मैं कहानी का इतिहास नहीं लिख रहा, यहाँ तक कि इतिहास की रूप-रेखा भी नहीं बना रहा। वास्तव में आज के कहानीकारों के सामने हिन्दी कहानी के कुछ ऐतिहासिक अनुभवों के निचोड़ प्रस्तुत करने की कोशिश कर रहा हूँ।

पिछले दिनों एक कहानीकार ने पूछा कि ऐसा क्यों है कि यथार्थवादी लेखक लगातार लिखते रहते हैं और यथार्थवाद के विरोधी लेखकों की रचनात्मकता एक दौर के बाद दिखायी नहीं पड़ती। यह प्रश्न उठाने वाला कोई यथार्थवाद का समर्थक नहीं था, लेकिन जाहिर है कि वह यथार्थवादी लेखकों की विशेषता को देख रहा था, समझने की कोशिश कर रहा था। मेरी समझ में जो बात थी, वह मैंने उसे बतायी। असल में यथार्थ द्वन्द्वात्मक और गतिशील होता है, वह कभी ठहरा हुआ नहीं होता। गतिशीलता ही जीवन के प्रवाह का निर्माण करती है। प्रवाह में हर क्षण और हर कदम पर नया धरातल होता है, नया पानी होता है। इस नयेपन को पहचानना और ग्रहण करना जिससे सम्भव होता है, वह लेखक कभी चूकता नहीं, उसके कथानक का, कथा-प्रसंग या सन्दर्भ का कभी अभाव नहीं होता। यथार्थवाद कहानीकार को प्रवाह विशेष को पहचानने और समझने की दृष्टि देता है। जीवन का परिप्रेक्ष्य उसे प्रवाह में से अपने काम की चीज का चयन करने का विवेक देता है। काशीनाथ, दूधनाथ, ज्ञानरंजन, रवीन्द्र कालिया, मन्नू भण्डारी आदि ने भी जीवन के नयेपन को मनुष्य के व्यक्तित्व में आये नये लक्षणों को पहचाना, तभी उनकी कहानी महत्त्वपूर्ण बनी। काशीनाथ और दूधनाथ यदि आज भी लिख रहे हैं और अपने को दुहराये बिना नया लिख रहे हैं, तो इसका कारण यही है कि वे लगातार जीवन के लगाव में रहे हैं, उसके प्रवाह में नये लक्षणों की तलाश करते रहे हैं। उनकी तलाश केवल भाषा-शिल्प की नहीं है। नयापन पहले जीवन में आता है, बाद में समाज में आता है।

कहानीकारों के सामने पिछले अनेक दशकों से हिन्दी कहानी के इतिहास में एक नयी धारा, नयी प्रवृत्ति या नया दौर शुरू करने की समस्या रही है। इस समस्या को हल करने की दृष्टि से कई प्रवृत्तियाँ सक्रिय रही हैं। सबसे स्वस्थ और रचनात्मक प्रवृत्ति रही है यथार्थ की नयी अवस्था की सबसे प्रमुख विशेषता को पकड़कर उसे चित्रित करने के लिए उपयुक्त सन्दर्भ की रचना करने की। हर नयी अवस्था में नये

चरित्र सामने आते हैं, सामाजिक-पारिवारिक जीवन में मनुष्य के बीच नये सम्बन्ध या सम्बन्धों के प्रति नया रुख सामने आता है। भीष्म साहनी का 'वाङ्चू' एक ऐसा चरित्र है, जो भारत-चीन युद्ध के दौर में ही उभर सकता था। वास्तव में वाङ्चू में कुछ नया आया युद्ध के दौर में, समाज में उसके प्रति शंका पैदा हो गयी, भारत में और चीन में भी। यह तो कथाकार की खूबी है कि वह समाज की मानसिकता का प्रभाव वाङ्चू पर देखकर उसकी पीड़ा को व्यक्त करता है और हमें यह बताता है कि युद्ध न केवल मैदान में मनुष्य की हत्या करता है, बल्कि समाज में मनुष्यता की भी हत्या कर देता है। अमरकान्त ने पिछले दौर में (आठवें दशक में) 'कुहासा' शीर्षक कहानी लिखी, जो भारतीय समाज और राजनीति के पाखण्ड को उसी तरह बेपर्द करती है, जैसे स्वतन्त्रता-प्राप्ति के बाद के वर्षों में 'डिप्टी कलक्टरी' नयी सम्भावनाओं को निराशा में बदलते हुए दिखाती है। स्वयंप्रकाश की कहानी 'बलि' की वह लड़की आज के मध्यवर्ग के साथ पलती-बढ़ती है, जिसे अपने साधनों के बिना भी दूरदर्शन अथवा सम्पन्न मध्यवर्ग की सुविधाएँ मिलती हैं और मानसिकता भी कुछ वैसी ही हो जाती है। यह कहानी पहले तो नहीं लिखी जा सकती थी। उदय प्रकाश का 'पालगोमरा का स्कूटर' या 'वारेन हेस्टिंग्स का साँड़' जैसी कहानी भूमण्डलीकरण के बाजार क्षेत्र की पृष्ठभूमि पर ही रची जा सकती है।

जब लेखक यथार्थ को अपने रुझान या अपने दृष्टिकोण के अनुसार गढ़ता है या तोड़ता-मरोड़ता है, तब यथार्थ मनोवादी रूप लेता है, और लेखक यथार्थ के सबसे प्रमुख पहलू को चित्रित करने से चूक जाता है। संजीव ने अनेक महत्त्वपूर्ण कहानियाँ लिखी हैं, लेकिन 'दुनिया की सबसे हसीन औरत' में सहसा एक नौजवान प्रकट होता है और क्रान्तिकारी आवेश के साथ सब्जी वाली औरत के पक्ष में खड़ा होता है। यह सहसा या संयोग से कुछ घटित करा देना कथा-प्रसंग के आग्रह से नहीं, बल्कि लेखक के क्रान्तिकारी सिद्धान्त के आग्रह से होता है। ऐसी अनेक कहानियाँ अनेक कहानीकारों के द्वारा लिखी गयीं। ऐसी तमाम कहानियाँ फार्मूलाबद्धता के उदाहरण के रूप में हैं। यह अतिक्रान्तिकारिता के दौर में हुआ। यह अध्ययन का विषय है कि कहानी को अन्याय या जुल्म या शोषण की पराजय तक पहुँचा कर समाप्त करने से जनपक्षधरता कितनी मजबूत हुई, कथ्य कितना विश्वसनीय बना या कलात्मकता कितनी क्षतिग्रस्त हुई। सृंजय की कहानी 'कामरेड का कोट' भी एक फार्मूलाबद्ध कहानी है; क्योंकि उसमें कहानी का निष्कर्ष पहले से निर्धारित है, सत्यार्थी को संघर्ष से भागने वाला या समस्या से कतराने वाला सिद्ध करना है। हिन्दी कहानी के पास विशाल अनुभव है। आज के कहानीकारों को ऐतिहासिक अनुभवों से लाभ उठाना चाहिए। क्रान्तिकारी चेतना को संसदीय राजनीति के यथार्थ पर लाकर संजीदगी से अवधेश प्रीत की कहानी 'ग्रास रूट' दिखाती है।

भारतीय समाज की विविधता और जटिलता पूँजीवादी विकास और बाजारतन्त्र के

साथ बढ़ती जा रही है। इस जटिलता में समाज के विभिन्न पक्षों की संक्रमण-शीलता भी शामिल है, मेरा मतलब भारतीय समाज की जातीय बनावट और साम्प्रदायिकता से है। देश के पूँजीवादी विकास और विश्व पूँजीवाद से उसके मेल-जोल ने जातीय बनावट और साम्प्रदायिकता को भी बुरी तरह प्रभावित किया है। आज इन सबका सम्बन्ध 'सामाजिक जागरण' और राजनीतिक अधिकार-चेतना से है। काशीनाथ की कहानी 'चोट' जीवन में जाति की स्थिति में आये परिवर्तन का बोध कराती है। एक दलित शहर में चपरासी की नौकरी कर रहा है और उसी गाँव का एक राजपूत यहाँ के होटल में बेयरा हो गया है। चपरासी होटल में नाश्ते के लिए जाकर बेयरा को आदेश देता है। यह एक वेतनभोगी की भूमिका है दलित की नहीं। बेयरा मन मसोस कर आदेश का पालन तो करता है, लेकिन अपने जातीय अहंकार से मुक्त नहीं हो पाया है। कहानी का निहितार्थ यह है कि भौतिक यथार्थ पुराने संस्कारों और विचारों के खिलाफ है, लेकिन पुराने संस्कार और विचार आज भी नये यथार्थ को सहज भाव से स्वीकार नहीं करते। हृषिकेश सुलभ की कहानी 'पाण्डे का पयान' में गाँव के नये सामाजिक जागरण के कारण यानी गाँव के सामाजिक समीकरण के बदल जाने के कारण पण्डिताई का पेशा करने वाले पाण्डे जी शहर चले जाते हैं और वहाँ दलित जाति के मन्त्री के मन्दिर में पूजा करने लगते हैं, इतना ही नहीं उनके यहाँ भोजन भी करते हैं। गाँव में पाण्डे जी नये यथार्थ से अपना समायोजन नहीं कर पाते, लेकिन शहर में जाकर कर लेते हैं। विजयकान्त की कहानी 'सोशल जस्टिस बबुनी' सामाजिक न्याय की हकीकत को इस तरह बेपर्द करती है कि उसका खोखलापन तर्क संगत सन्दर्भ में दिख जाता है। मिथिलेश्वर की कहानी 'जमुनी' भी इस प्रसंग में उल्लेखनीय है। दलित समाज में पूँजीवादी विकास के साथ विकसित नये यथार्थ को रामधारी सिंह दिवाकर ने 'माटी-पानी' में बड़ी कुशलता से दर्शाया है।

बाजारतन्त्र के यथार्थ से प्रेरित अनेक अच्छी कहानियाँ लिखी गयी हैं। शंकर की 'जगो देवता जगो' सम्प्रदायवाद पर नहीं, बल्कि व्यापारियों के द्वारा अपने दो नम्बर के व्यापारिक कार-बार को छिपाने के लिए धर्म स्थान का इस्तेमाल करने की कथा है। यह सब होता रहा है और देवता मन्दिर में चिर निद्रा में सोये रहते हैं। तथाकथित भक्त देवता का सोये रहना पसन्द करते हैं, वह तो लेखक है, जो देवता को पुकारता है—जगो देवता जगो! यह आज की कहानी है। अखिलेश की कहानी 'जलडमरूमध्य' सामन्ती अतीत से युक्त होकर महानगर के बाजारतन्त्र और आजीविकावाद को स्वीकार करने की कहानी है। इसमें पुरानी पीढ़ी और नयी पीढ़ी में टकराव होता है, लेकिन नयी पढ़ी का बाजारवाद और आजीविकावाद ज्यादा ताकतवर है। वह पुराने पर हावी हो जाता है। आज के आजीविकावाद की बेहतरीन कहानी है ममता कालिया की 'दौड़' जो दिखाती है कि पारिवारिक सम्बन्धों की भावुकता का अब कोई मतलब नहीं रह गया है। आज के लोग आजीविका की दौड़

में शामिल हैं। यह इस दौर की एक महत्त्वपूर्ण कहानी है। जयनन्दन की कहानी 'सूखते स्रोत' में आजीविकावाद और कम्पनीतन्त्र के दौर में जीवन के यांत्रिक हो जाने और संवेदना के सूख जाने का बेधक चित्रण किया गया है। इसी प्रसंग में सन्तोष दीक्षित की कहानी 'अथातो जश्न जिज्ञासा' ध्यान खींचती है, जिसके धरातल पर स्त्री-पुरुष सम्बन्ध भी नया रूप ले रहा है। इनकी कहानी 'ललस' भी उल्लेखनीय है। जयनन्दन की कहानी 'बॉडीगार्ड' में आज की राजनीति में बाहुबलियत के दबंग बनने और पढ़े-लिखे योग्य नौजवान की नियति उसका बॉडीगार्ड बनने की स्थिति चित्रित है। यह असंगति ध्यान देने योग्य है।

उपर्युक्त चर्चा के पीछे मेरा उद्देश्य यह कहना है कि आज हिन्दी कहानी का विकास हुआ है और विकास का अर्थ यह है कि जीवन और समाज के नये धरातल, नये सम्बन्ध, नयी मानसिकता आदि का चित्रण आज के कहानीकारों ने किया है। बीसवीं सदी के अन्तिम चरण में और इक्कीसवीं सदी की दहलीज पर हिन्दी कहानी में समय के इस दौर का यथार्थ चित्रित कर लेखकों ने अपनी जागरूक रचनात्मकता का समर्थ परिचय दिया है। विभिन्न जीवन-सन्दर्भों के माध्यम से संवेदनशीलता की खोज लेखकों की सृजनशीलता के केन्द्र में रही है। यहाँ मैं मनोज रूपड़ा की कहानी 'प्यास' को याद कर रहा हूँ। एक बालक जन्म से ही मातृत्व की वत्सलता से वंचित रहा है। वह वत्सलता और संवेदनशीलता का प्यासा है। लेकिन उसकी प्यास कहीं नहीं बुझती, धर्मस्थान में नहीं, उससे बाहर भी नहीं, धर्मस्थान में पुजारी मिलता है, प्रार्थना करने वाला मिलता है, आदमी बनानेवाला नहीं मिलता।

मेरे ध्यान में कुछ और बातें इन दिनों अक्सर आती रही हैं। आज इस देश में किसान आत्महत्या कर रहे हैं और वे किसान प्रेमचन्द के छोटे किसान होरी और हल्कू की तरह नहीं हैं। आज के जो किसान आत्महत्या कर रहे हैं, वे पूँजीवादी किसान हैं या औद्योगिक एवं व्यावसायिक कृषि के दौर के किसान हैं। वे गाय की लालसा लिये मरने वाले किसान नहीं हैं। वे ट्रैक्टर और हारवेस्टर वाले किसान हैं, लेकिन बैंक के कर्ज में डूबे हुए और बहुराष्ट्रीय कम्पनियों के द्वारा बाजार में मारे हुए। ये किसान अब तक हिन्दी कहानी में नहीं दिखाई पड़ रहे हैं। इसी तरह बेरोजगार नौजवान बेचैन हैं, उद्विग्न हैं, अपराध कर्म की ओर प्रवृत्त हो रहे हैं या कहीं-कहीं बेरोजगारों की भगदड़ में मारे जा रहे हैं अथवा आत्महत्या भी कर रहे हैं। ऐसे नौजवान भी नहीं दिखाई पड़ रहे हैं आज की कहानी में। अपराध, कर्म, राजनीति और प्रशासन के गठजोड़ से अनेक नये-नये चरित्र विकसित हुए हैं समाज में। इनके साथ भी आज की कहानी में न्याय नहीं किया गया है।

पिछले पन्द्रह-बीस वर्षों में कहानीकारों ने शिल्प को तोड़ने की बड़ी कोशिश की है। स्वातन्त्र्योत्तर काल में कहानी का जो शिल्प विकसित हुआ था, उसको लगभग विदा करके आज की कहानी पहले के किसी भी दौर से ज्यादा घटना प्रधान

हो गयी है। इतनी घटना प्रधान वह प्रेमचन्द या यशपाल के समय भी नहीं थी। आज की कहानी अनेक सन्दर्भों, अनेक टुकड़ों को जोड़कर बनायी गयी कथा है, जो मोन्ताज शैली की कही जा सकती है। इस शैली में संवेदना बिखर जाती है, वह घनीभूत नहीं हो पाती है। शायद इसी कारण कहानी में परिप्रेक्ष्य भी स्पष्ट नहीं हो पाता। कहानी अब जीवन का एक टुकड़ा नहीं। आईने के एक छोटे-से टुकड़े में पूरा ताज प्रतिबिम्बित करने की कला अब नहीं रह गयी है। मुझे ऐसा लगता है कि इस शिल्प ने कहानी का नुकसान किया है। यों यह विचारणीय है। यात्रावृत्तान्त, रिपोर्ताज आदि भी अब कहानी के रूप में पत्रिकाओं में छप रहे हैं। यह ठीक है कि कोई रूप-शिल्प कहानी के लिए निर्धारित नहीं हो सकता, लेकिन साहित्य के किसी रूप को कहानी कैसे कहा जा सकता है? इक्कीसवीं सदी की शुरुआत में इन प्रश्नों पर विचार आवश्यक है। इस टिप्पणी के अन्त में यह कहना चाहता हूँ कि पिछले पन्द्रह-बीस वर्षों में जितनी श्रेष्ठ कहानियाँ हिन्दी में लिखी गयीं, उतनी पहले के किसी भी दौर में नहीं लिखी गयीं। जिनका जिक्र मैं नहीं कर पाया, उन कहानीकारों से क्षमा चाहता हूँ।

हिन्दी कहानी में नयेपन का आगमन

'नयी कहानी' के नाम से कहानी में एक नया आन्दोलन खड़ा करने वालों की अवधारणा और उद्देश्य से अलग हट कर भी स्वातन्त्र्योत्तर हिन्दी कहानी पर गौर करें, तो पता चलेगा कि स्वतन्त्रता के बाद हिन्दी कहानी में नयापन आया। जिन कहानीकारों ने नयापन लाने का कोई दावा नहीं किया, उनकी कहानियों में भी नयापन है। कहानी में नयापन का क्या अर्थ है? इस प्रसंग में यह बात ध्यान में रखनी चाहिए कि किसी रचना में जो नयापन आता है, वह उससे पहले जीवन और समाज में आता है। कोई रचनाकार जीवन और समाज की ओर से आँखें मूँद कर रचना नहीं कर सकता। रचना यथार्थवादी हो या मनोवादी सबका रचनात्मक स्रोत समाज ही है। इस धारणा से जिन्हें एतराज हो, वे यह समझने की कोशिश करें कि हमारा समाज बहुस्तरीय है, बहुढाँचीय है, अतः एक ही समय में, एक साथ ही समाज में अनेक प्रकार के वर्ग होते हैं। हाँ, वर्ग के पात्रों और चरित्रों में विकास की अवस्था की दृष्टि से, मनोकांक्षा और आकांक्षा की दृष्टि से, स्थिति और उद्देश्य की दृष्टि से उनमें फर्क होता है। अतः यथार्थ और सन्दर्भ की बात करने का अर्थ किसी भी तरह, कहीं से भी एकरूपता नहीं होता। प्रेमचन्द और जयशंकर प्रसाद एक ही समय में हुए, फिर भी उनकी कहानियों के स्वरूप में फर्क है। क्यों है फर्क? फर्क सिर्फ इसलिए नहीं है कि प्रेमचन्द गाँव के या किसान-जीवन के कथाकार हैं और प्रसाद जी ग्रामेतर जीवन के। दोनों में किसी-न-किसी तरह जीवन का यथार्थ है, लेकिन यह तो समाज ही है, जिसमें कई तरह के यथार्थ हैं। इसलिए मुख्य बात यह है कि लेखक मानसिक रूप से यथार्थ में किस पक्ष से लगाव रखता है? उनमें फर्क का भी यही स्रोत है। प्रसाद जी 'आकाशदीप' जैसी कहानी लिख सकते हैं, तो प्रेमचन्द 'ठाकुर का कुआँ', अथवा 'सवा सेर गेहूँ' जैसी कहानियाँ लिख सकते हैं। दोनों में यथार्थ तो एक ही समय का है, लेकिन मानसिक बनावट में और दृश्य में फर्क होने के कारण समय को अलग-अलग यथार्थ में देखते और ग्रहण करते हैं। सुदर्शन और विश्वम्भरनाथ शर्मा कौशिक भी इसी समय थे, और उनमें और तरह की कहानियाँ मिलती हैं। उसी समय और भी अनेक कहानीकार थे, जो और भी कई तरह की कहानियाँ लिख रहे थे। यहाँ उन सबका विवेचन और विश्लेषण करना

अपेक्षित नहीं है। मैं यह कहने की कोशिश कर रहा हूँ कि एक समय, एक समाज में रहते हुए रचनात्मक भिन्नता और विविधता आ जाती है।

एक वर्ग में भी भिन्नता होती है। यशपाल और अज्ञेय या जैनेन्द्र एक ही मध्यवर्ग के कहानीकार हैं, उनके यथार्थ का धरातल मध्यवर्ग है, फिर भी यशपाल की कहानियाँ अज्ञेय और जैनेन्द्र से भिन्न हैं। कारण यह कि यशपाल, मध्यवर्ग को जीवन जीने में जो समस्याएँ झेलनी पड़ती हैं, मुख्यतः उनका चित्रण करते हैं और अज्ञेय एवं जैनेन्द्र मध्यवर्ग की महत्वाकांक्षाओं पर मुख्य रूप से ध्यान देते हैं। यही है फर्क का स्रोत। इतना ही नहीं, मनुष्य के भविष्य के बारे में भी उनके चिन्तन में फर्क है। इसके और भी उदाहरण दिये जा सकते हैं, उन उदाहरणों की व्याख्या की जा सकती है, जो यहाँ अभीष्ट नहीं है। यहाँ इतना कहना जरूरी है कि प्रेमचन्द के बिल्कुल बाद के कहानीकारों ने सामाजिक यथार्थ को, इस तरह अपने हमले का निशाना बनाया और मनोवैज्ञानिक एवं मनोविश्लेषणात्मक कहानियों का ऐसा शोर मचाया कि बहुतेरे लेखकों और पाठकों को ऐसा लगने लगा कि ग्रामीण जीवन और सामाजिक यथार्थ कहानी का स्वाभाविक विषय नहीं है। इतना ही नहीं, यह भी कहा गया कि कहानी के लिए मुख्य है शिल्प और शैली। कथानक और घटनाओं की शृंखला का कहानी के गठन में कोई खास महत्त्व नहीं है। ऐसी स्थापना के बावजूद अज्ञेय, जैनेन्द्र आदि की कहानियों में मध्यवर्ग के वे पात्र आये हैं, जिनके सामने पेट की समस्या नहीं है, परिवार चलाने की समस्या नहीं है, अतः वे मनोवादी समस्याओं से उलझते रहते हैं, लेकिन यह तो तय है कि उन समस्याओं का भी एक सामाजिक धरातल है।

स्वातन्त्र्योत्तर काल में स्वभावतः नयी परिथिति आयी और कई तरह से, कई तरफ से आयी। एक तो यह कि देश आजाद हो गया। दूसरी बात यह कि देश विभाजित हो गया, देश ही नहीं, मनुष्य, उसका परिवार, उसके आपसी सम्बन्ध सभी विभाजित हो गये। तीसरी बात यह कि दूसरे विश्वयुद्ध की परिणति फासीवाद की पराजय, समाजवाद के विस्तार, इतिहास की पहल साम्राज्यवाद के हाथों से निकल जाने के रूप में हुई। इन सबने पहले तो मनुष्य को अभूतपूर्व प्रेरणा दी, उसमें अभूतपूर्व उत्साह जगाया, लेकिन बाद में अपने देश में पूँजीवादी विकास में भारतीय मनुष्य के उत्साह को क्रमशः ठण्डा भी किया। इन सबने स्वतन्त्र एवं जनतान्त्रिक देश की नयी पीढ़ी को प्रभावित किया। यों इस समय की प्रक्रिया को वर्गीय दृष्टि से देखने वालों की मनोदशा कुछ भिन्न थी। महान् शायर फ़ैज़ अहमद फ़ैज़ ने स्वाधीनता प्राप्ति के समय कहा था—

यह दाग-दाग उजाला, यह सबगजीदा-सा सहर
ये वो सहर तो नहीं कि जिसका इन्तज़ार था।

इसके बावजूद देश के भीतर-बाहर वातावरण बदला हुआ था। स्वाधीनता-संग्राम

में आम जनता की निर्णायक भागीदारी के कारण हमारे देश में बालिग मताधिकार पर आधारित संसदीय जनतन्त्र आया, फलतः देश की राजनीतिक प्रक्रिया बदल गयी। जमींदारी प्रथा और रियासतों का खात्मा कर दिया गया। इन सबके साथ जवाहर लाल नेहरू के प्रधानमन्त्री होने से जनता का आशावाद कुछ अधिक मजबूत होता दिखा। लेकिन ब्रिटिश शासनकाल से चली आती हुई प्रशासनिक व्यवस्था, मैकॉले की शिक्षा-पद्धति और पूँजीवादी समाज-व्यवस्था में यथावत् रह जाने एवं संविधान में जीने के साधनों पर अधिकार, रोजगार, शिक्षा और चिकित्सा आदि को बुनियादी अधिकार नहीं बनाये जाने से आजादी की सीमा भी तय हो गयी। पूँजी की सुरक्षा के लिए घेराबन्दी कर दी गयी।

एक ओर यह परिस्थिति थी, दूसरी ओर प्रेमचन्दोत्तरकाल में अज्ञेय, जैनेन्द्र आदि की कथा-परम्परा का बनना, जिसमें व्यक्ति को, उसकी महत्वाकांक्षा और कुण्ठा को अतिशय महत्त्व दिया गया। विश्व के स्तर पर शक्ति-सन्तुलन के समाजवाद के पक्ष में होने से साम्राज्यवाद और पूँजीवाद का वैचारिक एवं सांस्कृतिक हमला तेज हो गया, जिसके जरिये साहित्य को विचारधारा, राजनीति, सोद्देश्यता आदि से अलग रखने के रचना-विरोधी नारे लगाये जाने लगे।

उपर्युक्त बातों का जिक्र करते हुए मैं कहना चाहता हूँ कि अपने देश में आजादी मिलने के बाद जो कहानीकार आये उनमें किसी-न-किसी तरह उपर्युक्त परिस्थितियों का प्रभाव दिखायी पड़ता है। उनके सामने समस्या यह थी कि वे रचनात्मकता का विकास किस तरह करें? इस प्रश्न पर अनेक आलोचकों और कहानीकारों ने विचार किया है। इस प्रसंग में डॉ. नामवर सिंह कहते हैं—"साहित्य-रूप की दृष्टि से कहानी स्वयं बहुत आधुनिक है। वह नवीनता के साथ उत्पन्न ही हुई है। इसलिए सौ-पचास वर्षों के इस छोटे से इतिहास में कहानी के रूप में किसी मौलिक परिवर्तन की न तो सम्भावना है और न आवश्यकता है।" (कहानी : नयी कहानी, पृ. 19) हिन्दी कहानी के उद्भव और विकास को देखते हुए नामवर जी यह बात कहते हैं, लेकिन वे यह भी महसूस कराते हैं कि कहानी-विधा की अन्तर्वस्तु और रूप दोनों में ही परिवर्तन हुए हैं। हिन्दी कहानी के नये विकास को देखते हुए वे यह भी कहते हैं कि कहानीकारों में अधिक चिन्ता शिल्पगत-प्रयोग भी रही है। आगे वे कहते हैं—"आज की कहानियों में रूप में परिवर्तन अवश्य दिखायी पड़ता है। शिल्प को लेकर नये प्रयोग करने की प्रवृत्ति आज के कवियों की तरह कहानीकारों में भी है और कविता की तरह कुछ कहानियाँ भी केवल प्रयोग के लिए लिखी गयी हैं।" (उपर्युक्त, पृ. 20) यहाँ नामवर जी प्रयोगवादी कविताओं और कहानियों को ध्यान में रख कर अपनी बात कह रहे हैं। लेकिन इसी प्रसंग में यह ध्यान देने योग्य है कि स्वातन्त्र्योत्तर काल में कविता में जहाँ अज्ञेय के माध्यम से प्रयोगवाद का या उसके बदले हुए नाम 'नयी कविता' का एक तरह से आतंक था, वहीं कथा के क्षेत्र

में प्रभुत्व सामाजिक यथार्थ का था। आज उसे पीछे मुड़ कर देखने पर तो कविता के क्षेत्र में भी यही महसूस होता है कि उस दौर में कविता के क्षेत्र में भी शमशेर, नागार्जुन, केदारनाथ अग्रवाल, त्रिलोचन, मुक्तिबोध आदि की काव्य-कृतियाँ मुख्य हैं। कथा में तो नागार्जुन, यशपाल, अमृत लाल नागर, फणीश्वर नाथ रेणु, आदि पहले से सृजनरत लेखकों ने कथा के इतिहास को समृद्ध किया। यहाँ तक कि इलाचन्द्र जोशी ने भी 'जहाज का पंछी' जैसा उपन्यास लिखा, जिसमें जीवन-संघर्ष का यथार्थ स्पष्टतः चित्रित है। यह उपन्यास अज्ञेय के 'अपने-अपने अजनबी' से एकदम अलग है। इसी तरह हम देखते हैं कि उस समय जो नये कथाकार आये, उन्होंने किसी-न-किसी तरह परिस्थिति के आग्रह को स्वीकार किया। ऐसा करके ही वे अपनी पूर्ववर्त्ती पीढ़ी के व्यक्तिवाद के प्रभाव से कहानी को मुक्त कर सकते थे। इस तरह के कहानीकारों ने हिन्दी कहानी को मनोवादी यथार्थवाद के घेरे से मुक्त किया। ऐसा करके ही वे इतिहास को आगे बढ़ा सकते थे। साहित्य में कहानी हो या कविता या कोई अन्य विधा, उनके विकास का अर्थ होता है समाज और जीवन में आये नये लक्षणों को पहचान कर पकड़ना और उन्हें रचना का रूप देना। इस प्रक्रिया से ही रचना की अन्तर्वस्तु और शिल्प में नयापन आता है। नामवर जी कहते हैं—"शैली के अतिरिक्त कहानी के आन्तरिक रूप में भी काफी परिवर्तन हुआ है। इस बीच कहानी का रूप इतना विस्तृत हो गया है कि बहुत-से निबन्ध-स्केच, रिपोर्ताज भी कहानी की सीमा में घुसे हैं।" (उपर्युक्त, पृ. 20) विधाओं का परस्पर अतिक्रमण कहें या कहानी के कहानीपन को विघटित करने की कोशिश कहें, आज यानी पिछले पन्द्रह-बीस वर्षों में ज्यादा दिखायी पड़ी है, लेकिन आलोच्य दौर में यत्र-तत्र ही ऐसा हुआ है। नामवर जी उपर्युक्त पंक्तियों में जो कहना चाहते हैं, उसे और स्पष्ट करके उन्होंने आगे कहा है! वे कहते हैं—"आज घटना-संघटन इतना विघटित हो गया है कि लोगों को अधिकांश कहानियों में 'कथानक' नाम की चीज मिलती ही नहीं।" (उपर्युक्त) ऐसा कहने के पीछे नामवर जी का तात्पर्य यह है कि कहानी स्वरूप-ग्रहण करने के लिए 'कथानक' रचने की कला के प्रति अब कहानीकार अलग नहीं हैं। कथानक रचने की कला कहानी के रचना-विधान या रूप-शिल्प से भिन्न होती है। कहानी रचने की कला अगर कहानी में नहीं है, तो इसका मतलब यह है कि कहानी में कथानक का अभाव हो गया है। ऐसी कहानियाँ चेतना-प्रवाह की शैली में अथवा विचार-विमर्श के जरिये रची जाती हैं। ऐसी कहानियों के प्रति नामवर जी ने एक तरह से अपना विरोध प्रकट किया है। वे यह प्रश्न तीव्रता से उठाते हैं कि कहानीकार के पास कहने के लिए कुछ है या नहीं? वे यह भी कहते हैं कि कथानक का ह्रास वास्तव में कथा का ह्रास है।

कहानी के पाठकों को यह पता चलना चाहिए कि घटना का सन्दर्भ क्या है, उसका देश काल क्या है, कथा के पात्र का देशकाल क्या है, उसके जीवन

का परिप्रेक्ष्य क्या है? ये प्रश्न लेखक की दृष्टि में रहने चाहिए। डॉ. नामवर सिंह इस प्रसंग में स्पष्ट कहते हैं कि "घटना-प्रसंग जितना ही वास्तविक होगा, कहानी उतनी ही जोरदार होगी। यशपाल अपने सर्वोत्तम रूप में इस शैली के प्रतिनिधि कहानीकार हैं। खेद है कि नये कहानीकारों में से बहुत कम हैं, जो इधर ध्यान दें और सफलतापूर्वक इसका निर्वाह कर सकें।" (उपर्युक्त) यह कहते हुए नामवर जी यह स्वीकार करते हैं कि मोहन राकेश, राजेन्द्र यादव, फणीश्वर नाथ रेणु, मार्कण्डेय, केशव मिश्रा, शिव प्रसाद सिंह आदि ने कुछ अच्छी कहानियाँ लिखी हैं! लेकिन वे यह कहते हैं कि इन सबसे आगे बढ़ कर निर्मल वर्मा ने कहानी के सामाजिक संघर्ष के पुराने दायों को तोड़ा है या छोड़ा है और इस तरह की श्रेष्ठ कहानी है 'परिन्दे'। कहानीकारों, कहानी के आलोचकों और अनेक प्रबुद्ध पाठकों के बीच 'परिन्दे' के पक्ष में नामवर जी की राय विवाद का विषय बनी रही है। हम इस पर आगे विचार करेंगे। यहाँ यह कहना चाहता हूँ कि नामवर जी जब 'घटना-प्रसंग' को कहानी के लिए आवश्यक मानते हैं, क्योंकि इससे कहानी जोरदार बनती है और फिर कहते हैं कि यशपाल इस शैली के प्रतिनिधि कहानीकार हैं, तो निर्मल वर्मा के बारे में कही गयी बातों से कोई अन्तर्विरोध नहीं पैदा होता है क्या? नये कहानीकारों में सामाजिक दृष्टि के अभाव की शिकायत नामवर जी करते हैं। इससे यह बात सामने आती है कि निर्मल वर्मा की कहानी सामाजिक संघर्ष और दृष्टि से मुक्त है। हमारे आलोच्य दौर के अनेक कहानीकारों ने कहानी के स्वरूप पर विचार किया है। भीष्म साहनी कहते हैं—"किसी लेखक का लेखकीय व्यक्तित्व मूलतः उसके संवेदन से ही बनता है। संवेदन की मौलिकता में ही उसके लेखन की मौलिकता भी निहित होती है। उसकी शैली और शिल्प भी उसके अनुरूप ही विकास पाते हैं। (भीष्म साहनी—कहानियाँ, आधार प्रकाशन, भूमिका में) संवेदन वास्तव में इन्द्रिय बोध से प्राप्त अनुभव के माध्यम से विकसित होता है। संवेदन पीड़ा या व्यथा के प्रति होता है, जो पीड़ा देने वाले के प्रति आक्रोश या नफरत के रूप में भी वयक्त होता है। भीष्म साहनी की कहानियाँ इस बात को पुष्ट करती हैं। संवेदन पर उसका इतना जोर है कि वे यह भी कहते हैं—"लेखक अपने परिवेश से किसी विचारधारा के नाते नहीं जुड़ता। विचारधारा उसे दृष्टि देती है। वह उसे समाज को उसके व्यापक परिप्रेक्ष्य में देखने-समझने में सहायक होती है। वामपन्थी विचारधारा ने निश्चय ही हमारे दृष्टि-क्षेत्र के साथ एक नया आयाम जोड़ा। वह अपहृत जनता के विशाल जन-समुदाय को हमारे दृष्टि क्षेत्र में ले आयी जिससे हम सामाजिक गतिविधियों को व्यापक परिप्रेक्ष्य में देख पाएँ।" (उपर्युक्त, भूमिका) भीष्म साहनी का यह कथन अत्यन्त महत्त्वपूर्ण है। भीष्म जी स्वातन्त्र्योत्तर काल के अत्यन्त प्रमुख लेखक हैं और उन्होंने अपनी कहानियों से हिन्दी कहानी का अन्तर्वस्तुगत विस्तार किया और नयी संवेदनशीलता से उसे समृद्ध भी किया। वे जिस कौशल से नयी संवेदना और

नयी अन्तर्वस्तु को एकमेव करके पाठकों को प्रभावित करते हैं, वही उनकी कला है, उनका शिल्प है। भीष्म जी ने अपने रचनात्मक अनुभव के बारे में एक रोचक संस्मरण लिखा है। वे जब मास्को से लौट कर आये, सन् साठ के आसपास, तो कहानी लिखने लगे थे। उन्होंने अपनी एक कहानी निर्मल वर्मा को देखने को दी। उन दिनों निर्मल उभरते हुए चर्चित कथाकार थे। निर्मल जी ने भीष्म जी की कहानी पढ़ कर कह दिया यह भी कोई कहानी है। लेकिन भीष्म जी लिखते रहे। एक लम्बे अन्तराल के बाद हम जब यहाँ से उलट कर देखते हैं तो हमें महसूस होता है कि 'चीफ की दावत', 'वाङ्चू', आदि जैसी कहानियाँ भीष्म साहनी ही लिख सकते थे, क्योंकि वामपन्थी विचारधारा और गहन संवेदनशीलता को समन्वित कर सकते हैं। प्रश्न यह है कि भीष्म जी की इन कहानियों में पूर्ववर्त्ती दौर की तुलना में नयापन है या नहीं? मैं तो समझता हूँ कि स्वातन्त्र्योत्तर काल में जीवन और समाज में तथा मानवीय सम्बन्धों में जो नयापन आया, वह भीष्म जी की कहानियों में है। यह कहना मुश्किल है कि हिन्दी कहानी का नयापन सबसे पहले किस कहानी में या किस कहानीकार की कहानी में दिखायी पड़ा।

इसी प्रसंग में मार्कण्डेय के विचारों पर गौर करें। वे कहते हैं—"सामाजिक सन्दर्भ का वास्तविक चित्रण नये कथाकारों की कहानियों का प्रमुख तत्त्व बन गया। जीवन के सुख-दुःख को इन्होंने सन्दर्भों से उठा कर अपनी कहानियों का विषय बना लिया। जाहिर है कि कहानी की रचना-प्रक्रिया के क्षेत्र में यह बड़ा परिवर्तन था और इसने नयी कहानी को सीधे प्रेमचन्द से जोड़ दिया।" (पान-फूल की भूमिका) ध्यान देने की बात है कि मार्कण्डेय स्वातन्त्र्योत्तर नयी कहानी को सीधे प्रेमचन्द से जोड़ने को श्रेयस्कर मानते हैं। प्रेमचन्द से जुड़ने और नयेपन में कोई अन्तर्विरोध है क्या? मेरी समझ से तो नहीं है। प्रेमचन्द से जुड़ने का मतलब प्रेमचन्द को दुहराना कतई नहीं है। नये कहानीकारों, जैसे अमरकान्त, मार्कण्डेय, कमलेश्वर, शेखर जोशी, मोहन राकेश आदि ने अपनी कहानियों में जिस सन्दर्भ से, जिस यथार्थ से कथा उठाई, वे तो प्रेमचन्द के समय में नहीं थे, जैनेन्द्र, अज्ञेय, यशपाल आदि के उदयकाल में भी नहीं थे। नयापन तो सबसे पहले यही है कि स्वातन्त्र्योत्तर काल में जो नया यथार्थ विकसित हुआ, जनता को जिन्दगी में जो नये अनुभव हुए, उन्हीं से तो उस दौर की कहानियाँ रची गयीं। मार्कण्डेय सामाजिक सन्दर्भ के वास्तविक चित्रण पर जोर देते हैं, इसका अर्थ यह है कि घटनाएँ तथा पात्र जीवन और समाज से अलग-अलग नहीं होते, उनके होने की पृष्ठभूमि होती है, इस पृष्ठभूमि का चित्रण करने से घटनाओं एवं पात्रों का सन्दर्भ स्पष्ट होता है, जिससे चरित्रों का स्वरूप और कहानी का कथ्य स्पष्ट होता है। मार्कण्डेय इस नये दौर की कहानियों के उद्देश्य के बारे में एक ध्यान देने योग्य बात कहते हैं कि नये कहानीकार जन-जीवन के नये यथार्थ का चित्रण करके नये राष्ट्र के निर्माताओं के सामने देश की वास्तविक तस्वीर पेश कर

रहे थे। इसी दृष्टि से ग्रामीण-जीवन के यथार्थ का चित्रण महत्त्वपूर्ण हो जाता है। अतः साहित्य में भी ग्रामीण यथार्थ की उपेक्षा करने का अर्थ साहित्य को जन-जीवन और राष्ट्र की आवश्यकता से अलग कर देना है। मार्कण्डेय ने कथा-लेखन को गाँव की ओर मोड़ने का श्रेय रेणु के 'मैला आँचल' और अपनी कहानियों को दिया है। लेकिन इस प्रसंग में एक महत्त्वपूर्ण कड़ी वे छोड़ देते है, वह है नागार्जुन के उपन्यास, खास करके उनका उपन्यास 'बलचनमा'। 'बलचनमा' का प्रकाशन 1952 में हुआ और हिन्दी लेखकों एवं पाठकों के बीच काफी चर्चित हुआ। नन्ददुलारे वाजपेयी ने 'आलोचना' के एक सम्पादकीय में लिखा था कि 'बलचनमा' ने हिन्दी उपन्यास को एक नया मोड़ दिया। यहाँ एक स्पष्टीकरण जरूरी है, वह यह कि प्रेमचन्द से जुड़ने का मतलब ग्रामीण यथार्थ का चित्रण नहीं है। प्रेमचन्द की परम्परा का अर्थ है अपने समीप के यथार्थ के सबसे महत्त्वपूर्ण पहलू का चित्रण इस तरह करना कि उससे भविष्य की दिशा का संकेत मिले, इस प्रक्रिया में परस्पर विरोधी शक्तियों का आपसी संघर्ष भी होता है।

मार्कण्डेय ने नयी कहानी को अपने ढंग से परिभाषित करने की भी कोशिश की है, जो ध्यान देने लायक है। वह कहते हैं—"नयी कहानी से मेरा मतलब है उन कहानियों से जो सच्चे अर्थों में कलात्मक निर्माण हैं, जो जीवन के लिए उपयोगी अथवा महत्त्वपूर्ण होने के साथ ही उसके किसी-न-किसी पहलू पर आधारित हैं या जीवन के नये सत्यों को एकदम नयी दृष्टि से देखने में समर्थ हैं।" (पानफूल की भूमिका) एक साथ कई बातें मार्कण्डेय कह जाते हैं—कहानी का जीवन के लिए उपयोगी होना और जीवन के नये सत्यों को एकदम नयी दृष्टि से देखने की क्षमता यानी समाज के जीवन का ऐसा चित्रण कि मनुष्य में जीवन के प्रति अनुराग, आकर्षण और विश्वास को बल मिले। सामाजिक यथार्थ गतिशील होता है, इसलिए वह चलता रहता है, इस प्रक्रिया से जीवन का सत्य भी बदलता है। इस प्रक्रिया और सत्य की पहचान करने वाला लेखक ही नयी कहानी की रचना कर सकता है। इसके साथ ही मार्कण्डेय सामान्य जीवन की भाव-भूमि और संवेदना को कुरेदने पर भी बल देते हैं। आगे चल कर एक बात और वे कहते हैं, जो ध्यान देने योग्य है—"कहानी में नवीनता का आग्रह विशिष्ट प्रकार के जीवन पर न हो कर जीवन के विशिष्ट प्रकार पर होना चाहिए।" ('हंसा जाई अकेला' की भूमिका) विशिष्ट प्रकार का जीवन समाज के सम्भ्रान्त लोगों का होता है। मार्कण्डेय सामान्य जीवन के विशिष्ट प्रकार के चित्रण पर जोर देते हैं। इस तरह जीवन के इस पक्ष पर जोर देने का कारण यह है कि कुछ कहानीकारों ने, खास करके विदेशी कहानियों का अध्ययन करके उनसे खास ढंग की कला सीख कर गाँव की कहानियों को एकरस एवं फीकी कहा है, यह यथार्थ के सबसे प्रमुख पहलू से कहानी को अलग कर देना हैं। मार्कण्डेय ने हिन्दी कहानी के इस दौर में चेखव बनाम काफ्का का जिक्र

किया है। सामाजिक यथार्थ से लगाव रखने वाले चेखव को अपने साथ पाते हैं ओर सामाजिक यथार्थ का निषेध करके व्यक्ति-सत्ता पर जोर देने वाले काफ्का का सहारा लेते दिखाई पड़ते हैं। राजेन्द्र यादव ने कहानियों के बारे में बहुत लिखा है, लेकिन मुख्य बात यह है कि अपनी रचना-प्रक्रिया का जिक्र करते हुए कहते हैं—"स्मृतियों के साथ-साथ अपने परिवेश को समझाने, आसपास का सन्दर्भ खोजने की कोशिश उन कहानियों में आज बहुत साफ दिखाई देती है। अतीत की ओर लौटने की नहीं, वर्त्तमान पर ठहरने की जलती हुई तात्कालिकता को स्वीकार करने की झिझकती-सी हिम्मत।" (मेरी प्रिय कहानियाँ, भूमिका) इस तरह राजेन्द्र यादव जीवन के अनुभवों की स्मृति के आधार पर कहानी लिखने की बात कहते हैं, दूसरी बात यह कि स्मृति कोई अतीत की नहीं होती, तीसरी बात यह कि स्मृतियों का सन्दर्भ होता है, लेखक कहानी लिखने के क्रम में उन सन्दर्भों की खोज करता है। लेखक वर्तमान से जूझता है, तभी भविष्य को गढ़ सकता है। बात यह है कि जिस समय लेखक दृश्य जगत् को देखता है या उसका साक्षात्कार कर रहा होता है, उस समय रचना नहीं की जा सकती, रचना तो बाद में होती है। यह स्मृति वैसी ही है, जैसी वर्ड्सवर्थ के इस कथन में कि 'एकान्त में याद किये गये संवेगों से कविता बनती है। कमलेश्वर ने भी कहानी पर काफी विचार व्यक्त किये हैं। वे कहते हैं—"मेरे लिए मेरी कहानियाँ समय की धुरी पर घूमती सामान्य सच्चाइयों के प्रति और पक्ष में लिये गये निर्णयों की कहानियाँ हैं।" (मेरी प्रिय कहानियाँ, भूमिका) इसी प्रसंग में वे आगे कहते हैं कि "नयी कहानी ने संदिग्ध गद्य-साहित्य से विद्रोह किया। ...मुझे पात्रों ने कभी कहानी नहीं दी है। मुझे हमेशा उनकी स्थितियों ने ही कहानी दी है।" (उपर्युक्त)

मैंने नयी कहानी दौर के अग्रणी कहानीकारों की राय उस समय की कहानियों के स्रोत स्वरूप और प्रक्रिया के बारे में इसलिए उद्धृत की कि पाठक यह समझ सकें कि नयी कहानी के बारे में, नयी कहानी के उदय के बारे में उनकी राय क्या है? प्रायः इन सभी लेखकों ने जीवन-सन्दर्भ, स्थिति या परिस्थिति, यानी यथार्थ को कहानी की प्रेरणा के रूप में स्वीकार किया है। इस प्रकार कहानी में नयापन लाने वाले लेखकों की एक पीढ़ी है, जिसने अपने-अपने ढंग से नयेपन की खोज की है, सार बात यह है कि इन कहानीकारों की कहानियाँ पूर्ववर्त्ती पीढ़ी से कथा, कथ्य, भाषा, शिल्प-शैली में भिन्न हैं और इन सब में भी एकरूपता नहीं है, सभी की कहानियों में उनका निजत्व है। विवाद इस बात को लेकर होता रहा है कि नामवर जी ने निर्मल वर्मा को नयी कहानी का पहला कहानीकार कहा है। लेकिन नामवर जी ने एकदम यही बात नहीं कही है। उनका कहना है कि "समकालीनों में निर्मल पहले कहानीकार हैं, जिन्होंने इस दायरे को (पुराने सामाजिक संघर्ष) को तोड़ा है, बल्कि छोड़ा है और आज के मनुष्य की गहन आन्तरिक समस्या को उठाया है। भीष्म साहनी, मार्कण्डेय, कमलेश्वर, राजेन्द्र यादव आदि ने सामाजिक

संघर्ष और यथार्थ को किसी-न-किसी रूप में स्वीकार किया है। इसलिए यह तो सच है कि निर्मल सामाजिक संघर्ष से नाता तोड़ने वाले या उस संघर्ष को छोड़ने वाले कहानीकार हैं। दूसरी बात यह है कि आज का मनुष्य कौन है 'परिन्दे' की लतिका, डॉ. मुखर्जी, ह्यूबर्ट आदि या वाङ्चू या अमरकान्त की डिप्टी कलक्टरी का नारायण या हंसा जाई अकेला का हंसा या दाज्यू का 'ब्वाय' या मलबे के मालिक का वह बुड्ढा मुसलमान गनी आदि। ये सभी तो ऐसे पात्र हैं, जो इतिहास में, समाज का इतिहास हो या साहित्य का, पहले कभी नहीं दिखायी पड़े। ये ऐसे पात्र हैं जिनकी व्यथा हमारे साहित्य और संस्कृति के इतिहास में पहले कभी नहीं महसूस हुई। इन सबका सामाजिक सन्दर्भ है और संघर्ष भी। दाज्यू 'ब्वाय' को जब दुबारा कोई पूछता है कि तुम्हारा नाम क्या है और वह जब कहता है मुझे 'ब्वाय' कहते हैं साहब, तब क्या वह दमित मनुष्यता की ऐतिहासिक पीड़ा नहीं व्यक्त कर रहा होता है? यह पीड़ा कितनी गहरी और कितनी बेधक है? 'हंसा जाई अकेला' का हंसा अत्यन्त सामान्य और बेवकूफ समझा जाने वाला पात्र है, लेकिन वही जब प्रबुद्ध लोगों से यह सुनते ही कि कांग्रेस की एक नेत्री आ रही हैं, उनकी सभा गाँव में कैसे होगी, हंसा अपने तईं फैसला कर लेता है कि सभा हो कर रहेगी और वह भोंपू लेकर प्रचार करने लगता है। फलतः सफल सभा हो गयी। इस प्रक्रिया में पड़ कर हंसा अचानक एक ऐतिहासिक चरित्र बन कर खड़ा हो जाता है। भीष्म साहनी की कहानी का नायक वाङ्चू तो इतिहास के एक खास दौर में अद्भुत चरित्र बन कर सामने आता है। दो राष्ट्रों के बीच का युद्ध किस प्रकार मनुष्यता के लिए संकट पैदा करता है, इसका साक्षात्कार अत्यन्त विश्वसनीयता के साथ कराता है। यह युद्ध ही नहीं है, बल्कि राष्ट्रवाद या राष्ट्रीय अहंकार भी उसमें शामिल हो कर मनुष्यता को पीड़ा देता है, संकटग्रस्त बना देता है। सन् 62 के भारत-चीन युद्ध के समय वर्षों से सारनाथ में रहने वाला वाङ्चू अचानक भारतीय नागरिकों की शंका का शिकार हो जाता है और वह चीन लौट जाने का फैसला करता है। चीन पहुँचने पर वहाँ के खुफिया लोग यह प्रश्न उठाते हैं कि वाङ्चू इसी समय क्यों भारत से चला आया? कहीं भारत के लिए खुफियागिरी करने तो नहीं आया? इसी प्रश्न के साथ उसकी छानबीन की जाने लगती है और तंग आकर वह फिर भारत चला आता है। राष्ट्रीय अहंकार ने उसके लिए स्वदेश को भी बेगाना बना दिया। इस दृष्टि से वाङ्चू क्या पूरी मनुष्यता का प्रतिनिधि बन कर समस्त मनुष्यता पर आये संकट का प्रतिनिधि नहीं बन जाता है? मुझे तो लगता है कि वह ऐसी भूमिका अदा करता है और इसी कारण वाङ्चू एक ऐतिहासिक चरित्र बन जाता है। युद्ध के समय एक ऐसे चरित्र की ओर लेखक का ध्यान जाना और उसे मनुष्यता पर आये संकट के प्रतिनिधि या प्रतीक रूप में प्रस्तुत करना उनकी अद्भुत कलात्मक सूझ का प्रमाण है। कहानी और उसके मुख्य पात्र वाङ्चू के व्यक्तित्व का प्रभाव अत्यन्त व्यापक है। इस प्रभाव

से मानवीय संवेदना वाले पाठकों को जो दर्द होता है, वह इस कहानी को महत्त्वपूर्ण बनाता है। राजेन्द्र यादव की बहुचर्चित कहानी है 'जहाँ लक्ष्मी कैद है', लेकिन हमने यहाँ 'अभिमन्यु की आत्महत्या' का चयन किया है। आज के मनुष्य के संकट और चिन्ता को देखते हुए 'अभिमन्यु की आत्महत्या' एक प्रतीकात्मक कहानी है। अभिमन्यु नहीं, चक्रव्यूह भी प्रतीक बने हुए हैं। कई तरह के प्रसंगों को मिलाकर बनी हुई कहानी बताती है कि महाभारत में तो अभिमन्यु की हत्या सात महारथियों ने मिल कर की थी, लेकिन आज के महाभारत में आज का अभिमन्यु चक्रव्यूह में घुटन महसूस करता है और अन्त में आत्महत्या करता है। आत्महत्या भी कैसी? यह आत्महत्या अनोखी है; क्योंकि आज का अभिमन्यु आत्महत्या करके भी जिन्दा रह जाता है। दुनिया में रहना उसकी मजबूरी है। कथा में आत्महत्या करने गरजते-उछलते समुद्र के किनारे गया आज के अभिमन्यु के मन में प्रश्न उठता है—मगर आखिर मैं जिऊँ ही क्यों? किसके लिए? इस जिन्दगी ने मुझे क्या दिया? वह अनथक संघर्ष, स्वप्न-भंग, विश्वासघात और जलालत! ये प्रश्न भी एक व्यक्ति के नहीं हैं। कहना तो यह चाहिए कि ये प्रश्न आज के युग में सबके तो हैं ही, हर युग में, महाभारत काल से आज तक मनुष्य के सामने ये प्रश्न उठते रहे हैं। आज के मनुष्य की पीड़ा यह है कि वह न जी सकता है और न मर सकता है! यह विशेषता है आज के चक्रव्यूह की। आज का आदमी अपने कन्धे पर अपनी लाश लिये जी रहा है, चल रहा है। कैसी लाचारी है?

अमरकान्त ने 'डिप्टी कलक्टरी' कहानी उस दौर में लिखी जब आदमी यह समझ रहा था कि उसके सामने बेहतर जिन्दगी के अवसर के द्वार खुल गये हैं। कोई कारण नहीं कि सकलदीप बाबू का पुत्र नारायण डिप्टी कलक्टर नहीं बन सकेगा। यह हैं स्वतन्त्रता और संविधान से पनपे स्वप्न। लेकिन हकीकत यह है कि अवसर का लाभ उठाने के लिए पिता ने सारी सुविधाएँ पुत्र को उपलब्ध करायीं और पुत्र ने अनथक मेहनत की, लिखित परीक्षा में सफल भी हो गया, लेकिन अन्त में मौखिक परीक्षा में छँट गया। यह है अवसर की त्रासदी। नारायण की त्रासदी केवल ऐसी नहीं है, बल्कि उन तमाम लोगों की त्रासदी है, जो ऊपर तक पहुँच नहीं रखते। पहुँच के अभाव में नारायण डिप्टी कलक्टरी के द्वार पर पहुँचकर भी भीतर प्रवेश नहीं पा सका। यह त्रासदी व्यक्ति की है या व्यवस्था की, जो सभी सामान्य लोगों को भोगना पड़ता है। परीक्षा के लिए फार्म भरने से लेकर अन्त में परीक्षा-फल निकलने तक कथा को लेखक ने इस तरह विकसित किया है कि परिस्थिति और व्यक्ति दोनों के स्वप्न का उभरना और फिर टूट कर बिखर जाना अत्यन्त मर्मबेधी है। इस कहानी का नारायण विफल हो कर भी अकेला नहीं है, उसके जैसे बहुतेरे युवक हैं, जिनका स्वप्न पल कर टूट गया, बिखर गया। जिन्दगी इतनी कठिन है कि प्रतियोगिता मूलक समाज में ताकतवर ही जी सकता है, कमजोर की जिन्दगी

निरर्थक है। देश के विभाजन के प्रसंग अस्वाभाविक विभाजन अथवा इन्सानियत के विभाजन, परिवार की टूटन आदि पर अनेक मार्मिक कहानियाँ लिखी गयी हैं। मोहन राकेश की कहानी 'मलवे का मालिक' जन्मभूमि के घुटन का दर्द और जन्मस्थल के प्रति हार्दिक लगाव का मोह को बड़ी खूबसूरती से चित्रित करती है। इस कहानी का कथ्य मंटो की कहानी 'टोबा टेक सिंह' जैसी है, हालाँकि कथ्य की व्यंजना अलग ढंग से की गयी है। यह हिन्दी की श्रेष्ठ कहानियों में एक है।

हरिशंकर परसाई के बारे में मुख्य रूप से लोग इस तरह विचार करते रहे हैं कि व्यंग्य शैली है या एक विधा? मैं यहाँ कहना चाहता हूँ कि महात्मा गाँधी जैसे राजनीतिक नायक ने प्रेमचन्द के बारे में अत्यन्त महत्त्वपूर्ण बात यह कही कि यदि भारत बीसवीं सदी के पूर्वार्द्ध का भारतीय इतिहास किसी कारण से गुम हो जाए तो प्रेमचन्द के कथा-साहित्य के आधार पर खोया हुआ इतिहास फिर से लिखा जा सकता है; इसी तरह परसाई जी के लेखन के बारे में कहा जा सकता है कि स्वातन्त्र्योत्तर काल का इतिहास गुम हो जाए तो परसाई जी की रचनाओं के आधार पर उसे फिर से लिखा जा सकता है। परसाई जी ने व्यंग्य को गरिमापूर्ण ढंग से ऊपर उठाया और तीखा एवं धारदार बनाया। यह उनकी विशेषता है कि वे जहाँ चोट करना चाहते हैं, वहीं चोट लगती है। यहाँ हमने उनकी कहानी 'भोलाराम का जीव' का चयन किया है। यह कहानी एक साथ सरकारी लालफीताशाही, परलोक की अवधारणा और उन दोनों के प्रतिरोध को समन्वित कर देती है। सरकारी विभागों की कार्य पद्धति पर भी अत्यन्त तीखा व्यंग्य है। भोलाराम के जीव का सरकारी फाइलों में फँसा रह जाना एक तरह से शरीर से आत्मा का निकल कर परमात्मा के पास चले जाने के विश्वास पर भी चोट है। देखने की बात यह है कि परसाई का व्यंग्य केवल भाषागत नहीं है, बल्कि जीवन प्रसंग के चित्रण से व्यंग्य उभरता है। भोलाराम का जीव पेंशन की फाइलों में फँसा रह जाता है। स्वातन्त्र्योत्तर दौर में हिन्दी कहानी का पूरा स्वरूप परसाई की कहानियों के बिना खड़ा नहीं होता है।

आलोच्य दौर में कृष्णा सोबती का अपना खास स्थान है। उन्होंने पारिवारिक जीवन को असंगतियों को बड़ी संवेदनशीलता के साथ चित्रित किया है। यह ठीक है कि उस दौर में उथल-पुथल जिन कहानीकारों की कहानियों से मचा, उनमें कृष्णा जी नहीं हैं। लेकिन आज उस दौर पर जब हम नजर डालते हैं तो मुझे लगता है कि कृष्णा जी का महत्त्वपूर्ण स्थान है हिन्दी कहानी के विकास में। यहाँ हमने उनकी कहानी 'दादी अम्मा' का चयन किया है। एक परिवार में तीन पीढ़ियाँ हैं, सबकी भावनाएँ अलग-अलग होती हैं, सबकी आकांक्षाएँ अलग-अलग होती हैं, लेकिन सबमें एक निरुत्तरता का सूत्र भी मिलता है। 'दादी अम्मा' के जरिये तीनों पीढ़ियों को जोड़ने वाला सूत्र व्यक्त होता है। सभी पीढ़ियों के सदस्यों का एक-दूसरे के प्रति जो रुख है, उससे पारिवारिक अन्तर्विरोध की अभिव्यक्ति है। कई कथन बड़े

मार्मिक हैं। एक चरित्र है मेहरों, जिसे दादी अम्मा ने अपनी बहुरानी के रूप में घर में प्रवेश कराया। अब मेहरों ने अपनी बहुरानी को प्रवेश कराया है। उसके बेटे कमाऊ हो गये हैं। दादी अम्मा और उनके पति उपेक्षित अनुभव कर रहे हैं। यह उपेक्षा स्वाभाविक है, क्योंकि नयी पीढ़ी सोचती है कि वह अपने को दूसरे के दादा या दादी अम्मा को। असल में यह पारिवारिक महत्त्वाकांक्षा और पारिवारिक दायित्व के बीच का टकराव है जो नयी पीढ़ी को पुरानी पीढ़ी की नजर में अमानवीय अथवा निर्मम बना देती है। निर्मम को ममत्वहीन भी कह सकते हैं। परिवार के भीतर पैदा हुई ऐसी समस्याएँ आधुनिक युग और आज की पूँजीवादी व्यवस्था की उपज हैं। इसी कारण यह कहानी महत्त्वपूर्ण बन जाती है। कृष्णा जी में भाषा की अपनी विशिष्टता है, जिसके उदाहरण इस कहानी में भी मिल जाते हैं।

अन्त में मैं कहना चाहता हूँ कि इस चयन की सीमा है, जिसे मान कर चलना मेरे लिए जरूरी है। इसलिए कोई कह सकता है कि आलोच्य दौर में क्या इतने ही कहानीकार चर्चा या चयन के योग्य हैं! तो मैं बेहिचक कहूँगा कि नहीं, इतने ही नहीं हैं। और भी हैं। शिवप्रसाद सिंह, मन्नू भण्डारी, उषा प्रियंवदा, मधुकर गंगाधर आदि और भी अनेक नाम हैं, जो ध्यान खींचते हैं, जिन्होंने उल्लेखनीय लेखन किया है। मैं उन सबसे क्षमा याचना करते हुए यह चयन प्रस्तुत कर रहा हूँ। इतना भरोसा मुझे है कि पाठक यह मानेंगे कि चुनी हुई कहानियाँ महत्त्वपूर्ण हैं। वे ऐसी हैं, जो आलोच्य दौर की कहानियों में नयापन लाती हैं, भले ही कुछ और महत्त्वपूर्ण कहानियाँ छूट गयी हों। चुनी हुई कहानियाँ उस दौर की कहानियों के जरिये हिन्दी कहानी में आयी अनुभवों की विविधता, रूप-विधान की बहुलता और भाषा के अनेक आयाम से हमारा साक्षात्कार कराती हैं। सबकी अपनी-अपनी विशिष्टता ऐसी है कि कोई दूसरे की तरह नहीं दीखता। यह हिन्दी कहानी की समृद्धि है। उन कहानियों को पढ़ते हुए आज के पाठक यह कतई नहीं महसूस करेंगे कि उन दिनों 'नयी कहानी' नाम से कोई आन्दोलन भी चला था, और मोहन राकेश, राजेन्द्र यादव एवं कमलेश्वर उस आन्दोलन के अगुआ थे। काल की गति ने उस आन्दोलन को ठिकाने लगा दिया है और वह हिन्दी कहानी के नयेपन को भिन्न ढंग से पाठकों के सामने पेश करती है। नयी कहानी नाम से चले आन्दोलन को तो नामवर जी ने ही निर्मल वर्मा की कहानी 'परिन्दे' को समकालीनों से अलग कह कर, पुराने दायरे और स्थूल सामाजिक संघर्ष को छोड़ने का पहला श्रेय देकर ही तथाकथित नयी कहानी को 'पंक्चर' कर दिया था। लेकिन एक बात मेरे दिमाग में आती है कि निर्मल की कहानी 'परिन्दे' के पात्र सामान्य जीवन, यहाँ तक कि हिन्दी के सामान्य पाठकों की भी जिन्दगी में ऊपर के या उनके ऊँचे स्तर के हैं। यह इसी में नहीं, आमतौर से निर्मल की तमाम कहानियों में हम देखते हैं। उनकी समस्या अथवा उलझन सामान्य से ऊपर की है, उनका पूरा परिवेश ही असामान्य है। इसीलिए निर्मल के चरित्र पाठकों की स्मृति

में जगह नहीं बना पाते। यह कहना क्या सही है कि चरित्र वहीं याद आते हैं, जहाँ भाव कमजोर होता है? गुलेरी जी की कहानी 'उसने कहा था' का लहना सिंह क्या इसीलिए याद रहता है कि वहाँ भाव कमजोर है? 'उसने कहा था' में प्रेम का भाव अत्यन्त मजबूत है, क्योंकि उसी की प्रेरणा से लहना सिंह अपनो जान को खतरे में डाल कर सूबेदारनी की कही हुई बात की रक्षा के लिए सूबेदार को पहले शिविर में भेज देता है। लहना सिंह मर गया, दुश्मन की गोली से नहीं, प्रेम की रक्षा करने के लिए। मेरे विचार से 'परिन्दे' के पात्रों की व्यथा विशिष्ट जीवन जीने वाले पात्रों की व्यथा है; सामान्य जीवन की विशिष्ट व्यथा नहीं है वह।

आज जब हम पीछे उलट कर हिन्दी कहानी में देखते हैं, तो भीष्म साहनी, अमरकान्त, शेखर जोशी, हरिशंकर परसाई, रेणु आदि हिन्दी कहानी को अधिक समृद्ध करते दिखायी पड़ते हैं। जो हो अन्त में कहना चाहता हूँ कि स्वातन्त्र्योत्तर कहानियों में वास्तव में जीवन-स्थिति, संवेदनशीलता, समस्या, कथ्य, चरित्र या पात्र और भाषा के स्वरूप आदि दृष्टियों से हिन्दी कहानी में विविधतापूर्ण सार्थक प्रयोग किये गये हैं।

कहानीकार भीष्म साहनी

बीसवीं सदी के उत्तरार्द्ध में हिन्दी कहानी का जो विकास हुआ है, वह अत्यन्त व्यापक, विराट् और विविधतापूर्ण है। समाज, साहित्य, संस्कृति और राजनीति की दृष्टि से अपने देश का और पूरी दुनिया का भी विकासक्रम इस कालखण्ड में अत्यन्त जटिल, सर्पिल और तीखे अन्तर्विरोधों से भरा रहा है। हिन्दी के कहानीकारों की सर्जनात्मक चेतना इस कालखण्ड की जटिलताओं, विविधताओं और अन्तर्विरोधों से टकराती रही है। टकराव की इस प्रक्रिया से गुजरने वाले लेखकों ने ही हिन्दी कहानी को कथा की नयी जमीन दी है, नये चरित्र दिये हैं, नये प्रश्न उठाये हैं और मानवीय संवेदना के नये यथार्थ और उस पर आये नये संकटों की तीव्र अनुभूति दी है और नये शिल्प दिये हैं, भाषा की नयी शक्ति का इजहार किया है। भीष्म साहनी इसी दौर के लेखक हैं; बल्कि कहना चाहिए कि यही उनका रचना-काल है और वे इस पूरे दौर में लगातार लिखते रहे हैं। उन्होंने न कभी कथानक का अभाव महसूस किया और न कभी अपने को दुहराया। उनके लेखन-कर्म में कभी कोई अन्तराल नहीं पड़ा, वह अन्तराल रचनात्मक ही क्यों न हो। इसलिए उन्हें कभी नहीं लिखने के कारणों की खोज नहीं करनी पड़ी। वे उन कहानीकारों में हैं, जिन्होंने कहानी पर बहस कम की है, हालाँकि कहानी पर बहस की उपयोगिता को वे इनकार भी नहीं करते थे। वे विरल लेखकों में हैं, जिन्होंने आलोचकों से कभी शिकायत नहीं की, पाठकों की कमी का रोना भी नहीं रोया। वे हिन्दी के उन गिने-चुने कहानीकारों में हैं, जिन्हें आम पाठकों का खूब प्यार मिला और आदर भी। वे ऐसे लेखक हैं, जिन्होंने अपने लेखकीय व्यक्तित्व में चमत्कार अर्जित करने के लिए कोई अभियान नहीं चलाया और न अपनी सम्पादित पत्रिका का इस्तेमाल करके प्रशंसकों की मण्डली बनायी। अपनी कहानियों के जरिये उन्होंने पाठकों का ध्यान अपनी ओर खींचा और पाठकों के माध्यम से ही उनकी ओर आलोचकों का ध्यान गया। अतः भीष्म साहनी की विशिष्टताओं की खोज करने का अपना महत्त्व है।

भीष्म जी संवेदनाओं को बुनियादी महत्त्व देते हैं, अपने व्यक्तित्व में और लेखन में भी अपनी एक पुस्तक की भूमिका में लिखा है—"किसी लेखक का लेखकीय व्यक्तित्व मूलतः उसके संवेदन से ही बनता है। संवेदन की मौलिकता में ही उसके

लेखन की मौलिकता भी निहित होती है।" इस प्रसंग में ध्यान में लाने की बात यह है कि उनका व्यक्तित्व कैसे बना?

भीष्म जी का जन्म रावलपिण्डी में हुआ, उधर ही शिक्षा-दीक्षा हुई और आजादी का जश्न देखने दिल्ली आ गये तो फिर लौटकर नहीं जा पाये। पिता व्यापार करते थे, कुछ दिन पिता के कहने पर व्यापार का काम भी किया, लेकिन मन व्यापार के अनुकूल नहीं था, सो उसे छोड़कर अन्य रास्ते की तलाश करते रहे। आजीविका के लिए अध्यापन कार्य को अपनाया। छात्र-जीवन से स्वाधीनता-संग्राम और कांग्रेस की राजनीति में सक्रिय रुचि लेते रहे। राजनीति में रुचि लेते हुए कम्युनिस्ट पार्टी तक पहुँचे और अन्त तक इसी राजनीति को अंगीकार किये रहे। छात्र-जीवन से नाटक, संस्कृति-कर्म आदि में लगे रहे। व्यापार छोड़कर संस्कृति-कर्म की ओर, घर का मोह छोड़ कर राष्ट्रीयता और मनुष्यता की ओर कदम बढ़ाते हुए देखकर यह समझा जा सकता है कि भीष्म जी का व्यक्तित्व किस तरह बना और उसके भीतर कैसी संवेदनशीलता विकसित हो रही थी। भीष्म जी जब छात्र-जीवन में ही आर्यसमाज से जुड़े थे तो उन्होंने महसूस किया था कि समाज को रूढ़ियों से मुक्त करने का दायित्व स्वीकार किया जाए। जब वे कांग्रेस में शामिल हुए तो उन्हें लगा कि वे एक बड़े राष्ट्रीय आन्दोलन के अंग बन गये हैं और लोग उन्हें इसी रूप में पहचानेंगे। जब नाट्य-कला-सांस्कृतिक कार्रवाई में शिरकत करने लगे तो उन्होंने महसूस किया कि मनुष्यत्व को चरितार्थ करने की कार्रवाई कर रहे हैं और जब कम्युनिस्ट पार्टी में शामिल हुए तो उन्होंने महसूस किया कि समाज को बदलने और उपर्युक्त जवाबदेहियों को अमल में लाने का रास्ता उन्हें मिल गया है। इसीसे उनके व्यक्तित्व और संवेदन की एकता का स्वरूप समझा जा सकता है। उनके व्यक्तित्व की व्यापकता और संवेदना की गहराई को समझने के लिए उपर्युक्त विकास-प्रक्रिया का अध्ययन जरूरी है। यह स्वाभाविक है कि भीष्म जी की कहानियों में कहीं घुटन का वातावरण नहीं है, कम-से-कम पाठकों को घुटन महसूस नहीं होती, बावजूद इसके कि जीवन जीने की घुटन का चित्रण उनकी कहानियों में है। यही है भीष्म जी की कलात्मकता कि जीवन में घुटन का चित्रण करके भी वे पाठकों को घुटन के वातावरण में छोड़ नहीं देते। बात यह है कि भीष्म जी अकेलापन और घुटन को जीवन-मूल्य के रूप में न स्वीकार करते हैं और न चित्रित करते हैं। नये मानव-सम्बन्ध, नयी मनुष्यता और मानवीय मूल्यों की चरितार्थता से अलग संवेदनशीलता उनके लिए कुछ नहीं है। वे आत्मीयता से दूसरों का दर्द महसूस करते हैं और ऐसे सन्दर्भ में उसका चित्रण करते हैं कि पाठक भी उस दर्द को अनुभव करने लगता है। चित्रण की इस विधि से अलग कहानी-कला का उनके लिए कोई महत्त्व नहीं है।

भीष्म साहनी की कहानियों का आधार मध्यवर्ग है, लेकिन उनका दृष्टिकोण मध्यवर्गीय नहीं है। मध्यवर्ग का सदस्य अपनी महत्वाकांक्षाओं के फेर में संवेदनशून्य

हो जाता है, या फिर अपने श्रेष्ठबोध के कारण अपने से नीचे वालों के प्रति अमानवीय व्यवहार करता है। मध्यवर्ग का सदस्य सामाजिक प्रतिष्ठा के लिए उपभोक्तावादी दृष्टिकोण अपनाता है, तो वह व्यक्ति की क्या बात राष्ट्रीय हित या राष्ट्रीय प्रतिष्ठा को भी बिसार देता है। लेकिन इसी मध्यवर्ग में मानवीय संवेदनशीलता से भरे उदात्त चरित्र वाले व्यक्तित्व भी मिलते हैं, दूसरों के कष्ट में काम आने वाले लोग भी मिलते हैं। जीवन और समाज का विभिन्न स्थितियों के अनुसार मनुष्य के व्यक्तित्व के अनेक रंग-रूप दिखायी पड़ते हैं। हमारे लिए मुख्य बात यह है कि भीष्म साहनी बड़ी कुशलता से परिस्थिति-विशेष में व्यक्ति के व्यवहार को पहचानते और परखते हैं तथा संजीदगी से उनका चित्रण करते हैं। ऐसा करने के लिए उनके पास न कोई सूत्र है और न कोई फार्मूला। यह तो ठीक है कि अपने व्यक्तित्व की संवेदनशीलता से प्रेरित हो कर ही दूसरों का दर्द महसूस करते हैं, लेकिन कहानी में कथानक का स्वरूप, कथा की स्थितियों या सन्दर्भों का निर्माण और चरित्रों का विकास चित्रित करने में वे कभी कहीं जबर्दस्ती नहीं करते, किसी पूर्व निर्धारित निष्कर्ष को सामने नहीं करते, वे अकस्मात् या हठात् कथानक को कोई मोड़ नहीं देते। इसीलिए पाठकों को यह सुखद अनुभव होता है कि कहानी उनके साथ चल रही है। मध्यवर्ग के दायरे में रहते हुए भी भीष्म जी की कहानियों की चेतना बहुत व्यापक है, उसके दायरे में वैयक्तिक, सामाजिक, राष्ट्रीय और मानवीय प्रश्न सहजता से उठते हैं। यह एक बड़ा रहस्य है भीष्म जी की कहानियों की श्रेष्ठता का और स्वयं उनकी लोकप्रियता का।

हिन्दी कहानी में बूढ़ी औरतों की दशा का चित्रण कई कहानीकारों ने किया है। भीष्म जी से पहले प्रेमचन्द ने 'बूढ़ी काकी' में पारिवारिक एवं सामाजिक इज्जत और भूख के टकराव के बीच बूढ़ी काकी की दुर्दशा का मार्मिक चित्रण किया है। यहाँ प्रसंग है भोज का, जिसमें अतिथियों को खिलाया जा रहा है। बूढ़ी काकी को खिलाने की सुध या चिन्ता किसी में नहीं है। एक छोटी बच्ची है, जिसे अभी समाज और दुनिया का पूरा बोध नहीं हुआ है, उसी में मानवीय संवेदना या पारिवारिक सम्बन्ध की भावना बची हुई है। यह संवेदना और भावना डरी हुई है, इसलिए रात के अँधेरे में वह बूढ़ी को खिलाती है। भीष्म जी के बाद उदय प्रकाश ने 'छप्पन तोले का करधन' में बूढ़ी दादी की पारिवारिक उपेक्षा का चित्रण एक नये सन्दर्भ में किया है। इस कहानी की बूढ़ी वित्तीय पूँजी के दौर की है, जिसने उपेक्षा से बचने के लिए घर में छप्पन तोले का करधन गड़े होने का मिथ प्रचारित कर दिया है। दोनों के बीच भीष्म जी की कहानी चीफ की दावत है। तीनों कहानियों में समानता सिर्फ यह है कि उनमें घर की बूढ़ी फालतू समझी जाती है, लेकिन बदलते हुए यथार्थ के प्रसंग में फालतू होने का अहसास कराने के सन्दर्भ अलग-अलग हैं। भीष्म जी की कहानी उस दौर की है जब आदमी आजीविकावाद (कैरियरिज्म) का शिकार है। ऐसा आदमी चीफ को दावत देता है और बूढ़ी माँ को घर के फालतू सामान की

तरह छिपाने की कोशिश करता है, ताकि चीफ की नजर उस पर न पड़े। आज की जीवन-पद्धति में माँ एक समस्या है। डर यह भी है कि चीफ को माँ का होना या बोलना-बालना बुरा न लगे। यहाँ कहानी की एक-एक बात का उल्लेख सम्भव नहीं है, लेकिन कहानी की एक-एक बात जीवन का नया भेद खोलती चलती है और हर भेद के खुलने के साथ चरित्रों का नया पहलू प्रकट होता जाता है। यह वही बेटा है, जिसकी पढ़ाई में माँ ने अपने जेवर बेचे, लेकिन बेटा अपने कैरियर के लिए माँ को फालतू समझता है। मेहमान आये तो बात दूसरी ही हो गयी। खाना करके अमरीकी मेहमान ने माँ में बहुत रुचि ली, उसकी बनायी फुलकरी (हाथ से बनायी एक वस्तु) उन्हें पसन्द आयी। वे बहुत प्रसन्न हुए। डर था माँ के कारण चीफ के नाराज होने का, हुआ यह कि माँ के कारण चीफ खुश हो गये, प्रोन्नति की उम्मीद बँध गयी। फिर तो शामनाथ माँ को गले लगा लेता है। मुख्य है कैरियर, बॉस की खुशी और अपनी प्रोन्नति। यह गिरगिट की तरह रंग बदलने वाला अवसरवादी चरित्र मध्यवर्ग की विशेषता है। इसके लिए स्थितियों का निर्माण जिस सहजता से भीष्म जी ने किया है, उसने कहानी को अद्भुत कलात्मक ऊँचाई दी है। यह स्वातन्त्र्योत्तर काल की वैसी ही कहानी है जैसी अमरकान्त की 'डिप्टी कलक्टरी' और उषा प्रियंवदा की 'वापसी', भरत जोशी की 'बंदत्' या 'राज्य'।

भीष्म जी की कहानी 'वाङ्चू' हिन्दी की विलक्षण कहानी है। इसकी विलक्षणता 'वाङ्चू' जैसे चरित्र, दूसरी तरफ भारत-चीन की दोस्ती का दुश्मनी में बदल जाना, फिर दोनों देशों के बीच सैनिक टकराव और इन सबके बीच 'वाङ्चू' जैसे व्यक्तित्व का संकटग्रस्त हो जाना; क्योंकि वातावरण संकट से भर गया है। 'वाङ्चू' का संकट दुहरा है। वह भारत से चीन गया तो वहाँ पार्टी में पूछ-ताछ का विषय बना, ऊब कर भारत लौटा तो लड़ाई भड़क उठी तो यहाँ भी चीनी समझ लोग सन्देह की नजर से देखते हैं। 'वाङ्चू' का संकट असल में युद्ध के वातावरण में मानवीय सम्बन्धों में आये संकट का, मनुष्यता पर छाये संकट का द्योतक है। भारत-चीन युद्ध के दौर में ऐसी कहानी लिखना एक हिम्मत का काम है। भीष्म जी जिस तरह थे, राष्ट्रों और मनुष्यों के सम्बन्धों में पड़ गयी दरार में फँसी मनुष्यता के संकट को भीष्म जी का रचनाकार ही समझ सकता था और कहानी का विषय बना सकता था। हिन्दी में ऐसी कोई दूसरी कहानी नहीं। शायद दूसरी भाषाओं में भी नहीं। चरित्र की दृष्टि से भी 'वाङ्चू' विलक्षण है। वह एक तरफ बौद्ध धर्म के अध्ययन में रुचि के जरिये प्राचीन भारत में रमा रहता है, तो वर्त्तमान से कटा रहता है, उसकी रुचि न तो पण्डित नेहरू में है और न चाउ एन लाइ में। इसके बावजूद वह राष्ट्रों के बीच बनते-बिगड़ते सम्बन्धों का शिकार हो जाता है। इस तरह यह कहानी युद्ध की राजनीति और मनुष्यता के सम्बन्ध पर, साथ ही अतीत और वर्त्तमान के अन्तर्विरोध पर गहरी टिप्पणी करती है।

आज भूमण्डलीकरण और निजीकरण के दौर के अनुभवों पर हिन्दी में ढेर सारी कहानियाँ लिखी गयी हैं और अच्छी कहानियाँ लिखी गयी हैं। लेकिन एक-डेढ़ दशक में लिखी गयी कहानियों के लेखकों के बारे में यह कहा जा सकता है कि उन्होंने वित्तीय पूँजी के भूमण्डलीकरण और बाजारतन्त्र के प्रभाव को देखा और महसूस किया और उसे कहानी का विषय बनाया। भीष्म जी ने तथाकथित भूमण्डलीकरण के इस दौर से बहुत पहले 'मेड इन इटली' नाम की कहानी लिखी। भारत में पूँजीवाद के विकास के साथ विश्व पूँजीवाद के साथ यहाँ के शासक ही नहीं मनुष्य की मानसिकता भी जुड़ती गयी। इस मानसिकता की विशेषता है अपने देश को अपने देश की चीजों को हेय समझना और विदेशी माल को प्रतिष्ठा का विषय मानना। एक भारतीय महिला रोम की एक दुकान में पर्स खरीदती है, बहुत ही खूबसूरत पर्स है। महिला बेहद खुश है। लेकिन जैसे ही उसकी नजर पर्स पर लिखे 'मेड इन इण्डिया' पर पड़ती है, वैसे ही उसकी खुशी हवा हो गयी। वह तुरन्त पर्स बदलने चली गयी। कमाल की बात यह है, लेखक के लिए, कि कोई दूसरा पर्स उससे अच्छा नहीं है रोम की उस दुकान में। तब वह महिला दुकानदार से कहती है कि इसी में 'मेड इन इटली' का लेबुल लगा दो। यह है विश्व पूँजीवाद का प्रभाव, जो राष्ट्रीय स्वाभिमान को कुचल देता है। भीष्म जी ने इसे बहुत पहले समझ कर यह खूबसूरत कहानी लिखी। कहानी की खूबसूरती भारतीय पर्स के सर्वश्रेष्ठ होने और भारतीय महिला के हीनभावग्रस्त होने तथा विदेशी श्रेष्ठता के भाव में डूबी होने के संयोग से व्यंजित होने वाले व्यंग्यार्थ में है। इस व्यंग्यार्थ की पृष्ठभूमि में लेखक की राष्ट्रीय चेतना है। यह कहानी भी स्वतन्त्र भारत के पूँजीवादी विकास के इस दौर के यथार्थ को व्यक्त करती है। इस यथार्थ को भीष्म जी जिस तरह पकड़ते और चित्रित करते हैं, उससे कहानी पाठकों की चेतना को झकझोरती है। इसी प्रसंग में भीष्मजी की कहानी 'ओ हरामजादे' याद आती है। एक सिख नौजवान बरसों बाद गाँव के लँगोटिया दोस्त से मिलता है तो उससे बातचीत करते हुए सहज भाव से एकदम निर्दोष मन से कह बैठता है—ओ हरामजादे! इस सम्बोधन से भिन्न और कुछ भी अपने दोस्त के प्रति, अपने गाँव के प्रति और अपने देश के प्रति कनाडा से लौटे नौजवान की आत्मीयता व्यक्त नहीं कर सकता। मुख्य बात यह है कि आदमी जहाँ-कहीं भी रहे और चाहे जितने दिन रह जाए, यदि उसके व्यक्तित्व को विकृत करने वाला कोई प्रभाव उस पर नहीं पड़ा है, तो वह प्रकृत ढंग से ही व्यवहार करता है। मुख्य बात यह है कि वह नौजवान लौट कर आया है। उसका लौटना ही इस बात की अभिव्यक्ति है कि अपने स्वाभाविक समाज के प्रति आकर्षण उसके मन में कायम है और आकर्षण है तो उसे व्यक्त करने की भाषा और मुद्रा भी बची हुई है।

सम्प्रदायवाद और साम्प्रदायिक चेतना को आधार बनाकर हिन्दी में देश के विभाजन के समय से लेकर अब तक ढेर सारी कहानियाँ लिखी गयी हैं। सबके

बीच भीष्म जी की अपनी विशिष्टता है। 'अमृतसर आ गया है', तो उनकी मशहूर कहानी है ही, जिसमें साम्प्रदायिक उन्माद से मनुष्य में दब के पल रही प्रतिशोधमूलक साम्प्रदायिकता अनुकूल स्थान और अवसर पाते ही फूट पड़ती है। कहानी का कथ्य यह है कि साम्प्रदायिकता की पीड़ा मनुष्य को स्वतः सम्प्रदायवाद का विरोधी या मानवीय पीड़ा के प्रति सहानुभूतिशील नहीं बनाती। इस कहानी में एक सरदार जी तब तक दुबके रहते हैं, जब तक ट्रेन पाकिस्तान के इलाके से गुजरती रहती है और ट्रेन में दूसरे सम्प्रदाय वालों की बहुतायत होती है। लेकिन ट्रेन अमृतसर पहुँचते ही वह अपने विरोधी सम्प्रदायवालों को प्रतिशोध के लिए खोजने लगता है। कहानी में कोई ऐसा वर्णन नहीं है, जो साम्प्रदायिक उन्माद को भड़काये या प्रेरित करे। मार्मिक चित्रण साम्प्रदायिकता से उत्पन्न वातावरण और मनोदशा का है। इस प्रसंग में एक और कहानी का जिक्र करना चाहता हूँ जो इन्दिरा गाँधी की हत्या के बाद भड़के सिख विरोधी दंगों के दौर में लिखी गयी। यह साम्प्रदायिकता का नया रूप है, जो भारतीय राजनीति के प्रभाव से समाज में भड़क उठी। कहानी है 'झुटपुटा'। यह भोर का समय है, सूर्योदय नहीं हुआ है। यह झुटपुटा प्रतीकात्मक है। मानवीय संवेदना झुटपुटे में है, नीम अँधेरे में। कुछ लोग दूध के बूथ पर खड़े हैं दूध की प्रतीक्षा में। एक बच्ची के हाथ में दो डब्बे हैं। एक आदमी पूछ देता है—तुम्हारे हाथ में दो डब्बे क्यों हैं? लड़की कहती है—एक डब्बा सरदार चाचा का है, वे आज नहीं निकल सकते थे न! कुछ देर बाद दूध लिये हुए गाड़ी आ गयी। लोग चकित होते हैं देखकर कि एक सरदार जी गाड़ी चला रहे हैं। एक आदमी पूछ ही देता है—सरदार जी आज भी आप निकल गये। इसपर ड्राइवर सरदार जी कहते हैं—'अमाँ, नहीं तो बच्चों को दूध कैसे मिलता!' यह है कहानी का अन्त। उन्माद और हत्या के बावजूद लेखक संवेदनशीलता की खोज कर ही लेता है। सरदार जी का डब्बा ले आने वाली बच्ची, ड्राइवर सरदार को पूछने वाला वह आदमी और सर्वोपरि ड्राइवर सरदार जैसे चरित्र समाज को, मानवीय रिश्तों को और मनुष्यता को बचाते हैं। लेखक ने झुटपुटे के माहौल में दूध लेने का प्रसंग इस बात के लिए चुनकर स्वयं अपनी गहन संवेदनशीलता का परिचय दिया है। ऐसी कहानियाँ कथा-प्रसंग और पात्रों के चयन के कारण कथ्य और शिल्प दोनों ही दृष्टियों में रचनात्मकता के नये धरातल पर कलात्मकता की नयी ऊँचाई छूती हैं।

मनुष्य समाज ऐसा है, जिसमें संवेदना को कुचलने वाले और बचाये रखने वाले दोनों होते हैं। भीष्म जी दोनों ही तरह के लोगों की पहचान रखते हैं और उनको सही रूप में प्रस्तुत करने की कला में भी माहिर हैं। एक कहानी है 'पिकनिक'। यहाँ के सम्भ्रान्त मुहल्लों में काम करने वाली दाई अपने बच्चे को लेकर काम करने जाती है। काम लेने वाले लोग ऐसे कि काम तो वे कराते हैं, लेकिन उसके बच्चे को बरामदे और आँगन में तो नहीं ही रखने देते, बल्कि बाहर के सहन में

भी खटोले पर नहीं रखने देते। एक सम्भ्रान्त परिवार की महिला खटोले को खींच कर सड़क पर दे आती है और दाई फिर उसे सहन में ला देती है। इसके बाद वह महिला पड़ोसिन का कुत्ता लाकर खटोले में बाँध देती है यह सोचकर कि कुत्ता बच्चे को काटेगा। थोड़ी देर बाद वह महिला झाँक कर देखती है कि कुत्ते ने काटा या नहीं, तो वह चकित हो जाती है कि कुत्ता दाई के बच्चे के साथ खेल रहा है। वह कह उठती है—'हाय राम वह तो खेलने लगा!' कुत्ते का कैसा संवेदनशील उपयोग लेखक ने किया है। अहंकार और स्वार्थ में लिप्त मनुष्य से ज्यादा मानवीय है वह कुत्ता जो बच्चे के साथ खेलने लगता है, जैसे वह उसकी रक्षा कर रहा है। गुजरात के हाल के दंगे पर भी उन्होंने छोटी सी मार्मिक कहानी लिखी, जो शायद उनकी अन्तिम कहानी है। यह कहानी 'काँची' की कहानी विशेषांक में छपी है। गुजरात का नरसंहार देश में ही नहीं दुनिया में चर्चा का विषय बना। इसी सन्दर्भ में 'मैं भी दीया जलाऊँगा' शीर्षक कहानी में शरणार्थी शिविर में आश्रय लिये हुए एक बच्चा अपने अब्बा से कहता है 'मैं भी दीया जलाऊँगा।' वह दीया हैवानियत का अन्धकार मिटाने वाला है, जो कुछ लोग जलाने की कोशिश कर रहे हैं। भीष्म जी अपनी कहानी से साम्प्रदायिक अंधकार को मिटाना चाहते हैं।

भीष्म जी का रचना-परिवेश कितना व्यापक है, उनमें कितनी चारित्रिक विविधता है, यह देखकर पाठकों को अचरज होता है। उनकी रचनात्मकता संवेदन की खोज करती है, संवेदना को प्रेरित करती है। संवेदनशीलता का एक कोमल सूत्र उनके रचना-संसार में फैला हुआ है। लेकिन संवेदना के सन्दर्भ संसार की तरह, समाज की तरह ही विविध हैं।

भीष्म जी कहानी रचते जरूर हैं, लेकिन गढ़ते नहीं। उनके रचाव में स्वाभाविकता है, सहजता है। कथा के चयन से प्रस्तुतीकरण तक उनकी कलात्मकता पसरी हुई है। जीवन की सहजता की तरह उनकी भाषा सहज है। ऐसी भाषा है, जो पाठकों की चेतना में कहानी का कथ्य उतार देती है और उसकी संवेदना को उद्वेलित कर देती है।

भीष्म जी की कहानियों के वातावरण में कुहेलिका नहीं है; लेकिन वे समाज और मनुष्य की जटिलता का चित्र पेश करते हैं, वह भी इतनी सफाई से कि कुहेलिका फटती दिखायी देती है। वास्तव में भीष्म सहनी अपने समय के साथ और कई बार आगे-आगे चलते हैं, इसलिए उनके पास कथानक, कथ्य और चरित्रों की कमी कभी नहीं होती। ऐसा लगता है अठासी वर्ष की उम्र में जीवन का अन्त करने के बावजूद वे अनुभव की अनेक कहानियाँ नहीं लिख पाये। अनेक अनुभव कहानी बनने से रह गये और उनके साथ ही समाप्त हो गये। जीवन के यथार्थ से लगाव यही बताता है कि रचना का स्रोत अक्षय है। भीष्म जी के पास अपने समकालीनों में श्रेष्ठ कहानियों का भण्डार सबसे बड़ा है। भीष्म जी बीसवीं सदी के उत्तरार्द्ध की हिन्दी कहानी का प्रतिनिधित्व करने में समर्थ हैं।

रेणु की कथा-रचना का यथार्थ

हिन्दी कहानी में फणीश्वरनाथ रेणु का प्रवेश कहानी के इतिहास में ऐसा हस्तक्षेप है, जिसके बाद हिन्दी कहानी का परिदृश्य पहले जैसा नहीं रह जाता। रेणु की कहानी-रचना का जो गहरा प्रभाव हिन्दी कहानी के विकास पर पड़ा, उसके पीछे कुछ-न-कुछ भूमिका तो उपन्यासकार रेणु के चमत्कार, प्रतिष्ठा और चर्चा की भी रही होगी, ऐसा मैं समझता हूँ। वह दौर था जब रेणु हिन्दीकथा-साहित्य के पाठकों पर छाये हुए थे और उनके लेखन के नयेपन ने हिन्दी कहानीकारों के सामने भी नया प्रश्नचिह्न खड़ा कर दिया था। आज यहाँ से उस दौर को देखने पर महसूस होता है कि मोहन राकेश या निर्मल वर्मा ने हिन्दी कहानी को जितना उठाया अथवा प्रभावित किया उससे कुछ ज्यादा ही रेणु ने अपनी कहानियों से उसे नया मोड़ दिया। कहानी की गहन संवेदनशीलता की दृष्टि से देखें तो अनुभव होगा कि रेणु की कहानियाँ अमरकान्त, भीष्म साहनी, शेखर जोशी जैसे कहानीकारों की आन्तरिक प्रभावपूर्णता से मेल खाती हैं। लेकिन इन कहानीकारों की कहानियों की अन्तर्वस्तु से भी रेणु की कहानियों की अन्तर्वस्तु भिन्न है। वास्तव में रेणु जैसा कोई दूसरा कहानीकार हिन्दी में नहीं है।

रेणु की कहानियों का परिदृश्य गाँव का है, स्वभावतः पात्र गाँव के हैं, वातावरण गाँव का है। इन सबके समन्वित प्रभाव से कथ्य भी गाँव के जीवन से ही सम्बन्धित होता, लेकिन कथ्य न ग्रामीण है और न शहरी, बल्कि वह ज्यादातर कहानियों में मानवीय संवेगों से या यों कहें कि मनुष्य की प्राकृतिक वृत्ति से सम्बन्धित है। लेकिन यहाँ भी मानवीय संवेगों या प्राकृतिक वृत्ति का चित्रण करने वाले अन्य कहानीकारों से रेणु की भिन्न विशिष्टता है। रेणु की विशिष्टताओं की स्पष्ट व्याख्या करने की जरूरत है।

ग्रामीण जीवन, ग्रामीण पात्र और ग्रामीण वातावरण के कथाकार तो रेणु हैं, लेकिन प्रेमचन्द या नागार्जुन की तरह उनमें ग्रामीण यथार्थ का वर्गीय सम्बन्ध नहीं है, इसलिए वर्ग संघर्ष भी नहीं है। फलतः जीवन में बदलाव की परिकल्पना स्पष्ट रूप से उनमें नहीं है। कोई कह सकता है कि जो नहीं है, वह क्यों खोजा जाए रचनाओं में? इसके पक्ष-विपक्ष में बातें कही जा सकती हैं। खोजने का कारण यह

है कि जीवन और समाज के सम्बन्धों में सबसे ज्यादा प्रभावशाली सम्बन्ध वर्गीय सम्बन्ध ही होता है। यह अपेक्षा किसी रचनाकार से गलत नहीं है कि वह यथार्थ को समग्ररूप में पूरे सन्दर्भ के साथ चित्रित करे और ऐसा करने पर वर्गीय सम्बन्ध और अन्य प्रकार के सम्बन्ध भी आ जाते हैं। ग्रामीण समाज के सामन्ती सम्बन्धों यानी वर्गीय सम्बन्धों को आँख से ओझल करने का कारण यह हो सकता है कि वे सोशलिस्ट आन्दोलन से जुड़े हुए थे, और यह आन्दोलन वर्ग-संघर्ष को छोड़ चुका था।

ऊपर मैंने कहा है कि रेणु की कहानियों में सहज या प्राकृतिक मानवीय वृत्ति अथवा संवेगों का चित्रण किया गया है। ऐसी कहानियों में स्त्री-पुरुष के प्राकृतिक आकर्षण के प्रसंग में मनुष्य की भावनाओं, आकांक्षाओं, मनोवृत्तियों आदि का चित्रण किया जाता है। आमतौर से शहरी मध्य वर्ग के पात्रों के सम्बन्धों के आधार पर उपर्युक्त मनोदशाओं का अथवा यह कहें कि स्त्री-पुरुष सम्बन्धों की विभिन्न स्थितियों का चित्रण किया जाता रहा है। हिन्दी में मध्यवर्गीय पात्रों पर आधारित ऐसी कहानियाँ ही मनोवैज्ञानिक और मनोविश्लेषणात्मक विशेषण से पहचानी जाती रही हैं। जैनेन्द्र, अज्ञेय, इलाचन्द्र आदि प्रेमचन्दोत्तर काल के कथाकार और तथाकथित 'नयी कहानी' दौर के मोहन राकेश, निर्मल वर्मा जैसे कहानीकारों की कहानियाँ इस कोटि में आती हैं। ऐसा कहा जाता है और समझा जाता है कि ऐसी कहानियाँ व्यक्ति के मन की गहराई में प्रवेश करके उसके किसी रहस्य का, किसी गाँठ का, किसी उलझन का उद्‌घाटन कराती हैं। रेणु की विशेषता यह है कि वे अपनी कहानियों में यह बताते हैं कि गाँव के सामान्य लोगों, आम मेहनतकशों के शरीर में भी एक मन होता है, जिसमें अपनी आकांक्षाएँ होती हैं, अपने उल्लास होते हैं, संवेगों से आगे बढ़कर मानवीय प्रेम होता है। कहने का अर्थ यह है कि रूमानीपन और प्रेम की तरंगें केवल मध्यवर्गीय सम्भ्रान्त लोगों में ही नहीं, गाँव के गरीबों में भी होती हैं। प्रेमचन्द ने जहाँ-तहाँ यह बात दिखायी है, लेकिन रेणु ने इस पर विशेष ध्यान दिया है तो रेणु ने भीख माँगने वाले पंचकौड़ी मिरदंगिया, मोहन की माँ, खेत मजदूर सिरचन, गोधन, गरीब, सिंघाय की पत्नी, गाड़ीवान हिरामन, बिरजू की माँ जैसे पात्रों के मन में आत्मीय दृष्टि से झाँका है और ग्रामीण जीवन के यथार्थ के नये पहलू का परिचय पाठकों से कराया है लेकिन रेणु की कहानियों की विशेषता यह है कि, अपने पात्रों के मन में या अन्तर्जगत् में झाँकते हुए, उसे कुरेदते हुए भी बहिर्जगत् को नहीं छोड़ते। अन्तर्जगत् और बहिर्जगत् के सम्बन्ध को वातावरण के चित्रण के साथ वे कुशलता से मूर्त्त कर देते हैं।

वास्तव में रेणु देश के आजाद होने के बाद के कहानीकार हैं। उनका गाँव प्रेमचन्द के समय का गाँव नहीं है, इसलिए उनके पात्र भी घीसू और माधो, होरी और गोबर के बाद के पात्र हैं। यह दौर है जब स्वतन्त्र देश में एक जनतान्त्रिक प्रणाली कायम हो चुकी है, समाज के दलित-पीड़ित लोगों को भी बालिग मताधिकार

मिला, विकास की योजना के साथ जीवन में उन्नति और प्रगति की चर्चा के साथ उम्मीदें भी सुलगने लगीं। ऐसे माहौल में धूल में लोटने वाले, खेत में पसीना बहाने वाले पात्रों के मन में भी जीवन का आनन्द उठाने, उन्मुक्त भाव से आपसी प्रेम भाव में तैरने की कोशिश करने की भावनाएँ जोर मारती हैं, तो आश्चर्य क्या? कहना चाहिए कि भावनाएँ तो पहले भी जोर मारती होंगी, जो अभिव्यक्ति पाने के पहले ही कुचल दी जाती थीं। जनतान्त्रिक प्रणाली और विकास की प्रक्रिया से प्रभावित गाँवों के गरीबों के मन की रंगीनी को कहानी में लाने का श्रेय रेणु ने प्राप्त किया। यह स्वातन्त्र्योत्तर भारत के विकासमान जनतान्त्रिक समाज के नये यथार्थ पर आधारित अन्तर्जगत् है, जो रेणु की कहानियों के चरित्रों की मनोदशा बताता है। कुछ कहानियों की चर्चा उपेक्षित है इस प्रसंग में।

'रसप्रिया' एक ऐसी मनोवैज्ञानिक कहानी है, जिसके पात्र समाज के निचले स्तर के हैं, लेकिन जीवन के आकर्षण से भरे पूरे हैं, व्यक्तित्व के धनी हैं। यह नयी बात है। 'पंचकौड़ी मिरदंगिया, मोहना और मोहना की माँ' तीन पात्र हैं इस कहानी में। मोहना की माँ कहानी के अन्त में आ कर कथा के मनोवैज्ञानिक तार का दूसरा छोर दिखाती है। कथा का ताना-बाना बिल्कुल नये ढंग से रचा गया है, मोहना को लेकर उसी के माध्यम से। मोहना के 'अपरूप रूप' को देख कर पंचकौड़ी मिरदंगिया के मुँह से निकल पड़ा—अपरूप रूप! चरवाहा मोहना खेतों-मैदानों में रह कर इतना सुन्दर, धूल में पड़ा कीमती पत्थर। मिरदंगिया के मन का प्रश्न कहानी के उस रहस्य का निर्माण करता है, जो कहानी के अन्त में मोहना की माँ के कहानी में आने पर खुलता है। इसी तरह मोहना जब पूछता है—तुम्हारी उँगली तो रसपिरिया बजाते टेढ़ी हुई है, है न! तो इससे भी कथा प्रसंग उसी रहस्य की ओर संकेत करता है। मोहना मिरदंगिया से रसप्रिया गाने का आग्रह करता है। मिथिला में 'विदापत' नाच वाले रसप्रिया गाते थे। पंचकौड़ी मिरदंगिया को रसप्रिया से वैसा ही प्रेम है, जैसा मोहन की माँ रमपतिया से। लेकिन मिरदंगिया और रमपतिया का प्रेन-प्रसंग कथा में स्मृति के माध्यम से पृष्ठभूमि के रूप में आता है। इस प्रेम का रहस्य खुलता है रसप्रिया के माध्यम से। मिरदंगिया मोहना को देख कर आकृष्ट होता है उसे रसप्रिया सुनाना चाहता है, लेकिन दूर जाकर छिप कर खुद बेधक स्वर में रसप्रिया गाने लगता है और पंचकौड़ी के स्वर से खिंच कर वहाँ पहुँच कर मोहना की संगत के लिए मिरदंगिया बजाने लगता है। वह मोहना के गायन पर चकित है, कहाँ सीखा! इस प्रश्न का उत्तर मोहना ने दिया—माँ से। मोहना के साथ मिरदंगिया के रिश्ते की एक पर्त तो यहीं खुल जाती है। टेढ़ी उँगली से भी मिरदंगिया ने अद्‌भुत संगत की। इस संगत का असर है कि जो मोहना पहले समाज के डर से मिरदंगिया का आम खाने में डर रहा था, उसी के तीन-तीन आम वह चूस गया। मोहना के प्रति मिरदंगिया का यह प्रेम-व्यवहार प्रकारान्तर से रमपतिया के प्रति ही है। प्रेम प्रकट करने की यह पद्धति

प्रेम के मनोविज्ञान का नया रूप है। मोहना के प्रति मिरदंगिया का प्रेम रसप्रिया और रमपतिया दोनों के प्रति प्रेम की समन्वित अभिव्यक्ति है। मिरदंगिया प्रेम का निर्वाह साथ रह कर नहीं कर सका था। मिरदंग बजाता घूमता-फिरता रहा था। इसीलिए रमपतिया उसे दसदुआरी कहती है। मोहना को उससे बचने की सलाह देती है। कथा के दृश्य-पटल पर जब मोहना की माँ आती है तो मिरदंगिया के आने की जानकारी मिलने पर कहती है—"दसदुआरी याचकों से हेलमेल करके अपना ही नुकसान होता है।" यह वाक्य रमपतिया की आन्तरिक पीड़ा गहराई से व्यक्त करता है। यह प्रेम की सार्थक अभिव्यक्ति का, प्रेम की आकांक्षा की अभिव्यक्ति का स्वाभाविक मनोवैज्ञानिक रूप है। हिन्दी कहानी में प्रेम के मनोविज्ञान का यह प्रसंग पहली बार रेणु जी की कलम से ही आया है। एक तरफ रमपतिया मोहना को डाँटते हुए कहती है—"चौप रसपिरिया का नाम मत ले!" दूसरी तरफ मिरदंगिया के आने की सूचना का असर उस पर यह है कि वह ठोकर खाकर गिरते-गिरते बची। घास का बोझ गिर कर खुल गया। यह सशक्त प्रतीकात्मक अभिव्यक्ति है। घास का बोझ क्या खुला कि मोहना की माँ के दिल की गाँठ खुल गयी, पैर डगमगा गये। मोहना पूछता है—"क्या हुआ माँ?" 'क्या हुआ' का जवाब यह है—"मिरदंगिया कुछ और बोलता था, बेटा?" यह दिल में अब तक पल रहे, घुल रहे प्रेम की अभिव्यक्ति है। मोहना का उत्तर भी बहुत सार्थक है—'कहता था, तुम्हारे जैसा गुणवान बेटा पा कर तुम्हारी माँ महारानी है, मैं तो दसदुआरी हूँ।' इस कथन के जरिये मिरदंगिया अपने प्रेम के भौतिक लगाव की उपलब्धि का जिक्र करता है और वह उपलब्धि है मोहना की माँ की, मोहना के रूप में, जो मिरदंगिया की तरह ही रसप्रिया गाने में निपुण हो गया है। मोहना की माँ आँसू पोंछ कर कहती है—'झूठा, बेईमान!' यह निषेध भी प्रेम का ही रूप है, नहीं तो आँख में आँसू क्यों होते?

'रसप्रिया' प्रेम-कथा है, लेकिन प्रेम-प्रसंगों के साथ समाज में व्याप्त जात-पाँत, ऊँच-नीच का भेद-भाव प्रेम के कारण दमन का शिकार होना आदि भी कहानी में सार्थक ढंग से आये हैं। ये सब समाज में मौजूद प्रेम के बाधक तत्त्व हैं। बाधक तत्त्वों की मजबूती के बावजूद प्रेम है। समाज का वातावरण बदलने के बावजूद प्रेम की अभिव्यक्ति और उपलब्धि भी है और रसप्रिया भी है। 'रसप्रिया' हिन्दी की अनोखी प्रेम-कथा है, जिसका गठन अवान्तर प्रसंगों के माध्यम से होता है। वे ऐसे प्रसंग हैं, जो प्रेम को घनीभूत बनाते हैं। ऊपर मैंने अभिव्यक्ति की भाषिक संरचना का भी कुछ जिक्र किया है। कहानी का शिल्प जटिल है, सपाट नहीं।

रेणु की एक और अत्यन्त महत्त्वपूर्ण प्रेम कथा है 'तीसरी कसम उर्फ मारे गये गुलफाम'। यह उनकी अत्यन्त चर्चित कहानी है। यह भी कोई सामान्य प्रेमकथा नहीं है। रेणु की कहानियों में प्रेम की विषम परिस्थिति या असामान्य परिस्थिति मिलती है। 'तीसरी कसम' में प्रेम असामान्य और विषम परिस्थिति में अंकुरित होता

है और विकसित भी होता है विषम एवं असामान्य परिस्थिति में। उसका अन्त भी उसी तरह विषम एवं असामान्य है। इस कहानी का पहला ही वाक्य रोमांटिक है, हालाँकि यह रोमांटिक है यथार्थ पर आधारित। पहला वाक्य है—'हिरामन गाड़ीवान की पीठ में गुदगुदी लगती है।' 'कभी तो ऐसी गुदगुदी नहीं लगी पीठ में!' आज क्या बात है? 'बात यह है कि गाड़ी में हीराबाई बैठी है।' 'आज रह-रह कर उसकी गाड़ी में चम्पा का फूल महक उठता है।' हिरामन सोचता है—'औरत है या चम्पा का फूल! जब से गाड़ी में बैठी है, गाड़ी मह-मह-महक रही है।' गाड़ीवान हिरामन का मन आज असाधारण स्थिति में है। बाई जी की उपस्थिति और उसके शरीर से निकल कर फैलती खुशबू! हिरामन के मन का आकर्षण पीठ की गुदगुदी बन कर व्यक्त होता है। गाड़ीवान आगे है, बाई पीछे, तो गुदगुदी पीठ में ही लगेगी न! बाइ जी की महत्ता का एहसास हिरामन को है, तभी तो वह बैलों से कहता है—'साला! क्या समझता है, बोरे की लदनी है क्या?' वह बैलों को मारता है, तो पीछे से आवाज आती है—'अहा! मारो मत!' महकती हुई उपस्थिति का एहसास कान तक पहुँच गया, हीराबाई की बोली सुनने से—'बच्चों की बोली जैसी महीन, फेनूगिलासी बोली!' इससे हिरामन की पीठ में लगने वाली गुदगुदी कान तक फैल गयी। मन की ऊर्जा का विस्तार होता है, ज्ञानेन्द्रियों के ज्ञान-स्रोत का विस्तार होता है। यह प्रारम्भिक रोमांस आगे चल कर गहरा होता है।

असल में तीसरी कसम है तो गाड़ीवान हिरामन की कहानी और यह कहानी हमें बताती है कि जीवन बड़ा विविधतापूर्ण है, उतार-चढ़ाव से भरा हुआ है, मान-अपमान से, संकटों और कठिनाइयों से भरा हुआ है और उसमें इन सबके अलावा उल्लास के, प्रसन्नता के और निराशा के भी प्रसंग आते हैं। गाड़ीवान हिरामन भाड़े पर माल ढोता है और माल ढोने के क्रम में एक बार तस्करी का माल ढोते पकड़ा गया था। किसी तरह जान बचाकर निकला तो पहली कसम खायी, ऐसी चीजों की लदनी अब नहीं करेगा। एक बार बाँस की लदनी में टमटम वाले से दुर्घटना हो गयी, गाली और चाबुक की मार खायी, तो दूसरी कसम खायी—बाँस की लदनी कभी नहीं करेगा। लेकिन ये दोनों घटनाएँ पृष्ठभूमि के रूप में हैं। इसके बाद तीसरी कसम की कहानी शुरू होती है, हिरामन की तीसरी कसम। यह कसम हिरामन के मन के कोमल तार से, दिल की धड़कन से जुड़ी हुई है।

रेणु जी ने यह कथा रची है—फारबिसगंज के मेले में होने वाली नौटंकी के प्रसंग में। इस कथा का रोमांस या प्रेम ग्रामीण परिवेश में बनता-बिगड़ता है और जगह पाता है। मेले में माल ढोने का काम करते हुए भी हिरामन ने नौटंकी या बायस्कोप या सिनेमा नहीं देखा। लैला या हीराबाई का नाम भी उसने नहीं सुना था। पहली बार जब उसे हीराबाई को ढोने का मौका मिला तो उसके भीतर भावनात्मक परिवर्त्तन होता है। परिवर्तन की इस प्रक्रिया में एक औरत के प्रति आकर्षण तो है

ही, एक अपनापन भी है और उससे भी आगे बढ़कर अधिकार-भाव भी है; क्योंकि उसने हीराबाई को ढोया है अपनी गाड़ी पर। दोनों के नाम में हीरा की समानता से यह भाव कुछ और गाढ़ा हो जाता है। हिरामन के मन में कोई अजानी रागिनी बज उठी। सारी देह सिरसिरा रही है। इस मनोदशा और देह-दशा की अभिव्यक्ति उसके बाद कहानी में हिरामन के व्यवहार में तरह-तरह से होतीं है और कथा आगे बढ़ती है। हिरामन के मन में हीराबाई के लिए इतना आदर का भाव भर गया है कि वह बीड़ी पीने के लिए उसकी अनुमति चाहता है। गप करने में रस लेता है। रास्ते के परिदृश्यों का परिचय सुनाता है। दूसरे लोगों को आते देख गाड़ी का पर्दा गिरा देता है। 'हिरामन दुनिया भर की निगाह से बचा कर रखना चाहता है हीराबाई को।' यही है प्रेम के अधिकार का भाव। रास्ते में एक जगह गाड़ी रुकती है, छोटी-सी नदी है वहाँ। वहाँ हिरामन दही, चूड़ा, चीनी आदि लाकर देता है हीराबाई को खाने और हिराबाई हिरामन के बिना खाने को तैयार नहीं। हिरामन के मन का भाव इस सामाजिक सौजन्य से और पुख्ता होता है। रास्ते में गप-शप करते-करते हिरामन थोड़ा ढीठ हो गया और अब वह हीराबाई से आँख से आँख डाल कर बात कर सकता था। यह है हिरामन के मन के भाव के परिपक्व होने की प्रक्रिया। प्रसंग छेड़कर लेखक ने लोककथा और लोकगीत का उपयोग यहाँ भी किया है। हिरामन का व्यवहार तो किसी लोककथा के प्रेमी जैसा ही लगता है। मेला पहुँचने पर हिरामन को पचास रुपये दिये जाते हैं। भाड़ा कम नहीं है। लेकिन हिरामन का प्रेमी मन भाड़ा लेने की दशा में तो है नहीं। जिसे उसने अपने अधिकार-भाव में ले लिया उससे व्यापार कैसा? लेकिन मन दबाकर हिरामन को पैसा लेना पड़ा। हीराबाई कम्पनी में चली गयीं। यह प्रेम में पहला झटका है।

आगे चलकर मेले में हीराबाई नौटंकी में बाई जी की भूमिका निभाती है, लोग रस लेते हैं, फब्तियाँ कसते हैं, यह सब नौटंकी का यथार्थ है। लेकिन हिरामन को यह सब बुरा लगता है और वह हल्ला करने वालों से, फब्तियाँ कसने वालों से लड़ने को तैयार हो जाता है। यह सब हिरामन के प्रेम की अभिव्यक्ति के रूप हैं। कम्पनी की औरत कम्पनी में चली गयी तो हिरामन को झटका लगा, लेकिन फिर जब हीराबाई ने नेपाली पहरेदार से कहा—'देखो बहादुर! इसको पहचान लो। यह मेरा हिरामन है। समझे?' तो एक झटके से प्रेम फिर खड़ा हो गया, साथियों समेत उसे पास भी मिल गया।

यही हीराबाई जब चली गयी रेलगाड़ी पर चढ़कर तो हिरामन का मन टूट गया। उस दिन वह सवारी नहीं ढोता। कहता है—'अब मेले में क्या धरा है! खोखला मेला!' इसी टूटी मनोदशा में हिरामन तीसरी कसम खाता है—'कम्पनी की औरत की लदनी ...नहीं करेगा।' कम्पनी के जरिये समाज का व्यावसायिक यथार्थ व्यक्त होता हे, जिससे टकरा कर हिरामन का मन टूट जाता है। प्रेम और व्यावसायिकता में कैसा

रिश्ता? यह है कहानी का निहितार्थ। पूँजीवादी समाज में प्रेम ऐसा ही होता है। ऐसे समाज में प्रेम का विघटन होता है। 'तीसरी कसम' में तो प्रेम विषम और असामान्य जमीन पर पैदा ही हुआ था, अतः उसका टूटना अथवा यह भी कह सकते हैं कि पैसे के रूप में व्यक्त होना स्वाभाविक ही है। हीराबाई के दिल में भी हिरामन ने खास जगह जरूर पा ली थी, लेकिन हीराबाई उस खासियत को अन्त में कुछ अतिरिक्त पैसे देकर व्यक्त करती है। इसलिए तीसरी कसम का प्रसंग अत्यन्त अर्थगर्भित है।

'तीसरी कसम' रेणु की ही नहीं, हिन्दी की एक श्रेष्ठ कहानी है, मनोवैज्ञानिक कहानियों में भी उसकी श्रेष्ठता बरकरार है और 'नयी कहानी' को उलट कर हम देखते हैं, तो 'तीसरी कसम' जैसी कहानी वहाँ दुर्लभ है। 'तीसरी कसम' का कथा-शिल्प नया है। वह सरल नहीं, जटिल है। 'तीसरी कसम' की मूल कथा की प्रासंगिकता के लिए पहली-दूसरी कसमों के कथा-प्रसंगों की योजना की गयी है। फिर रेलवे स्टेशन से मेला तक बैलगाड़ी से यात्रा करने में रास्ते के अनुभवों और पुराने जमाने की खूबियों की चर्चा को गुम्फित करने से कथा-शिल्प में जटिलता आती है। स्मृति के आधार पर पुरानी बातों का गुंफन रेणु जी की ऐसी कहानिचों की विशेषता है।

'तीसरी कसम' एक लम्बी कहानी है, लेकिन इससे यह अहसास नहीं होता कि लेखक ने कहानी की लम्बाई को जबर्दस्ती खींच कर बढ़ा दिया है। इसलिए इसे आज की लम्बी कहानियों की तरह लम्बी कहानी कहना सही नहीं होगा। यह हिन्दी की स्वाभाविक कहानी की तरह रची गयी कहानी है, भले इसकी अपनी विशेषताएँ कथा की बनावट में ज्यादा हैं। कहानी की घटनाएँ पात्रों के जरिये घटित होती हैं। घटनाएँ बहुत हैं इस कहानी में। इस दृष्टि से यह कहानी नयी कहानी या मनोवैज्ञानिक कहानी की बुनावट और बनावट से भिन्न है। जिस दौर में रेणु जी ने यह कहानी लिखी, उस दौर में हिन्दी कहानी घटना-प्रधान नहीं रह गयी थी। रेणु जी की कहानियों में घटना-बहुलता रहती है, साथ ही भावना की प्रबलता भी। 'तीसरी कसम' में भी ये दोनों बातें मिलती हैं। पात्रों में कौन ज्यादा प्रधान है—हिरामन या हीराबाई? इसका उत्तर आसान नहीं है। भावना का स्रोत है हीराबाई और भावना का आश्रय है हिरामन। प्रधानता दोनों की है, क्योंकि किसी एक के सहारे कहानी की भावना रूप नहीं ले सकती। हिरामन जैसे पात्र के व्यवहार की खूबी है कि हीराबाई के दिल में भी प्रेम की भावना का उद्भव दिखा देता है, भले ही उसमें उत्कृष्टता नहीं है। कथा-भूमि, कथा-तत्त्व, कथा-शिल्प, पात्र-योजना, पात्रों का आपसी रिश्ता, भाषा-शैली, इन सबने मिलकर 'तीसरी कसम' को हिन्दी की श्रेष्ठ कहानी का दर्जा दे दिया है।

'तीसरी कसम' (और 'रसप्रिया') की शृंखला में ही 'लालपान की बेगम' भी रेणु जी की अनोखी कहानी है। इस कहानी में प्रसंग है नाच देखने का और बिरजू का बाप एक गाड़ीवान है। उसने अपनी पत्नी से कहा है कि उसे आज नाच दिखाने ले

जाएगा बैलगाड़ी पर बैठाकर। एक नाच देखने जाना ग्रामीण जीवन में मनोरंजन का महत्त्वपूर्ण साधन है, दूसरे बैलगाड़ी पर जाना ठाठ से जाने का पर्याय है। लेकिन यह तो पृष्ठभूमि है। इसी पृष्ठभूमि पर दिन भर बिरजू की माँ का मन तो आसमान में रहा ही, पैर भी जैसे धरती पर नहीं पड़ते थे। जिसने टोका उसी को झटक दिया। लेकिन जब शाम हो गयी और बिरजू का बाप गाड़ी लेकर नहीं आया, तो बिरजू की माँ की मनोदशा जैसे दिन की तुलना में उलटी दिशा में जाने लगी। अपमानजनक मनोदशा में उसने खाना बनाये बिना बच्चों को सुला दिया, खुद भी सोने चली गयी। तभी बिरजू का बाप आ गया गाड़ी लेकर, गाड़ी दूसरे की थी, बैल अपना। रूठी हुई पत्नी को मनाया, फिर तो झटपट तैयारी हो गयी। पड़ोसिन को भी साथ लिया और बैलगाड़ी पर नाच देखने जाते हुए मन उत्फुल्ल हो गया। मन का यह उतार-चढ़ाव इस कहानी की विशेषता है। एक साधारण-सी घटना, अत्यन्त साधारण पात्र, लेकिन उनकी भावनाओं को उभार कर लेखक्र ने महत्त्वपूर्ण कथा बना दी है। 'लालपान की बेगम' साधारणता में असाधारण की खोज की अपने ढंग की कहानी है।

उपर्युक्त शृंखला में ही 'सिरपंचमी का सगुन' भी है, जिसमें स्त्री के प्रति पुरुष के आकर्षण को ग्रामीण परिवेश में ही लेखक ने सहजता से दिखाया है। सिंघाय एक अत्यन्त गरीब किसान है, जो कई वर्षों से फाल में सान चढ़ाने का खैन (मेहनताना) नहीं दे पाया है लोहार को। आज उसने जानबूझ कर सिंघाय का फाल टेढ़ा कर दिया। सिंघाय अपमानित हुआ, लेकिन पाँच साल का खैन कहाँ से देगा? यह एक भिन्न समस्या है, जिसे रेणु ने उठाया है। किसान-समस्या का एक नया पहलू है यह हिन्दी कहानी में। शोषण नहीं है यहाँ या है तो गरीब किसान के द्वारा दूसरे मेहनतकश लोहार का। सिरपंचमी के दिन अपशकुन हो गया। सिंघाय की पत्नी को रेल का मिस्त्री याद आया, दूध देते समय जिसकी आँखों में पानी देखा था, उसने। फाल उठाया और पहुँच गयी वहाँ। 'बूढ़े रेलवे मिस्त्री ने सीधा-सम्बर के साथ माधो की माँ के सलोने स्वास्थ्य को भी आज गौर से देखा।' जवान मिस्त्री ने बूढ़े को उत्साहित किया। फाल आग में पड़ा और लाल हो गया। जवान बोला...'सौ चोट लोहार की, एक चोट सरकार की।' सरकारी मिस्त्री की चोट पड़ी और फाल सीधा हो गया। खुरपी भी बन गयी, बेंट तक लग गया। इस तरह झटपट यह सब हो गया, इसलिए कि एक पानीदार महिला काम लेकर गयी और मिस्त्री की आँखों में भी पानी है। यहाँ यह जो दोनों तरफ पानी है, उसमें पानी की मर्यादित भूमिका बनी रहती है। पानी की यह भूमिका अक्सर प्रेम-प्रसंगों की कहानियों के फूहड़पन से रेणु जी को बचाती है।

ऐसा नहीं है कि रेणु जी ने ग्रामीण जीवन के प्रसंगों से केवल स्त्री-पुरुष सम्बन्ध या आकर्षण से सम्बन्धित सन्दर्भ ही कहानियों में लिखे हैं। 'ठेस' और 'पंचलाइट' जैसी कहानियाँ भिन्न सन्दर्भ प्रस्तुत करती हैं। 'तीर्थोदक' शीर्षक कहानी भी ऐसी

ही है। ऐसी कहानियों में भी ग्रामीण जीवन के अन्तर्विरोधों में से ऐसा प्रसंग चुनते हैं, जो वर्गीय भूमिका नहीं रखते, फिर भी यह तो बताते ही हैं कि समाज में, जीवन में वर्ग के अलावा भी दर्द हैं। वे यह दिखाते हैं कि समाज की सीढ़ी पर जो तबके नीचे हैं, उनमें भी आत्मसम्मान की चेतना है। 'ठेस' का सिरचन शीतलपाटी (मोथा की चटाई) बनाने में माहिर है। वह गरीब है, लेकिन आत्मसम्मान को जब ठेस पहुँचाता है, तो वह उसे भीतर से आहत होकर अनुभव करता है और अपने व्यवहार से उचित जवाब भी देता है। लेकिन सामाजिकता और व्यक्तिग्त लगाव का भी निर्वाह करता है। सिरचन हिन्दी कहानी में एक नया चरित्र है और उसके जरिये जीवन का नया सन्दर्भ भी चित्रित होता है। 'पंचलाइट' में एक पेट्रोमैक्स के जरिये समाज के जातीय अन्तर्विरोध को अत्यन्त स्वाभाविक एवं असरदार ढंग से चित्रित किया गया है। यह हमारे समाज के यथार्थ की एक सच्चाई है, भले ही आज के जमाने में मुख्य सच्चाई यह नहीं है।

'आत्मसाक्षी' या 'स्टील लाइफ' जैसी कहानियाँ भी इस धारणा को तोड़ती हैं कि रेणु की कहानियाँ रोमानी भावुकता से भरी हैं। 'आत्मसाक्षी' तो एक राजनीतिक कहानी है और 'सोशलिस्ट' होते हुए रेणु ने जिस राजनीतिक संयम और कलात्मक सन्तुलन का परिचय इस कहानी में दिया है, उससे कहानी बहुत महत्त्वपूर्ण हो गयी है। कम्युनिस्ट पार्टी के टूटने के सन्दर्भ को लेकर लिखी गयी यह ऐसी कहानी है, जिसकी अपेक्षा कम्युनिस्ट या मार्क्सवादी लेखकों से की जा सकती थी, लेकिन उन्होंने नहीं रेणु ने लिखा इस प्रसंग पर और बड़ी सहानुभूति और मार्मिकता से उन्होंने दिखाया है कि कैसे नीचे के कार्यकर्त्ता पार्टी में टूट से परेशान हैं और ऊपर के नेता बँटवारे में लगे हैं। कार्यकर्त्ता अपनी एकता बनाये रखने पर जोर देते हैं। 'आत्मसाक्षी' का यथार्थ बताता है कि कम्युनिस्ट आन्दोलन की टूट ने कैसा राजनीतिक दर्द पैदा किया! 'स्टील लाइफ' में अस्पताल के वातावरण में व्याप्त यान्त्रिक चेतना और ममत्वहीन दायित्व का मार्मिक चित्रण किया गया है। एक रोगी मर गया है, स्ट्रेचर पर उसकी लाश जा रही है, और वहाँ के कर्मी कहते हैं अमुक पेपर का प्रश्न-पत्र जा रहा है, यानी उस पेपर का, जिसमें लाश की चीरफाड़ की जाती है।

जाहिर है कि अनुभवों की विविधता रेणु की कहानियों में है और यह विविधता हमारे समाज में व्याप्त विभिन्न गौण अन्तर्विरोधों से साक्षात्कार कराती है। ये गौण तो वर्ग की तुलना में हैं, लेकिन समाज और उसके सदस्यों में बसी अमानुषिकता को खोल कर रख देती हैं। रेणु की इन कहानियों ने सामाजिक यथार्थ के अछूते पक्षों को बहुत प्रभावकारी ढंग से चित्रित किया है। इन कहानियों ने हिन्दी कहानी को समृद्ध किया है और कहानीकार के रूप में रेणु को इतिहास में प्रतिष्ठित किया है। रेणु के भाषा-शिल्प पर अलग से विचार करने की जरूरत है, इसलिए मैं यहाँ प्रसंगवश चर्चा नहीं कर रहा हूँ। इतना तो स्वीकार किया जा चुका है कि रेणु ने इन

कहानियों के जरिये नयी कहानी और उसके तुरन्त बाद के दौर में कहानी-रचना के वातावरण को बदलने की भूमिका अदा की। यों रेणु को अज्ञेयवादियों ने सिर-आँखों पर उठा कर सामाजिक यथार्थ से अलग का कथाकार साबित करने की कोशिश की। इसका मुख्य कारण यह था कि रेणु की कहानियों में वर्ग संघर्ष नहीं है लेकिन ऐसे में देखने की बात यह है कि रेणु सामाजिक जीवन पर आधारित मनुष्यता और मानव-मूल्य को नहीं छोड़ते। वर्ग-संघर्ष को छोड़ कर भी, मनोवैज्ञानिकता को तरजीह देकर भी कहानी को वैयक्तिकता के दायरे में बन्द नहीं किया।

कहानीकार मार्कण्डेय

मार्कण्डेय से मेरा निजी परिचय उसी समय हो गया था, जब उन्होंने कहानी के क्षेत्र में एक रचनाकार के रूप में प्रवेश किया था। मैं तब पटना विश्वविद्यालय में एम.ए. का छात्र था। उस समय तक मेरा घनिष्ठ सम्पर्क नागार्जुन से हो चुका था और उन्हीं के जरिये मधुकर गंगाधर से परिचय और मित्रता हुई। नागार्जुन उन दिनों मछुआटोली में रहते थे और कुछ दिनों तक मधुकर जी नागार्जुन के साथ ही रहे थे। उसी समय मार्कण्डेय का पहला कहानी-संग्रह 'पान-फूल' छपा था। सन् 1957 के उत्तरार्द्ध की बातें हैं ये सब। 1957 के दिसम्बर माह में ही इलाहाबाद में विराट् साहित्यकार सम्मेलन हुआ था। पटना ही नहीं बिहार भर से नये लेखकों को खास तौर से समेट कर नागार्जुन उक्त सम्मेलन में ले गये थे। उनमें एक मैं भी था। इलाहाबाद में मार्कण्डेय से फिर कई दिनों तक मिलना-जुलना और बातें करना होता रहा। वे उक्त सम्मेलन के सह-संयोजक नामवर जी के साथ थे। तब से मेरे लिए इलाहाबाद में जो आकर्षण थे, उनमें एक मार्कण्डेय भी थे। वे बड़ी सहजता से मुस्कुराते हुए मिलते और गपशप भी अत्यन्त आत्मीयता से करते थे।

मार्कण्डेय ने 'कथा' नाम की अनियतकालीन पत्रिका निकाली, तो मुझसे उन्होंने कई आलोचनात्मक लेख लिखवाये। अभी कुछ महीने पहले उन्होंने 'मार्कण्डेय की कहानियाँ' नाम से प्रकाशित पुस्तक मुझे भेजी। यह एक तरह से कहानी संग्रह इस पुस्तक में समाहित हैं। पुस्तक मिलने के बाद से ही मैं उनकी कहानियों पर एक लेख लिखने को सोचता रहा। लेकिन किसी पत्रिका की ओर से कोई आग्रह नहीं था, इसलिए लिखने में तत्परता नहीं कर सका। कुछ दिनों के बाद मैंने उन्हें फोन किया, तो मालूम हुआ कि वे आजमगढ़ में थे अपनी बेटी के साथ। फिर कुछ ही दिनों के बाद शेखर जोशी ने बताया कि वे अस्वस्थ हैं और दिल्ली ले जाये जा रहे हैं। और फिर कुछ दिनों के बाद इलाहाबाद से सूर्यनारायण ने फोन पर बताया कि मार्कण्डेय जी ने दिल्ली में ही अन्तिम साँस ले ली। मेरे लिए निजी तौर पर यह मार्मिक समाचार था। अब उनको स्मरण करते हुए यह लेख उनकी कहानियों पर लिख रहा हूँ।

मार्कण्डेय स्वतन्त्र भारत के कहानीकारों की पहली पीढ़ी के उन कहानीकारों

की अगली पंक्ति में हैं, जिन्होंने हिन्दी कहानी के विकास को नया मोड़ दिया। यह नया मोड़ अन्तर्वस्तु की दृष्टि से, शिल्प की दृष्टि से और भाषा-शैली की दृष्टि से आया, यानी हिन्दी कहानी में हर तरह से नयापन आया। इन कहानीकारों में स्वयं मार्कण्डेय के अलावा मोहन राकेश, अमरकान्त, निर्मल वर्मा, राजेन्द्र यादव, शेखर जोशी, भीष्म साहनी, शिवप्रसाद सिंह, उषा प्रियंवदा, मन्नू भण्डारी आदि मुख्य हैं; इन सबके बीच मार्कण्डेय भी अपनी कहानियों में ग्रामीण यथार्थ का चित्रण करते हैं। बल्कि यह है कि वे अपने अनुभव-कोष से यथार्थ के सबसे महत्त्वपूर्ण पक्ष को सामने लाते हैं, जिससे उनकी कहानियाँ स्वातन्त्र्योत्तर काल के जीवन और समाज के स्वरूप का प्रतिनिधित्व करने की क्षमता अर्जित करती हैं। यही कारण है कि वे केवल ग्रामीण यथार्थ की कहानियाँ नहीं लिखते, बल्कि ग्रामीण यथार्थ के दायरे को लाँघ कर भी कथानक का निर्माण करते हैं। दोनों को मिला कर मुख्य बात यह है कि वे मनुष्य की ताकत, मनुष्यत्व की प्रतिष्ठा और मनुष्य की अक्षय जिजीविषा को चित्रित करते हैं। इसके लिए वे उन युक्तियों को भी पकड़ते हैं, जो मनुष्य की ताकत या मनुष्यत्व को कुचलने के लिए कटिबद्ध हैं। इसी प्रक्रिया में मार्कण्डेय की कहानियाँ समाज में चल रहे वर्ग-संघर्ष की, समाज की द्वन्द्वात्मकता को बड़ी संजीदगी से, विश्वसनीयता के साथ व्यक्त करती हैं। यह ध्यान देने की बात है कि भारत में स्वातन्त्र्योत्तर काल के यथार्थ की विशेषताएँ इस प्रकार देखी जा सकती हैं—एक तो देश आजाद हो गया है, दूसरी बात यह कि जमींदारी प्रथा और रियासती प्रथा का उन्मूलन हो गया है, तीसरी बात यह है कि उपर्युक्त उन्मूलन के बावजूद सामन्ती स्वार्थ पूरी तरह समाप्त नहीं हुआ है। इसका मतलब है कि किसानों को, खास कर के छोटे और गरीब किसानों को तथा तमाम तरह के मेहनतकशों को अपने जीवन में आजादी का स्वाद नहीं मिला है। भारतीय समाज की राजनीति तो बदल गयी अब अंग्रेजों के बदले अपने देशवासी शासक हो गये हैं, लेकिन समाज की व्यवस्था, मानवीय सम्बन्ध और प्रशासकीय ढाँचा नहीं बदला। इन सब पर मार्कण्डेय की तीखी नजर है और वे इस दौर के जीवन और समाज में आये नयेपन को समझ उसकी यथास्थिति को भी पहचानते हैं। मार्कण्डेय के सामने जो जीवन और समाज है, वह प्रेमचन्द के समय से बहुत भिन्न है। जैनेन्द्र और अज्ञेय जिस जीवन के यथार्थ को व्यक्त करते हैं, उस पर मार्कण्डेय नजर नहीं डालते, इसलिए कि वह तत्कालीन सामाजिक यथार्थ का सबसे बड़ा पहलू नहीं है। मानवीय संवेदना पर जो सबसे बड़ा खतरा है उसे मार्कण्डेय पहचानते हैं। यशपाल की जो रचनात्मक चेतना है, उससे मार्कण्डेय की रचनात्मक चेतना का स्वरूप मिलता तो है, लेकिन उस चेतना की आधार-भूमि मार्कण्डेय के यहाँ एकदम भिन्न है। इनकी कहानियों में उठाये गये प्रश्न भिन्न हैं, समस्याएँ भिन्न हैं। इन्हीं भिन्नताओं के कारण मार्कण्डेय की कहानियाँ नयी हैं। उन दिनों नयी कहानी नाम से जो आन्दोलन खड़ा करने की

कोशिश की गयी, उसके दायरे में मार्कण्डेय नहीं आते, लेकिन इनकी कहानियों में ऐतिहासिक दृष्टि से, सामाजिक दृष्टि से, चारित्रिक दृष्टि से नयापन है। मार्कण्डेय का जन्म किसान-परिवार में हुआ, लेकिन किसान जीवन की कथा लिखने का मूल कारण यह नहीं है। असल में प्रतापगढ़ में इण्टर में पढ़ते समय उन्होंने वहाँ चल रहे किसान-आन्दोलन को बहुत नजदीक से देखा। किसान-आन्दोलन का पर्यवेक्षण करते हुए उन्होंने शोषण का स्वरूप देखा, गरीबी की भयंकरता को अपनी आँखों से देखा। मेहनतकश किसानों की दुर्दशा को देखा। उन्हीं दिनों उनकी चेतना में सामाजिक बदलाव के विचार अंकुरित हुए। इस तरह उनमें किसान संघर्ष के माध्यम से परिवर्त्तन की विचारधारा घर कर जाती है। ध्यान देने की बात यह है कि विचारधारा के माध्यम से वे संघर्ष की ओर नहीं जाते, बल्कि संघर्ष के दो पक्षों में न्याय के पक्ष से आकृष्ट होकर वे विचारधारा की ओर जाते हैं। यहीं पर एक बात और मैं स्पष्ट कर देना चाहता हूँ कि मार्कण्डेय ग्रामीण यथार्ध और किसान-जीवन की कथा गाँव के चित्रण के लिए नहीं, बल्कि मानवीय संवेदना की खोज करते हुए इसी प्रक्रिया में जीवन और समाज में बसे उन पात्रों को पकड़ते हैं, जो अपनी चारित्रिक विशेषताओं से मानवीय संवेदना को मूर्त्त एवं चरितार्थ करते हैं। भारतीय जीवन में आज भी गाँव में बसने वाले और खेती पर निर्भर करने वाले मेहनतकशों का जीवन ही सबसे बड़े सामाजिक यथार्थ का प्रतिनिधित्व करते हैं। यही कारण है कि ग्रामीण जीवन में पात्र आज भी लेखकों को ही नहीं पात्रों को भी बहुत भाते हैं। यह जरूर है कि स्वतन्त्रता मिलने के तुरन्त बाद के दौर में ग्रामीण जीवन में भी नयापन आया और आज की परिस्थिति में भी ग्रामीण जीवन वैसा ही नहीं है, जैसा आजादी मिलने के समय या उसके तुरन्त बाद के दौर में था। परिवर्तन की इस प्रक्रिया में आये नयेपन को, समाज और जीवन के लक्षणों को पहचान कर उन्हें कथा का आधार बनाने से कहानी में भी नयापन आता है।

स्वयं मार्कण्डेय इस समस्या पर विचार करते हैं। उन पर ध्यान ध्यान देना प्रासंगिक होगा। वे कहते हैं—"सामाजिक सन्दर्भों का वास्तविक चित्रण नये कथाकारों की कहानियों का प्रमुख तत्त्व बन गया। जीवन के सुख-दुख को इन्होंने उन सन्दर्भों से उठा कर अपनी कहानियों का विषय बना लिया। जाहिर है कि कहानी की रचना-प्रक्रिया क्षेत्र में यह बड़ा परिवर्त्तन था और उसने नयी कहानी को सीधे प्रेमचन्द से जोड़ दिया।" (पान-फूल की भूमिका) प्रेमचन्द से जुड़ने और नयेपन में कोई अन्तर्विरोध नहीं है। प्रेमचन्द से जुड़ने का मतलब प्रेमचन्द को दुहराना या उनका अनुकरण करना बिल्कुल नहीं है। स्वातन्त्र्योत्तर दौर में नये कहानीकारों ने जिस सन्दर्भ से, जिस यथार्थ से कथानक और चरित्र उठाये, वे स्वतन्त्र भारत के सामाजिक विकास की प्रक्रिया में अस्तित्व में आये। इस दौर के चरित्रों की चेतना नयी है, जिसका सम्बन्ध राष्ट्रीय स्वतन्त्रता की उपलब्धि, उससे उत्पन्न सपनों तथा

स्वातन्त्र्योत्तर पूँजीवादी विकास के फलस्वरूप सपनों का टूटना और बिखरना भी है। इससे अलग मानवीय सरोकारों और मूल्यों के सन्दर्भ और चरित्रों की खोज भी इस दौर की विशेषता है। अतः प्रेमचन्द से जुड़ने का मतलब है प्रेमचन्द के बिना नहीं और प्रेमचन्द तक सीमित रहना भी नहीं। दूसरे शब्दों में कहें कि प्रेमचन्द की विरासत के साथ प्रेमचन्द से आगे भी जाना। अतः मार्कण्डेय जब सामाजिक सन्दर्भ के वास्तविक चित्रण पर जोर देते हैं तो, उनका मतलब यह होता है कि घटनाएँ तथा पात्र समाज से अलग-थलग नहीं होते, उनके होने की पृष्ठभूमि होती है, इस पृष्ठभूमि का चित्रण करने से घटनाओं एवं पात्रों का स्वरूप और कहानी का कथ्य स्पष्ट होता है। मार्कण्डेय इस नये दौर की कहानियों के बारे में, उनके उद्देश्य के बारे में एक ध्यान देने योग्य बात कहते हैं कि नये कहानीकार जन-जीवन के नये यथार्थ का चित्रण करके नये राष्ट्र के निर्माताओं के सामने देश की वास्तविक तस्वीर पेश कर रहे थे। इस दृष्टि से समाज के दबे-कुचले पात्रों को चित्रित करने से ही कहानीकारों का उद्देश्य पूरा हो सकता था।

मार्कण्डेय ने ग्रामीण कथा-लेखन का श्रेय रेणु के 'मैला आँचल' और अपनी कहानियों को दिया है। लेकिन मेरे विचार से हिन्दी-कथा के विकास की एक महत्त्वपूर्ण कड़ी उनसे छूट जाती है। सन् 1952 में नागार्जुन का उपन्यास 'बलचनमा' प्रकाशित हुआ। यह उपन्यास काफी चर्चित हुआ। अक्सर यह माना गया कि प्रेमचन्द की परम्परा को इसने आगे बढ़ाया। नन्ददुलारे वाजपेयी, जो उन दिनों 'आलोचना' के सम्पादक थे, उन्होंने अपने सम्पादकीय में लिखा कि 'बलचनमा' ने हिन्दी उपन्यास को नया मोड़ दिया। इसका मतलब सिर्फ यह नहीं है कि कथा को गाँव की ओर चलने को प्रेरित किया, बल्कि असल अर्थ यह है कि समाज में सबसे बड़े पहलू का चित्रण इस तरह करना कि उससे जीवन के भविष्य का संकेत मिले। अन्तर्विरोधग्रस्त जीवन और समाज में संघर्ष भी चलता रहता है, उस संघर्ष को कथा में नये सन्दर्भ और नयी शक्तियों की भूमिका के साथ लाना ही प्रेमचन्द की परम्परा और विरासत है। मार्कण्डेय ने नयी कहानी को अपने ढंग से परिभाषित करने की कोशिश की है। वे कहते हैं—"नयी कहानी से मेरा मतलब है, उन कहानियों से जो कई अर्थों में कलात्मक निर्माण हैं, जो जीवन के लिए उपयोगी अथवा महत्त्वपूर्ण होने के साथ ही उसके किसी-न-किसी पहलू पर आधारित हैं या जीवन के नये सत्य को एकदम नयी दृष्टि से देखने में समर्थ है।" (पान-फूल की भूमिका) इस कथन में मार्कण्डेय एक साथ कई बातें कह जाते हैं—1. कहानी का जीवन के लिए उपयोगी होना, इसका सम्बन्ध कहानी के कथ्य और उद्देश्य से है, 2. जीवन के नये सत्यों का एकदम नयी दृष्टि से उद्घाटन करने में समर्थ होना, यह सामर्थ्य तो रचनाकार में होती है। इस प्रसंग में यह देखने की बात है कि यथार्थ द्वन्द्वात्मक होता है, इसलिए उसमें बाहरी हस्तक्षेप के बिना भी परिवर्तन होता है, इतिहास की प्रक्रिया में बाहरी

शक्तियों का भी हस्तक्षेप होता है, और इन दोनों के प्रभाव से 3. यथार्थ बदलता है तो जीवन-सत्य भी बदलता है, भविष्य के सपनों को चरितार्थ करने के लिए मनुष्य के संघर्ष से परिस्थिति में परिवर्तन होता है, तो जीवन-सत्य भी बदलता है। इस सत्य को नये सन्दर्भ के साथ चित्रित करने से रचना में नयापन आता है। भविष्य को साकार करने के संघर्ष से ही नयी दृष्टि विकसित होती है।

अब हम कुछ दृष्टान्तों के जरिये उपर्युक्त विचारों या दृष्टियों को देखने-परखने की कोशिश कर सकते हैं। 'पान-फूल' नाम के संग्रह में पहली ही कहानी है 'गुलरा के बाबा'। इस कहानी में गुलरा यानी बगीचा की रखवाली करने वाले बाबा की चारित्रिक विशेषताओं को उद्घाटित किया गया है। चारित्रिक विशेषताओं की दृष्टि से यह एक विलक्षण कहानी है, वास्तव में 'बाबा' का चरित्र ही विलक्षण है, इसलिए कहानी भी विलक्षण बन जाती है। विलक्षण का अर्थ है पहले से चले आ रहे लक्षणों से भिन्न, नये लक्षणों को रूपायित करना। यह हिन्दी कहानी का एक नया चरित्र है। बाबा को हम पाँच रूपों में देखते हैं—1. कहानी के प्रारम्भ में जोरदार और गुरु गम्भीर आवाज में बोलते हुए—'कवन है रे वह सरपत काट रहा?' आवाज की ताकत शारीरिक ताकत का अहसास कराया गया है। 'आवाज सारी गुलरा में गूँज गयी।' लेकिन सरपत काटने वाले चैतू अहीर पर उस आवाज का कोई असर नहीं पड़ा; क्योंकि चैतू भी पहलवान था, वह भी चौबीस-पच्चीस साल का। बनारस के मशहूर पहलवान झग्गा को केवल एक मिनट में पटक चुका है।

बाबा बुढ़ापे के बावजूद चैतू को चेतावनी देते हैं—"मैं तुम्हारी बात समझ रहा हूँ। अपने दो-एक संगी साथियों और बूढ़े-पुरानों को भी लेते आना, यहीं, यदि तुम मेरा अट्ठा टेढ़ा कर दोगे तो मैं कभी जबान नहीं खोलूँगा और यदि नहीं तो, तुम कल से यहाँ दिखाई नहीं पड़ना।"

2. दूसरा प्रसंग शक्ति-परीक्षा का है। बाबा इतने बूढ़े थे कि चमड़ी हड्डी छोड़ने लगी थी। यह पुरानी हड्डी भी इतनी मजबूत थी कि चैतू उसे टस-से-मस नहीं कर सका। नतीजा बाबा के पक्ष में आया। बाबा में शारीरिक ताकत की तरह ही शालीनता भी है। चैतू की हार के बाद उसका भाई देवी सिंह कहता है—"कहिए तो लगाएँ दो बाँस साले की पीठ पर।" इस पर बाबा उसे डाँटते हैं।

3. तीसरा प्रसंग स्मृति के दरवाजे से आता है। एक आयोजन में एक वेश्या बाबा की नंगी जाँघों से लिपट जाती है, अपने सीने को उनकी पिण्डलियों में रगड़ती है, फिर भी बाबा तने खड़े रहे, और गुस्से को दबा कर कहा—"जा चमेली, तेरी आँखों का दोष मिट जाएगा।" कहते हैं कि उसी साल चमेली अन्धी हो गयी। यह अन्धविश्वास फैलाने वाला लगता है। बाबा ने शाप दिया और वह सच हो गया। यह प्रसंग न भी रहता तो कहानी का कोई नुकसान नहीं होता।

4. चौथा प्रसंग अत्यन्त महत्त्वपूर्ण है। जब वे बाहर से आये हैं, उनके लिए

खाना परोसा जा चुका है, तभी मालूम हुआ कि चैतू गिर पड़ा है और उसकी टाँग टूट गयी है। वे खाना छोड़ कर चैतू के यहाँ चल देते हैं। बाबा गुणी आदमी हैं, मानवीय सदाशयता है उनमें। वे टूटी टाँग खींच हड्डी बैठा देते हैं और अरमा हल्दी, चोट मुसव्वर और खेतसरी मिला कर लेप लगा देते हैं। और कहते हैं–'अब तो यही गाँव का नाम रखे हुए है।' कैसी उदारता है। प्रतिष्ठा जाति से नहीं, गुण से बनती है, ताकत से बनती है। चैतू को होश आ गया, उसका सिर बाबा की जाँघ पर था। वह 'बाबा' कह कर रोने लगा।

5. पाँचवाँ प्रसंग बाबा के बड़प्पन का यह है कि उन्होंने सरपत कटवा कर चैतू का छप्पर बनवा दिया। यह कहानी केवल ग्रामीण सन्दर्भ की नहीं है, बल्कि जाति निरपेक्ष मानवीय मूल्यों की अभिव्यक्ति की भी है। यह वातावरण व्यावसायिकता की अमानुषिकता से मुक्त है। 'गुलरा के बाबा' वास्तव में एक 'शब्द चित्र' की शैली में लिखित रचना है, लेकिन बाबा का व्यक्तित्व बड़ा ही मोहक है, जिन्दगी से, मनुष्य के प्रेम से लबालब भरी है।

ग्रामीण वातावरण की एक बेधक कथा है 'महुए का पेड़'। यह एक ग्रामीण समाज में सामन्ती शोषण और उत्पीड़न की, दूसरों की सम्पत्ति को हड़प लेने की साजिशों की कथा है यह, जिसकी अभिव्यक्ति कथा की बुढ़िया के माध्यम से की गयी है। बुढ़िया दुखना के पास एक झोंपड़ी और उसके सामने महुए का एक पेड़ है। यही दुखना की सम्पत्ति है, जिसमें रहकर जीवन गुजार रही है। सामने का खेत पहले इसी का था, लेकिन उसे ठाकुर ने हड़प लिया। महुए का पेड़ उसकी जिन्दगी है। उसे छोड़ कर कहीं नहीं जाती। हरख की माई उसे गंगा स्नान के लिए चलने को कहती है। पहले वह इनकार करती है। उसे डर है कि उसके जाते ही ठाकुर पेड़ को हड़प लेगा। लेकिन फिर तैयार होती हैं और तैयारी करने तीन दिनों के लिए कहीं चली गयी। इसी बीच ठाकुर ने पेड़ कटवा लिया। पेड़ के गिरने से झोंपड़ी भी ध्वस्त हो गयी। अब वह दुखना की माई से कहती है–चलो गंगा स्नान करने। अब पेड़ का मोह नहीं रहा। झोंपड़ी का भी नहीं। बुढ़िया दुखना तो पेड़ के मोह से मुक्त हो गयी, लेकिन ठाकुर का लुटेरापन और बढ़ गया। समाज की यह प्रक्रिया बुढ़िया की कसौटी पर व्यक्त हो कर अन्याय और अमानुषिकता का स्वरूप दिखाती है। मार्कण्डेय कथ्य को सीधे नहीं, व्यंजना की मदद से व्यक्त करते हैं।

'मन का मोड़' भी ग्रामीण परिवेश की कथा है, लेकिन कहानी में कोई ग्रामीण समस्या नहीं है, समस्या है मानवीय सम्बन्ध की, पारिवारिक ग्रामीण परिवेश में रहने वालों के भी अपने मन होते हैं, मन के उतार-चढ़ाव के अनुसार रिश्तों में भी उतार-चढ़ाव होता है। कहानी में मुख्य तीन पात्र हैं, रामशरण, उसका छोटा भाई, जित्तू और उसकी पत्नी द्रौपदी। जित्तू बहुत छोटा है रामशरण से। रामशरण की पत्नी के गुजर जाने के बाद दूसरी पत्नी है द्रौपदी। द्रौपदी अपने छोटे देवर को पुत्र

की तरह पालती है, प्यार उड़ेल देती है। रामशरण के एक और भाई की पत्नी ने धीरे-धीरे उसके मन में एक मोड़ ला दिया और वह अलग रहने लगता है। इधर द्रौपदी का बुरा हाल है जित्तू के बिना। रामशरण परम्परागत ग्रामीण संस्कार वाला आदमी है। असल में रामशरण ज्यादा यथार्थपरक है। द्रौपदी मानवीय गुणों से भरपूर होने के साथ ही आदर्शों से भी लबालब है। जित्तू विकास की प्रक्रिया में विकसित होता है, जमींदार के बेटे को कुश्ती में पछाड़ देता है, द्रौपदी के प्रति गलतफहमी का शिकार होता है, लेकिन दुर्भावना का नहीं। कहानी का अन्त संकेत देता है कि गलतफहमी से मुक्त हो जाता है। ग्रामीण पृष्ठभूमि के भी रहे पात्रों का एक मनोवैज्ञानिक स्वरूप है, इसे इस कहानी में मार्कण्डेय ने बखूबी दिखाया है। लेकिन यह युद्ध मनोवैज्ञानिक नहीं है, इसमें यथास्थान सामन्ती टेढ़ी और उससे उत्पन्न समस्या, गृहस्थी चलाने की समस्या, पति-पत्नी सम्बन्ध आदि कहानी के मनोविज्ञान से जुड़े हैं। इस दृष्टि से यह नयी कहानी मालूम पड़ती है।

ग्रामीण परिवेश की ही एक कहानी है 'माई'। लेकिन इस कहानी में भी परिवेश उतना महत्त्वपूर्ण नहीं है, जितना परिवार के छोटे-बड़े सदस्यों के आपसी सम्बन्ध और सब के केन्द्र में है माई का स्नेह भरा व्यक्तित्व। चार लड़के हैं—कूनी, रवी, वीरू और रज्जू। रज्जू सबसे बड़ा है अब कॉलेज में सदर में पढ़ता है। कूनी सबसे छोटा है और वीरू बीच में है, नटखट है। वीरू की रुचि पढ़ने-लिखने में नहीं है। बीमार भी रहता है। परिवार के अन्य सदस्य भी उस पर ध्यान नहीं देते। माई की संवेदना सबसे अधिक उसी के प्रति रहती है। ध्यान देने की बात है कि जो पढ़ा-लिखा कमाऊ या कमाऊ होने की सम्भावना वाला पुत्र होता है, उसे सभी प्यार देते हैं। परिवार के बड़े पुरुषगण भी उसी पर ज्यादा ध्यान देते हैं और माई को उसकी देखभाल की हिदायत देते रहते हैं। माई परेशान रहती है। परेशानी के बिना भी उसका ध्यान वीरू पर रहता है।

कहानी के अन्त में माई जो कहती है, उससे कहानी का सार-तत्त्व झलकता है। माई कहती है—"जो पढ़-लिख लेगा, साहब-सूबा हो जाएगा, उसे तो सबलोग पूछेंगे, लेकिन जो रोगी है, बुरा है, उसके लिए तो मैं ही हूँ न! कोई कुछ नहीं देगा। लोग अपनी पढ़ाई-लिखाई ले कर अपने घर बैठे। आज से मुझे किसी से कोई मतलब नहीं। मैं मरूँगी उसे लेकर देश-देश छानूँगी उसकी दवा के लिए।" इस कथन से माई की संवेदनशीलता का गहन और विस्तृत दायरा दिखाई पड़ता है।

'भूदान' नाम की कहानी में मार्कण्डेय ने स्वातन्त्र्योत्तरकालीन ग्रामीण यथार्थ को छोटे-बड़े किसानों के सम्बन्ध के आधार पर चित्रित किया है। भूदान-यज्ञ की समाज नीति और राजनीति की असहिलयत को इस कहानी में बेपर्द किया गया है, लेकिन विचारों की बहस के जरिये नहीं, बल्कि जीवन-प्रसंगों के जरिये। रामजतन और उसकी पत्नी भूदान के प्रचार से आशान्वित और उत्साहित होते हैं, लेकिन अन्ततः

ठगे जाते हैं। गाँव का जमींदार उनकी आशा को दबोच लेते हैं। इस तरह जीवन के अनुभवों के आधार पर भूदान-आन्दोलन के वर्ग-चरित्र का पर्दाफाश किया गया है। मार्कण्डेय अकेले कहानीकार हैं, जिन्होंने भूदान की असलियत का उद्घाटन किया है। यह कहानी पढ़ कर नागार्जुन की प्रसिद्ध कविता 'सन्त विनोबा माँगे दान हर गंगे' याद आती है। मार्कण्डेय ने आगे चल कर भूदान के पाखण्ड को आधार बना कर 'अग्नि बीज' नाम से एक उपन्यास भी लिखा। स्वातन्त्र्योत्तर भारतीय गाँवों में किये जा रहे विकास और उसकी राजनीति का उद्घाटन करते हुए मार्कण्डेय ने 'दौने की पत्तियाँ' नाम की कहानी लिखी। खेती की तरक्की और अधिक अन्न उपजाने के नारे के साथ गाँव में नहर बन रही है। यह विकास इस तरह किया जाता है कि गरीब मेहनतकश पूँजीवादी सामन्ती राजनीति के गठजोड़ के द्वारा उजाड़े जाते हैं। गाँव में सामन्त तिवारी प्रशासन के प्रतिनिधि इंजीनियर और पुलिस अधिकारी एक साथ हो जाते हैं—नहर की मूल योजना में जा रही तिवारी की जमीन बचाने के लिए भोला का एकमात्र खेत लेकर नहर उधर से गुजर जाती है। विरोध करने पर भोला गिरफ्तार कर लिया जाता है। यह यथार्थ प्रेमचन्द कालीन नहीं है, स्वतन्त्र भारत का नया यथार्थ है। रेणु के उपन्यास 'मैला आँचल' में भी यह समस्या उठी है।

'हंसा जाई अकेला' कबीरपन्थी अध्यात्म के गीत की यह पंक्ति जरा भी अध्यात्मवादी नहीं है। स्वातन्त्र्योत्तर राजनीति के द्वन्द्व के बीच 'हंसा' नाम का अनपढ़ जवान अचानक ही राजनीतिक द्वन्द्व के एक पक्ष में उतर कर एक महत्त्वपूर्ण चरित्र बन जाता है। महत्त्वपूर्ण काम से जुड़ कर साधारण आदमी भी असाधारण हो जाता है; हंसा इसका एक ज्वलन्त दृष्टान्त है। ऊपर से खबर आयी है, सुशीला जी आ रही हैं प्रचार के लिए। गाँव के धनी-मानी व्यक्ति बाबा सोचते हैं, कैसे होगी सभा, मौसम भीगा है। कौन आएगा सुनने! सुशीला जी को कहाँ ठहराया जाएगा? यह सब सुन कर हंसा ढोलक लेकर निकल जाता है, प्रचार करने। लड़के उसके पीछे-पीछे चलने लगे। प्रचार का समाँ बँध गया। सुशीला जी कार्यक्रम के अनुसार पहुँचीं। समस्या है कि उनको कहाँ ठहराया जाए। हंसा ने कहा—मेरा घर तो खाली है। चुनाव में एक राजा खड़े हैं उनके खिलाफ। सुशीला जी की पार्टी के नेता दुविधा में हैं, हार के प्रति आशंकित हैं। लेकिन सुशीला जी आयीं, हंसा निकल पड़ा, उसने प्रचार और आवास की समस्या हल कर दी। नयी पीढ़ी में हंसा लोकप्रिय हो गया। एक बड़े राजनीतिक आन्दोलन से जुड़ कर हंसा भी बड़ा और नया हो गया। यह है इतिहास और राजनीति का यथार्थ, यही बात कहानी को भी महत्त्वपूर्ण बनाती है। मैं हंसा केवल पढ़ कर नहीं, बल्कि जीवन के अनुभव से भी कह रहा हूँ। हंसा निकला अकेले, लेकिन ऐसा समाँ बाँधा कि राजा हार गया और सुशीला जी जिसके लिए आयी थीं, वह जीत गया। असल में कहानी के अनुसार हंसा की जीत हुई, क्योंकि दूसरे लोग तो राजा साहब से डरे हुए थे। हंसा के बिना

सुशीला जी भी कुछ नहीं कर सकतीं। जनतन्त्र के युग में ही ऐसा सम्भव था। कहानीकार ने अपने युग की चारित्रिक विशेषता के अनुसार ही समस्या उठाई है। इसलिए कहानी महत्त्वपूर्ण हो गयी है।

आधुनिक युग का कोई रचनाकार केवल ग्रामीण यथार्थ तक अपनी रचनात्मकता को सीमित नहीं रख सकता है। यह बात अलग है कोई अपने को नगर जीवन तक या केवल शहरी मध्यवर्ग तक सीमित रख सकता है। मार्कण्डेय की रचनात्मक चेतना ग्रामीण सीमा को तोड़ती है और कई बार तो वह ऐसा कथ्य उठाती है, जो गाँव और नगर दोनों से अलग हट कर और अधिक व्यापक प्रश्न उठाती है। इससे मार्कण्डेय की रचनात्मक विशिष्टता साफ दिखाई पड़ती है।

'पान-फूल' शीर्षक के पात्र तो गाँव के ही हैं, लेकिन वे अपने चरित्र से गँवई यथार्थ या परिवेश को नहीं व्यक्त करते। वे इस मूल्यवान बात से हमारा साक्षात्कार कराते हैं कि कैसे दो बच्चे और एक कुत्ता आपस में आत्मीय सम्बन्ध बनाते हैं, फिर गुड्डा-गुड़िया का खेल करते हैं। और गुड्डा-गुड़िया की शादी कराना तय करते हैं। एक देगा पान और दूसरा फूल। इस प्रक्रिया में हमलोग भी खिंच कर शामिल होते हैं। लेकिन तालाब से कमल का फूल लाने में तीनों की जल-समाधि हो जाती है। जल की सतह पर पान और फूल तैरते दिखायी पड़ते हैं। कहानी बेहद संवेदनशील है, पाठकों की चेतना को व्यग्र और उद्विग्न कर जाती है। लेखक जैसे कह जाता है कि बच्चों और पशुओं की मनुष्यता पूरे गाँव को विगलित कर जाती है। अत्यन्त मर्मवेधी कहानी है यह। पहले फूल लाने वाला लड़का डूबने लगता है, तो उसे बचाने के लिए पान वाला लड़का कूद पड़ता है और तब वह भी डूबने लगता है तो उनका मित्र कुत्ता कूद पड़ता है। तीनों की मित्रता जलमग्न हो जाती है अपनी-अपनी निश्छलता और संवेदनशीलता के कारण। पान-फूल अपने ढंग की कहानी है।

'प्रलय और मनुष्य' तो पृष्ठभूमि और परिवेश के कारण साथ ही कथ्य के कारण भी सबसे अलग कहानी है। प्रकृति और मनुष्य के संघर्ष को लेखक ने नये ढंग से प्रस्तुत किया है। यह कहानी दिखाती है कि मार्कण्डेय की सृजनशीलता बहुआयामी है। असल में लेखक का ध्यान मनुष्य पर, संघर्षशील मनुष्य पर रहता है, तो उसके साथ चलते हुए लेखक नये-नये अनुभव प्राप्त करता है, नये-नये प्रश्नों से भिड़ता है। प्रकृति और मनुष्य का सम्बन्ध और द्वन्द्व भी अत्यन्त प्राचीन है। मार्कण्डेय ने इस ऐतिहासिक यथार्थ को कहानी में तूफान और मनुष्य के संघर्ष की कथा में ढालने का प्रयत्न किया है। लेकिन यह तो प्रसंग या सन्दर्भ है, कथ्य यह है कि मनुष्य अपराजेय है, उसे छोटा समझने वाला हमेशा मुँह की खाता है। असल बात यह है कि आदमी सभ्यता के प्रवाह का स्रोत है। प्रकृति की स्थिति को मनुष्य के अधीन रहना ही है। इस तरह ग्रामीण यथार्थ की कुशल कथाकार सभ्यता के विकास-क्रम में भी मनुष्य की भूमिका को देखता-परखता और चित्रित करता है। वास्तव में यह कहानी

एक बड़ा सत्य व्यक्त करती है कि रचना-कर्म का और मनुष्य की क्रियाशीलता का स्वाभाविक सम्बन्ध सभ्यता के विकास से जुड़ जाता है; क्योंकि सभ्यता का विकास उनके कर्म का परिणाम है। मनुष्य की चिन्ता के स्वरूप के आधार पर उसका और उसकी रचना का महत्त्व तय होता है। 'प्रलय और मनुष्य' की चिन्ता ऊँचे स्तर की है, इसलिए यह कहानी ऊँचे स्तर की हो जाती है।

'चाँद का टुकड़ा' का सनोहर है तो गाँव का ही, लेकिन उसका कथ्य यह है कि एक गरीब आदमी, अन्न के लिए तरसने वाला आदमी, भी अपने भीतर ऐसी तरलता रखता है, जो बिना भाषा के, बिना किसी आंगिक क्रिया के आँखों के जरिये चाँद के टुकड़े जैसे स्त्री-चेहरे की ओर आकृष्ट होता है। चाँद के टुकड़े की तरह के चेहरे वाली युवती को देख कर अपनी बहन दुलारी को याद करता है। इस तरह सनोहर की आँखों में फूहड़पन नहीं, बल्कि सहज मानवीय पारिवारिक संवेदना भरी हुई है। सनोहर मजदूरी करता है, ठेकेदार रोजाना नहीं हफ्तावार मजूरी देता है, इससे उसे भूखा रहना पड़ता है, फिर भी उसकी आँखों में आत्मीयता का भाव है। यह मनुष्यता और मनुष्यता विरोधी शक्तियों के द्वन्द्व को चित्रित करते हुए यह भी बताता है कि मनुष्य की सार्थकता केवल पेट भरने में नहीं है।

'शव-साधना' अपने ढंग की कहानी है और यह इस बात का एक और प्रमाण है कि हमारे समाज में तरह-तरह के पाखण्ड होते रहते हैं। इस कहानी से लेखक साधुओं के पाखण्ड का पर्दाफाश करता है। एक बाबा है, उनका चेला घेंचू और दो महिलाएँ—सुखी और रतनजीत। रतनजीत विधवा है और बाबा अपनी दिव्य दृष्टि से देखने का दावा करते हुए कहता है तुम चार जन्म तक विधवा रहोगी। वह गरम चिमटा मारता है घेंचू की पीठ पर, फिर हाथ में आग दे देता है। सुखी भी बाबा का अनुकरण करती है। बाबा स्त्रियों को पुत्र, पति, आदि की कामना पूरी करने का वरदान देता है। वरदान मौखिक नहीं भौतिक है। अन्ततः सुखी भी बाबा की तरह चिमटा मारने लगती है और बाबा के मुंड को अपनी बाँहों में कस लेती है। पूरी कहानी के अलग-अलग प्रसंगों में भयादोहन करने का चित्रण किया गया है। यह कहानी लेखक के अनुभव-कोष की समृद्धि का नया उदाहरण तो पेश करती है, समाज को मानवीय बनाने की समस्या की कठिनाइयों का भी चित्रण करती है।

'बीच के लोग' मार्कण्डेय की एक और महत्त्वपूर्ण कहानी है। असल में यह कथा गाँव में चल रहे वर्ग-संघर्ष का यथार्थ बताती है। जब समाज में वर्ग-संघर्ष चलता है, और उसका उद्देश्य समाज का शक्ति-सन्तुलन बदल देना होता है, तब किसी के लिए दोनों पक्षों के बीच रह पाना या तटस्थ रहना सम्भव नहीं होता। रामबुझावन मेहनतकश किसान है, डेढ़ बीघा जमीन ही जोतता है और मेहनत के फल से परिवार चला रहा है। वह आठ बरस से खेत जोत रहा है और देश के स्वतन्त्र हो जाने पर उसकी चेतना विकसित हुई है, अतः वह जानता है कि तीन साल जोतने

पर सिकमी हो जाता है, किसान का। गाँव के सामन्त की नजर उस जमीन पर है। रामबुझावन और हरदयाल के स्वार्थ टकराते हैं। फऊदी दादा, रग्घू सिंह पहले तटस्थ रहने का स्वाँग रचते हैं। जब रामबुझावन 'सिकमी' की बात उठाता है तो गाँव के धनी लोग कहते हैं कि यह 'अधरम' है। फऊदी दादा भी यही कहते हैं। बुझावन का बेटा मनरा लाल झंडे वाली पार्टी में चला गया है। उसके घर में मीटिंग हुआ करती है। सामन्त हरदयाल पूरे गाँव में उसका प्रचार करता है और रात में चोरी से बुझावन के खेत से आलू उखड़वा लेता है। गाँव में हंगामा तो हुआ, लेकिन बीच के लोग कतई बुझावन के पक्ष में नहीं बोलते। बुझावन का बेटा मनरा फिर खेत पर हल लेकर पहुँच गया। बीच में लोग उसे रोकना चाहते हैं। लेकिन मनरा नहीं रुकता। संघर्ष जमीन पर पहुँच गया, लेकिन हमलावर तो हरदयाल ही है। यह ऐतिहासिक सचाई है कि शोषक ही पहले हमला करता है। मनरा के लिए तो यह जीवन जीने की लड़ाई है जिसका हक उसे क़ानून भी देता है। लेकिन पूँजीवादी जनतन्त्र में मेहनतकशों को कैसा हक? 'बीच के लोग' कहानी का मनरा नागार्जुन के बलचनमा से मिलता-जुलता है, वह स्वतन्त्रता और जनतन्त्र का असली वर्ग चरित्र दिखा देता है। उन्हीं दिनों फणीश्वरनाथ रेणु गाँव की कथाएँ लिख रहे थे, लेकिन ग्रामीण यथार्थ या स्वातन्त्र्योत्तर भारत के राजनीतिक यथार्थ के इस पहलू को वे नजरअन्दाज कर जाते हैं। 'बीच के लोग' समाज की नयी राजनीतिक चेतना के दोनों पक्षों को सन्दर्भों के जरिये खोल कर रख देते हैं। जीवन और समाज का भेद खोल देने में यह कहानी समर्थ है। इस तरह हम देखते हैं कि मार्कण्डेय अपने समय की असलियत, चरित्रों, समस्याओं और संघर्षों की विविधता चित्रित करते हुए कहानी-कला को विकसित पाते हैं।

मार्कण्डेय की कहानी कला

मार्कण्डेय हिन्दी के उन कहानीकारों में हैं, जिन्होंने देश के स्वतन्त्र होने के बाद हिन्दी कहानी को नये यथार्थ पर खड़ा किया और इसे नयी कलात्मक ऊँचाई दी। मार्कण्डेय के लिए कहानी वस्तु पक्ष और कला पक्ष में विभाजित नहीं। उनके लिए कहानी की कला भाषाबद्ध होने के पहले से शुरू हो जाती है। प्रेमचन्द ने कहानियों पर कई लेख लिखे हैं, उनमें एक जगह कहा है कि मनुष्य के सामने कथानक का प्रवाह चलता रहता है, लेखक उस प्रवाह से अपने उपयुक्त घटनाओं, पात्रों आदि का चयन कर लेता है। यहीं से कहानी की कला का आरम्भ हो जाता है। मैं ऐसा इसलिए कह रहा हूँ कि कोई लेखक अपने समस्त दृश्य जगत् को या समग्र प्रत्यक्ष अनुभव को कहानी का विषय नहीं बना सकता, इसीलिए वह चयन करता है। जैसे ही लेखक कुछ घटनाओं और पात्रों को चुन लेता है, अनेक घटनाओं और पात्रों को वह छोड़ देता है, यानी उनका निषेध कर देता है। यह विधि-निषेध लेखक अपने उद्देश्य और विवेक के आधार पर करता है। इस चयन में वस्तु और शिल्प दोनों ही साथ-साथ बनते चलते हैं। यह लेखन की द्वन्द्वात्मक पद्धति है। जिन लोगों ने वस्तु और कला को विभाजित कर के कहानी लिखी है, उनकी कहानी या तो वस्तु पक्ष या फिर कला की दृष्टि से ही कमजोर हुई है। कहानी में एक स्पष्ट और निश्चित कथ्य होता है, उस कथ्य को व्यंजित करने के लिए कथा-सन्दर्भ, कथा-शिल्प और भाषा का स्वरूप रचा जाता है, तभी कहानी सफल और असरदार बनती है। मार्कण्डेय इस दृष्टि से एक सफल कहानीकार हैं। यों बात केवल सफल या असफल होने की नहीं है, मार्कण्डेय उन कुछ कहानीकारों में हैं, जिन्होंने हिन्दी कहानी के इतिहास को नया मोड़ दिया, फिर उसका नया अध्याय भी लिखा।

प्रेमचन्द के बाद हिन्दी कहानी शहर-जीवन में जाकर वैयक्तिकता के गलियारे में इस कदर फँस गयी कि मानवीय संवेदना बेतरह संकीर्ण हो गयी। मानवता और मानववाद का जो विशाल क्षेत्र होता है, उसके अनुभव से हिन्दी कहानी वंचित हो गयी। अवश्य ही मध्यवर्ग और खासकर के उच्च मध्यवर्ग की महत्त्वाकांक्षाएँ मानवीय संवेदना को संकीर्ण बनाती हैं। मार्कण्डेय उन कहानीकारों में हैं, जिन्होंने हिन्दी कहानी को उस संकीर्ण दायरे से मक्त किया और व्यापक मनुष्यता के अनुभवों

से उसे सम्पन्न बनाया। हम अपने अनुभवों से और अपनी साहित्यिक परम्परा को व्यक्त संवेदना के ज्ञान से यह जानते हैं कि मानवीय संवेदना समाज के उन्हीं लोगों में मिलती है, जो अपनी मेहनत से जीवन-निर्वाह करते हैं। प्रेमचन्द और उनके बाद भी हम यह देखते हैं। प्रेमचन्द की परम्परा का अर्थ ग्राम-कथा लिखना कतई नहीं है। प्रेमचन्द की परम्परा मानव-सम्बन्धों के पुनर्गठन के लिए संघर्ष की रही है। वे उस युग में हुए जब साम्राज्यवाद और सामन्तवाद के खिलाफ भारतीय जनता लड़ रही थी, इसी आधार पर खड़ा हो कर प्रेमचन्द अपनी कथा-रचना करते हैं। मार्कण्डेय उस युग में हुए जब देश आजाद तो हो गया, जमींदारी का उन्मूलन भी हो गया, लेकिन समाज का ढाँचा तो नहीं बदला। प्रगतिशील लेखकों ने समाज में उन पात्रों की खोज की, जो स्वतन्त्र भारत के समाज और राजनीति से निराश हो कर भी मनुष्य के आन्तरिक गुणों को कायम रखने का और जीवन का नया रास्ता बनाने का संघर्ष किसी-न-किसी रूप में कर रहे थे। इसलिए उसकी असंगतियों को अपनी रचनाओं में जगह देने की कोशिश करते रहे हैं। वे जानते रहे हैं कि किसी पात्र के जीवन का प्रसंग पहले समाज में आता है, उसके बाद ही साहित्य में। लेखक की कलात्मक खूबी यह होती है कि वह समाज में आये पात्रों और जीवन-प्रसंगों को रचनाओं में यथावत् नहीं प्रस्तुत करता। यथावत् प्रस्तुत कर देने में लेखक की खूबी क्या है, कुछ भी नहीं। अतः वह समाज से प्राप्त अनुभवों का सामान्यीकरण करता है, तब उसे अपनी भाषा में रचना का रूप देता है।

मार्कण्डेय के सामने सर्जनात्मक समस्या इस रूप में उपस्थित थी कि उन्हें तथाकथित मनोवैज्ञानिक कथाकारों के कलावाद के मुकाबले सामाजिक जीवन की यथार्थवाद कहानियों को इस ढंग से ढालना था कि वे कला की दृष्टि से ऊँचाई पर पहुँच जाएँ। यह ध्यान देने की बात है कि मार्कण्डेय अपनो यथार्थवादी कहानियों के कथ्य को सांकेतिक ढंग से व्यक्त करते हैं। बिल्कुल स्पष्ट निष्कर्ष नहीं निकालते, वे पाठकों पर भरोसा करते हैं, इसलिए कथ्य का निचोड़ निकालने का काम उन्हीं पर छोड़ देते हैं। कथ्य मानवीय और कथन-भंगी बोलचाल की भाषा में सांकेतिक और प्रतीकात्मक है। यह खूबी है मार्कण्डेय की अधिकतर कहानियों की। यहाँ एक कहानी 'जूते' को मैं उदाहरण के रूप में प्रस्तुत कर रहा हूँ। कहानी शुरू होती है इस दृश्य से कि एक परिवार में नौकर का काम कर इन्हें मनोहर को शहर से गाँव आयी बहू जी ने अपने बच्चे के जूते खोजने को कहा। मनोहर को जूते नहीं मिलते। बहू जी ने चार बार कहा—उसी कमरे है, ठीक से खोजो। उसने फिर जा कर कमरे के बीचोबीच खड़ा हो कर चारों ओर नजर डाली तो उसे जो चीज मिली, उसे उसने बच्चों के दो लाल खिलौने से अलग कुछ नहीं समझा। मनोहर ने उन खिलौनों को हाथ में उठा कर देखा—बड़े चिकने हैं, इन्हें पैर में कैसे पहना जा सकता है, इस प्रसंग का कथ्य यही है कि मेहनतकश परिवार के लड़के मनोहर ने जूते कभी देखे

नहीं, या उसने जो देखे भी तो चमरौंधे जूते जो आकार में बड़े रूखड़े और बेडौल। 'गाँव में तो मालिक भी' यही जूता पहनते थे। मनोहर के दिमाग में जूता कहने से वही चमरौंधा जूता आता है। यहाँ, जो वे लाल-लाल जूते हैं, उन्हें वह खिलौना ही समझ सकता है, वैसे यह बात भी इस प्रसंग से निकलती है कि बेचारे मनोहर ने तो बच्चों का खिलौना भी नहीं देखा है, यदि देखा होता तो जूते को खिलौना क्यों समझता? मनोहर का ध्यान इस बात पर जाता है कि स्वयं बहू जी के जूते भी तो इसी तरह लाल-लाल हैं, तब वह सोचता है कि उनके बच्चे का जूता यही होगा। गाँव की एक मेहरिया ने मनोहर को बताया था कि बहू जी के जूते के दाम में बराबर तो बड़े-बड़े सरदारों की पगड़ी भी नहीं होगी। इस तरह लेखक जूते के माध्यम से समाज में व्याप्त विषमता को भी जाहिर कर देता है, यह है उसकी कलात्मक कथन-शैली। यह ऐसी कला है, जो कथ्य के साथ एकमेक हो रही है। इस शिल्प में भाव पक्ष (या वस्तु पक्ष) और कला-पक्ष अलग-अलग नहीं हैं। इस शिल्प में समाज के अन्तर्विरोध द्वन्द्वात्मक पद्धति से चित्रित होते हैं।

अपने ढंग की एक कहानी है—'नौ सौ रुपये और एक ऊँट दाना'। मार्कण्डेय की कहानी-कलात्मकता का अनोखा नमूना है यह। कहानी शुरू होती है इस बात से कि गाँव का लड़का, जो शहर में रह कर पढ़ाई कर रहा है, वह गाँव जाने के लिए स्टेशन पर उतरा है। तीन मील दूर है गाँव और रास्ते में न एक भी पेड़ और न पानी पीने की गुंजाइश। यह तो इलाके का पिछड़ापन बता रहा है। लेकिन कहानी का असली कथ्य तो तब व्यक्त होने लगता है, जब यह बच्चन नाम का लड़का घर पहुँचता है। कुली सामान ले कर घर तक गया है, उसे, पैसा देने के लिए दस रुपये का नोट गाँव भर में नहीं चुनता है। स्वतन्त्र भारत के एक गाँव का यह हाल है। आखिर बुचऊ के यहाँ भेजता है एक लड़के को तो वह पैसा भेज देता है और दस का नोट भी वापस। उसके साथ ही निमन्त्रण भी आया रात में यहीं खाएगा बच्चन, खस्सी कटेगा। इधर हाल यह कि बुचऊ के यहाँ से बच्चन के घर का बिगाड़ हो चुका है, आना-जाना, खाना-पीना सब बन्द। बच्चन गया शाम को खाना खा कर लौटा। इधर बच्चन के पिता गुस्से से भरे हुए।

खैर, अब जो बात मुझे खास लगी है, वह यह कि गाँव के इन पात्रों के जरिये स्वतन्त्रता-आन्दोलन के दिनों की याद, बड़े-बड़े नेताओं की प्रशंसात्मक स्मृति और फिर उन नेताओं के बावजूद आजादी की भावना तथा देशभक्ति एवं देश के नवनिर्माण की बातों का हवा हो जाना, कथनी-करनी में भेद हो जाना यह सब मार्कण्डेय ग्रामीण परिवेश और ग्रामीण पात्रों के अनुभवों के जरिये बखूबी व्यक्त करते हैं। गाँव के भी धनी मानी लोगों के लिए राजनीति व्यवसाय और पाखण्ड हो गयी है। आजादी की चेतना गाँव तक जरूर पहुँच गयी थी आजादी की लड़ाई के समय, लेकिन आजादी का फल कहाँ गया? बुचऊ कहता है—"बाल गंगाधर तिलक, गोखले, मदन मोहन

मालवीय, सी.आर. दास, और जाने कितने कँगरेसी नेता...गजब-गजब आदमी हैं भइया! उज्जर बगुला के पंख ऐसा कपड़ा पहनते हैं। पसेरी-पसेरी भर का खोपड़ा है। बड़े-बड़े पुलिस-दरोगा, कुचुर-कुचुर मुँह ताकते रह जाते हैं। मुन्सीपाल्टी वाले हाथ जोड़े खड़े रहते हैं। महात्मा गांधी के मोटर में बड़े-बड़े धनो लोग बोझ-बोझ भर नोट का पुलन्दा, झोंक देते हैं। औरत-मरद अपना गीठों दे देती है। बस एक ही बात—आन्दोलन करो। सत पर चलो। खद्दड़ पहिनो।" बुचऊ यह सब बोलता है, तब जब लड़ाई चल रही थी, जब देश भर में शहर से गाँव तक राष्ट्रीय चेतना हिलकोरें मार रही थी। लेकिन बुचऊ बाद में सुभाष बाबू की पार्टी में चला गया। वह इस बार सुभाष बाबू की तस्वीर ले आया है, ऊपर 'जय हिन्द' लिखा है और नीचे तिरंगा, कैप्टन बने खड़े हैं। उनके ओर से गिरा कुछ फूल भी वह ले आया है। गाँव की चेतना में भी यह राजनीतिक विभाजन है। बुचऊ ने तो सुभाष बाबू की राजनीति के कारण एक तरह से घर छोड़ दिया, खेत बेच दिया, वह जो सोचता है वह करता है। इधर बच्चन के पिता ने इसी कारण बुचऊ से बिगाड़ कर लिया, हुक्का पानी बन्द।

दुलारा आजी बुचऊ की आलोचना करती हुई कहती है—"अरे किनौना-अधरमी हो गया है। चमार-सियार का छुआ-छिरका खाये से अधिक हो सकता है।" और इधर बच्चन के पिता की ओर इशारा करती हुई कहती है—"एक दूनहूँ आदमी है न भइया... कँगरेस के जिलवा भर के मालिक, पूरा बात जो चाहें कर लें। भला कह तो दो, किसी का छुआ पानी पीने को। कहते हैं 'सिधानत मानै से, करै से अन्तर है।' एक खद्दर का कुरता-धोती धरे हैं। मिटिन में जाना होई तो पहिन लेंगे, फिर घर लौट के जैसे के तैसे।"

राजनीति अपनी जगह और जाति-धरम अपनी जगह। कथनी-करनी में कोई मेल नहीं।

बच्चन सोचता है,—'आखिर गाँव से यह अँधेरा कब जाएगा? अब तो हम जैसे स्वराज का सुख भोगने लगे हैं। हमारे भीतर का आदमी कहाँ चला गया?' यही चिन्ता बच्चन को बुचऊ के दरवाजे ले जाती है। बुचऊ कहता है—राजनेत (राजनीति) तो गन्दी महात्मा के साथ चली गयी बच्चन! ...अब तो कुरसी की नीति है।

बच्चन के पिता यानी कांग्रेस के नेता उसकी शादी के लिए दस हजार रुपये ले रहे हैं। इसके जवाब में बच्चन के पिता कहते हैं बुचऊ के बारे में—ससुरे ने नौ सौ रुपये और एक ऊँट दाना लिया है सरधता की शादी के लिए। यानी यह कि उसने बेटी बेच दी।

इस तरह यह कहानी गाँव के परिवेश और गाँव के पात्रों के आपसी सम्बन्धों के आधार पर देश की राजनीति के दुष्परिणाम का चित्रण कर देती है। यह खूबी है मार्कण्डेय की कहानी-कला की। राष्ट्रीय चेतना और वैयक्तिक चेतना का टकराव

हो रहा है, पारम्परिक रूढ़िवाद और आधुनिक प्रगति की जरूरत में और भी तीखा टकराव है। लेखक की खूबी यह है कि गाँव के लोगों की समस्याओं के अन्तर्विरोध को गाँव के लोगों की भाषा में ही चित्रित कर दिया है, वह भी इस तरह कि पाठकों को देश और गाँव की दुर्दशा का कारण महसूस करा देता है। मार्कण्डेय की कहानियों के गाँव प्रातिनिधिक विशेषता से सम्पन्न हैं, उनके माध्यम से देश की स्थिति का पता चलता है और स्वतन्त्रता की स्थिति का भी। लोग अक्सर कहते हैं कि स्वतन्त्रता गाँव तक नहीं पहुँची है, लेकिन मार्कण्डेय की कहानियाँ हमें बताती हैं कि आजादी गाँव के धनी लोगों तक गयी है। गरीब शहर के हो या गाँव के, वे ही आजादी से वंचित हैं। गरीबों को जाति और धरम से बाँध कर उनकी गुलामी को और मजबूत कर दिया गया है।

मार्कण्डेय के कहानी-लेखन की विशेषता यह है कि वे अपने को कभी दुहराते नहीं, इस विशाल और गतिशील समाज में कथा-वस्तु की कमी नहीं है। ध्यान देने की बात यह है कि मार्कण्डेय का अनुभव-क्षेत्र व्यापक है। बात गाँव और शहर की नहीं, बल्कि समाज के विभिन्न तबकों की और उनके आपसी सम्बन्धों के स्वरूप की है। मार्कण्डेय इस सम्बन्ध को कभी सामाजिक ढाँचे में देखते हैं और कभी पारिवारिक दायरे में। इस कारण उसकी रचनात्मकता में हमेशा ताजगी बनी रहती है। आज इतने दिनों के बाद जब हम मार्कण्डेय को पढ़ते हैं और उनकी कहानियों पर विचार करते हैं, तो हमें महसूस होता है कि वे किसी तरह के मोह या स्वप्न में डूबे हुए नहीं थे। वे अपने समय के यथार्थ का चित्रण करते हुए यह बताते हैं कि समाज का यथार्थ सबसे अधिक निचले तबके के लोगों, मेहनतकशों के जरिये ही व्यक्त होता है। वही सबसे बड़ा यथार्थ है, इसीलिए इस यथार्थ का चित्रण करने वाला लेखक सामाजिक चेतना का प्रतिनिधित्व करता है।

मार्कण्डेय की प्रतीक-पद्धति की विशिष्टता का प्रतिनिधित्व करने वाली एक बेहतरीन और मार्मिक कहानी है 'साबुन'। यह कहानी एक किसान-परिवार की है, जिसने लड़के को पढ़ाया-लिखाया, कोई अच्छी नौकरी पाने की उम्मीद लगाये था वह परिवार। माँ ने खासतौर से बेटे को साफ-सुथरा रख कर उच्च जीवन-स्तर की आदत उसमें डाल दी। लेकिन नौकरी नहीं मिल रही है, किसान बाप चाहता है कि बेटा किसानी में लग जाय, लेकिन उसकी जीवन-पद्धति किसानी के लायक नहीं रह गयी। और इधर घर की आर्थिक हालत बिगड़ती जा रही है। इन सबको व्यक्त करने के लिए प्रतीक बनता है साबुन। अब पिता साबुन खरीदने पर भी एतराज करते हैं, इसलिए कि बेटा साफ कपड़ा पहन कर करेगा क्या? बात साबुन भर की नहीं, बल्कि जीवन-पद्धति की है। कहानी में आँधी, बादल, बिजली, वर्षा आदि भी अलग ढंग से प्रतीक की भूमिका में हैं। इनसे संकटग्रस्त परिवार की दशा व्यक्त होती है। इन सबका मुकाबला माँ अकेले करती है, वह भीग जाती है, बैल के धक्के

से गिर पड़ती है। अन्त में बाप आता है, बेटा नहीं। उसने चिट्ठी भेज दी है कि वह कहीं चला जा रहा है, अब वह परेशान नहीं करेगा। इसी हालत में बाप भीगे कुरते की जेब से साबुन की टिकिया निकाल कर पत्नी को देता है, जब उसकी जरूरत नहीं रह गयी है। समस्या की दृष्टि से भावनात्मक रूप में यह कहानी अमरकान्त की कहानी डिप्टी-कलक्टरी की याद दिलाती है, लेकिन भावना तक ही समानता है। अमरकान्त की कहानी कस्बे में रहने वाले परिवार की है, जो ऊँचो महत्त्वाकांक्षा से और देश के यथार्थ से पीड़ित है। मार्कण्डेय की कहानी गाँव के ऐसे किसान परिवार की है, जो बेटे के रोजगार के जरिये शहर के स्तर तक उठने की नाकाम कोशिश करता है। एक साबुन खरीदने की समस्या कहानी की पूरी समस्या का केन्द्र बन जाती है। अन्त में साबुन का लाया जाना करुण दृश्य पैदा करता है।

मार्मिकता और प्रतीकात्मकता मार्कण्डेय की कहानियों में आम तौर से पायी जाती हैं। इस सिलसिले में 'पान-फूल' जैसी कहानी की भी चर्चा की जा सकती है। उपर्युक्त विशेषताओं के अतिरिक्त 'पान-फूल' की खासियत यह भी है कि वह एकदम नये सन्दर्भ में रची कहानी है। इसमें दो बच्चियाँ और एक झबरा कुत्ता। दोनों लड़कियाँ गाँव के दो परिवारों की हैं। दोनों परिवारों की स्थिति अलग-अलग है। एक लड़की नीली और दूसरी रीती। नीली तो इतनी बड़ी है कि उसकी बोली की तुतलाहट अभी नहीं गयी है। रीती उससे कुछ बड़ी है। पारिवारिक विषमता के बावजूद दोनों में अभिन्न दोस्ती हो गयी है। कुत्ते का लगाव उनसे गहरा हो गया, इसलिए कि एक दिन एक बड़े कुत्ते के हमले से नीली ने उसे बचाया। कुत्ते में भी संवेदना होती है। नीली और रीती की दोस्ती भी एक संकट के कारण गहरी हो गयी, वह संकट यह कि कुत्ते ने एक दिन अचानक ही नीली का हाथ अपने मुँह में ले कर दबा दिया, तो बेतरह खून बहने लगा। डाक्टर आये, खून देने की जरूरत बतायी और किसी का नहीं, रीती का खून उससे मिला, उसने खून दिया और नीली चंगी हो गयी। इस तरह तीनों में गहरी दोस्ती हुई। नीली और रीती के गुड्डा-गुड़ियों की शादी तय हुई और दोनों परिवारों में समारोह के साथ शादी कराने का फैसला किया। नीली ने कहा—मैं पान लाऊँगी और तुम रीती, फूल ले आना। तालाब के बीच से फूल लेने के फेर में रीती डूबने लगी, उसे बचाने कुत्ता पानी में उछल कर गया, फिर नीली भी गयी। जब तक घर वाले वहाँ पहुँचे, तब तक ऐसी दुर्घटना हुई कि तालाब शान्त था और उसकी सतह पर एक डंठल में के दो पत्ते और एक फूल तैर रहे थे। पान-फूल आपसी प्रेम और उसके करुण अन्त में प्रतीक बन कर जल की सतह पर तैर रहे थे। बच्चों का यह बचपना था या बुजुर्गी। बच्चों को ले कर मार्कण्डेय ने और भी कई कहानियाँ लिखी हैं। यहाँ सभी कहानियों का जिक्र तो किया नहीं जा सकता, इन कुछ उदाहरणों से ही मार्कण्डेय की उत्कृष्ट कहानी-कला का परिचय मिल जाता है। यह कला जीवन की तरह स्वाभाविक और सहज है।

इसमें कहीं बनावटीपन नहीं है, कहीं सायास रचाव नहीं है। वैसे रचना में प्रयत्न तो होता ही है। बात यह है कि मार्कण्डेय जिस जीवन पर लिख रहे हैं, जिस परिवेश का चित्रण कर रहे हैं, उससे वे अच्छी तरह, आन्तरिकता से परिचित हैं।

मार्कण्डेय की कहानियों के पाठक यह बड़ी आसानी से महसूस करेंगे कि जीवन के इन प्रसंगों से वे परिचित हैं, हाँ उन प्रसंगों से मार्कण्डेय जो गहरा अर्थ निकालते हैं, उससे पाठकों की चेतना जरूर समृद्ध होगी। उनकी प्रायः सभी कहानियों में कोई बड़ा और गहरा अर्थ-संकेत होता है, जो पाठकों को प्रत्यक्ष यथार्थ की तुलना में अधिक समृद्ध करती है। यह ध्यान देने की बात है कि जीवन का यथार्थ साहित्य में आकर अधिक प्रभावशाली और अधिक ताकतवर बन जाता है। इस बात को हम मार्कण्डेय की कहानियों में भी महसूस करते हैं।

'गुलरा के बाबा', 'मन के मोड़', 'प्रलय और मनुष्य', 'भाई', 'भूदान', 'दौने की पत्तियाँ', 'चाँद का टुकड़ा', आदि कहानियों में भी कोई-न-कोई संकेत, प्रतीक या रूपक है। मैं इन कहानियों की चर्चा एक दूसरे लेख में कर चुका हूँ, अतः यहाँ इनकी व्याख्या नहीं कर रहा हूँ। मार्कण्डेय की कहानी-कला कलावादियों की कला से अधिक जीवन्त और प्रभावकारी है। बात यह है कि मार्कण्डेय जैसे कथाकार के लिए भाषा-शैली और शिल्प का चमत्कार दिखाने से ज्यादा यह महत्त्वपूर्ण है कि कैसे वे अपनी बात को अपने कथ्य को पाठकों की चेतना में उतार दें। इस रचना-कर्म में भाषा की अहम भूमिका है। लेकिन भाषा-शैली की भूमिका कथ्य से अलग नहीं है। मध्यकाल के एक कवि ने इस तरह कहा है—

बात कहन की रीति में है अन्तर अधिकाय।
एक वचन से रिस बढ़े, एक वचन ते जाय ॥

हिन्दी कविता के 'रीति-प्रधान' युग में यह बात कही गयी, जिसमें स्पष्टतः बात और रीति को एक साथ रखा गया है। मार्कण्डेय की कहानियों से इस बात के ढेर सारे उदाहरण दिये जा सकते हैं। मैं एक उदाहरण दे रहा हूँ 'साबुन' शीर्षक कहानी से—"पर माँ का धीरज सहसा किसी तेज धार में अटके वृक्ष की तरह एक दिन उखड़ गया।—कब तक वह आग पर राख डाले रहेगी? कब तक, कब तक!—उसका सिर चक्कर खाने लगा। उसे लगा जैसे तूफान को देखकर भी किश्ती के पाल को उसने नहीं खोला। क्यों जुगा-जुगा कर रखा उसने? किसलिए! वह धम से अपने घर के दरवाजे के सहारे बैठ गयी। किवाड़ की जंजीर झनझना उठी।" ये पंक्तियाँ एक साथ कहानी का निचोड़, 'माँ' की मनोदशा और उसके बेटे के जीवन की हकीकत रख देती हैं। इतना ही नहीं माँ परिवार का यथार्थ अपने बेटे से छिपाती रही और बेटे के भविष्य की असलियत अपने पति से छिपाती रही। इतनी सारी बातें पश्चात्ताप की भाषा में व्यक्त हैं। यह एक पैरा काफी है मार्कण्डेय की भाषा व्यंजकता पर लिखने के लिए।

'प्रलय और मनुष्य' प्रकृति और मनुष्य के संघर्ष की कथा है। नदी उमड़ रही है। सभी जीव-जन्तु बह रहे हैं, सभी विपत्ति में हैं। आदमी भी संकटग्रस्त है। एक जंतु 'झिंगते' कहता है—"आदमी शक्ति से अजेय है" फिर भी आदमी प्रलय की स्थिति में महसूस करता है—"हम परिस्थिति तक बिखर जाते हैं। अपने ही गुणों को नहीं पहचान पाते। भटकते हैं, ठोकरें खाते हैं, भले दिनों में स्वार्थ से अन्धे हो जाते हैं, तन्त्र को धोखा देते हैं, जनता का गला काटते हैं।" फिर वही आदमी आगे कहता है—"मैं इंजीनियर था। तन्त्र के काम को किसी तरह रंग कर दिखा देने वाले ठेकेदारों को पूरा रुपया देता था। सीमेंट की जगह माटी भरवा देता था। बड़े-बड़े बाँधों में कलू भरवा कर खड़ा कर दिया था। इस तरह सामान और पूरा दाम ही हड़प नहीं करता था, बल्कि ठेकेदारों के मुनाफे में आधा हिस्सा ले लेना तो जैसे मेरा अधिकार हो गया था। आज धरा की सिर्फ एक ठोकर खा कर, वह मेरा पूरा निर्माण ध्वस्त हो गया।" प्रलय की महाविनाश लीला के बीच सामान्य आदमी ऐसा क्या सोचेगा? वह क्या ऐसा पश्चात्ताप कर पाएगा। यह तो मार्कण्डेय की रचनात्मक दृष्टि की तीक्ष्णता है कि वह महाप्रलय के बीच मनुष्य के ईमान में हुए छेद को, उसके भ्रष्टाचार की लीला को देख लेता है। इसी दृष्टि से प्रेरित होकर वह भाषा रूप लेती है, जो रचना के साथ बनती है, रचना को साथ लिये आगे चलती है और संकट के भीतर झाँक कर उसकी वास्तविकता को उघार देती है। मार्कण्डेय स्वातन्त्र्योत्तर हिन्दी कहानी के इतिहास में हमेशा पूरी सामर्थ्य के साथ खड़े रहेंगे।

कमलेश्वर की कहानी कला

इतिहास में स्थान बना लेना या ऐतिहासिक महत्त्व प्राप्त कर लेना हमेशा एक ही तरह का नहीं होता, साहित्य में भी नहीं। स्वतन्त्रता-प्राप्ति के बाद जो दौर शुरू हुआ, उसमें अनेक श्रेष्ठ कहानीकार हुए, जिन्होंने हिन्दी कहानी को प्रेमचन्द ही नहीं, जैनेन्द्र, अज्ञेय, यशपाल आदि से आगे बढ़ाया। इन कहानीकारों ने नये दौर के विकास-क्रम में स्वतन्त्रता, जनतन्त्र, प्रगति से सम्बन्धित समाज और जीवन के नये लक्षणों को पहचान कर उनके आधार पर कहानियाँ लिखीं। जाहिर है कि परिवर्तित यथार्थ को व्यक्त करने के फलस्वरूप इस दौर में लिखित कहानियाँ पहले से भिन्न हैं। लेकिन एक बात ध्यान देने की यह है कि इस दौर को लाने में इन कहानीकारों की कोई भूमिका नहीं है अथवा यह कहें कि इस दौर के यथार्थ से कहानीकारों की चेतना का टकराव नहीं के बराबर है। प्रेमचन्द की कहानियाँ अपने समय के यथार्थ से टकराती हैं। उनके चरित्र एक-दूसरे से भिड़ते हुए दिखाई पड़ते हैं। असल में वे सामाजिक यथार्थ के द्वंद्व या अन्तर्विरोध को व्यंजित करते हैं। स्वयं प्रेमचन्द एक लेखक के रूप में घटनाओं और पात्रों के सन्दर्भ का चित्रण करके उन्हें प्रातिनिधिक रूप देते हैं। इस कलात्मक चित्रण के लिए वे गाँव-शहर का कोई भेद नहीं करते। लेकिन स्वातन्त्र्योत्तर काल में व्यक्ति और उसकी स्थिति का चित्रण करने पर ज्यादा जोर है। सबसे बड़ा फर्क तो यह आया कि कहानी का मुख्य सामाजिक आधार शहरी मध्यवर्ग हो गया। स्वतन्त्रता प्राप्ति के साथ मध्यवर्ग और इस वर्ग के सदस्य की आकांक्षाओं, सपनों और उनकी दशा-दिशा की ओर लेखकों का ध्यान ज्यादा गया। यों इसके अपवाद भी मिलते ही हैं। प्रेमचन्द अपने लेखन के अन्तिम दौर में प्रायः निम्नवर्गीय और दलित श्रेणी के पात्रों की जिन्दगी का चित्रण करते हुए प्रकारान्तर से यह प्रश्न उठाते दिखते हैं कि स्वतन्त्र भारत के समाज में निम्नवर्गीय एवं दलित लोगों की स्थिति क्या और कैसी होगी? इस दृष्टि से लेखक खुद भी उन पात्रों के प्रतिनिधि बनते दिखाई पड़ते हैं। लेकिन स्वातन्त्र्योत्तर काल की कहानियों, खासकर के नयी कहानी के प्रस्तावकों की कहानियों में स्वतन्त्र भारत के समाज में मध्यवर्ग के सपनों या जीवन की स्थिति की चिन्ता ज्यादा व्यक्त हुई है। कमलेश्वर, मोहन राकेश, राजेन्द्र यादव, अमरकान्त, भीष्म साहनी, शेखर जोशी, मार्कण्डेय, निर्मल वर्मा,

धर्मवीर भारती, उषा प्रियंवदा, मन्नू भण्डारी आदि में मुख्यतः मध्यवर्ग का जीवन-यथार्थ और मनोदशा चित्रित है। यों यह जरूर है कि मध्यवर्ग को ही सबने एक तरह से न देखा है, न चित्रित किया है। मेरे कहने का अर्थ यह नहीं है कि उस दौर में ग्रामीण जीवन से जुड़ी कहानियाँ नहीं लिखी गयीं। फणीश्वरनाथ रेणु ने गाँव के नागरिकों की आकांक्षाओं की स्थिति को बेपर्द करने की कोशिश की है। मार्कण्डेय और शेखर जोशी में भी यह प्रवृत्ति मिलती है। यहाँ इस तरह के अध्ययन-विश्लेषण की ओर हम नहीं बढ़ सकते, लेकिन इतना जिक्र मैंने इसलिए किया कि स्वातन्त्र्योत्तर दौर की कहानियों को इस दृष्टि से ज्यादा अच्छी तरह समझा जा सकता है।

कमलेश्वर के कहानीकार की विशेषता यह है कि मध्यवर्ग से जीवन-स्थिति और पात्रों को उठाते हुए भी मध्यवर्गीय कुंठा के शिकार उनके पात्र या चरित्र नहीं हैं। उसके पात्रों की मनोदशा के पीछे सामाजिक मनोदशा भी दिखायी पड़ती है। एक प्रकार से व्यक्ति और समाज को अथवा वैयक्तिकता और सामाजिकता का सामंजस्य करने की कोशिश दिखायी पड़ती है। इस कोशिश को यदि कहानी-कला के विकास-क्रम में देखें, तो महसूस होता है कि जैनेन्द्र, अज्ञेय आदि का वैयक्तिक मनोविज्ञान का कुछ-न-कुछ प्रभाव स्वातन्त्र्योत्तर दौर के कहानीकारों पर है। प्रेमचन्द पर यह आरोप था कि वे व्यक्ति के मन में नहीं झाँकते। यह आरोप सच नहीं है, फिर भी हमें लगता है कि स्वातन्त्र्योत्तर दौर के कहानीकारों पर इस आरोप का असर है और वे व्यक्ति के मन में झाँकते हैं, लेकिन सामाजिक सन्दर्भ से भी नहीं कटते।

कमलेश्वर जब कहानी के क्षेत्र में कदम रख रहे थे, तभी उनको 'राजा निरबंसिया' कहानी से ख्याति मिली। यह कहानी ज्यादा चर्चित हुई अपने शिल्प के कारण। शिल्प की विशेषता है जीवन के वर्तमान अनुभव के साथ लोक कथा का गुम्फन। असल में जगपती और चन्दा के जीवन की समस्या से मिलती-जुलती लोककथा निर्वंश राजा की माँ सुनाती है। मेरे विचार से कहानी की सबसे बड़ी विशेषता दो कहानियों के गुम्फन का शिल्प नहीं, बल्कि एक साधनहीन या अल्प साधन वाले परिवार में दाम्पत्य प्रेम की उत्कृष्टता, प्रेम को जीवन्त न बना पाने की लाचारी, इस लाचारी की परिणति के रूप में दाम्पत्य के बीच कम्पाउंडर वचन सिंह का प्रवेश और इस प्रवेश की परिणति के रूप में चन्दा का गर्भवती हो कर मायके चले जाना, जगपती का कर्ज में डूबना और अन्ततः 'कुलबोरन' की लोक निन्दा से आहत जगपती की आत्महत्या। लोकनिन्दा या लोकापवाद का मुकाबला करने का साहस न चन्दा में है और न जगपती में। कहानी शिल्प में नयी या आधुनिक नहीं है। कहानी के अन्त में जो करुणा पैदा करने की कोशिश कथाकार ने की है जगपती और चन्दा के अलगाव और जगपती की आत्महत्या के द्वारा और उसके साथ जगपती के नोट के जरिये वही कहानी की जान है अथवा कहानी के समस्त घटना-क्रम को नये ढंग से देखने को प्रेरित करती है। मेरा कहना है कि लोकतन्त्र के युग में लिखी गयी

कहानी में लोकापवाद की प्रमुखता के माध्यम से मानवीय संवेदना और लोकचेतना के बीच टकराव स्थिति को दुखद या त्रासद बना देता है।

कथानक का द्वित्व या दुहरापन कमलेश्वर का प्रिय शिल्प है। कई अन्य कहानियों में भी यह द्वित्व दिखायी पड़ता है। एक कहानी है 'चप्पल'। इसमें कोई लोक कथा नहीं है। जीवन के वर्तमान अनुभवों की विविधता के आधार पर गढ़ी गयी कथा में इस तरह का शिल्प मिलता है और मर्मस्पर्शी त्रासदी भी है। 'चप्पल' एक ऐसी ही कहानी है। एक मामूली बात से इस कहानी का सन्दर्भ बनता है और इस सन्दर्भ से रोजमर्रे की जिन्दगी की एक बड़ी बात निकल आती है कि इस जीवन में कितनी अनिश्चितता है, कितनी असंगति है। इस अनिश्चितता और असंगति के बीच जीवन खतरे में पड़ जाता है, फलतः जीवन और मृत्यु के बीच लड़ाई चलती रहती है।

एक आदमी आल इण्डिया मेडिकल इंस्टीट्यूट गया है एक महिला को देखने जो आई.सी.यू. में भर्ती है। यह खुद गम्भीर संकट का इजहार है। वह आदमी लिफ्ट में जा रहा है, तो उसे एक बच्चा मिला, जो बाप की गोद में है। लौटते समय वह उस बच्चे को बेहोश देखता है, निःसंकोच एक पैर काट दिया गया है। सड़क पर दुर्घटना हुई थी, दूसरी दुर्घटना यह हुई कि उसका पैर काटना पड़ा। उसका बाप चप्पल को सहेज कर रखता है। कहानी का मुख्य पात्र जो दर्शक पात्र है, वह सोचता है बच्चा हाथ में आने पर चप्पल माँग सकता है, या चप्पल के लिए पैर माँग सकता है, कैसी विकट समस्या है। कहानी में कोई बड़ी घटना नहीं है, पुराने अर्थ में कथानक भी नहीं है, बस अस्पताल में एक मरीज को देखने के क्रम में यह कहानी तैयार होती है। एक तरफ आई.सी.यू. में भर्ती महिला का संकट, इसी ओर बच्चे और उसके बाप का संकट, अस्पताल के माध्यम से जीने का पूरा वातावरण संकटग्रस्त और असामान्य है। लेकिन सबका चित्रण सहज भाव से किया जाता है। बड़ी सहजता और मार्मिकता से लेखक पाठकों को यह बोध देता है कि इस जीवन में कब कहाँ संकट आ घेरेगा, इसका कोई ठिकाना नहीं।

सामान्य ढंग से चलती हुई जिन्दगी की सामान्य बातचीत के कुछ टुकड़ों को जोड़कर एक कहानी बना लेना कमलेश्वर की कहानी कला की खूबी है। 'गर्मियों के दिन' ऐसी ही एक महत्त्वपूर्ण कहानी है। कमलेश्वर की कहानी 'गर्मियों के दिन' पढ़कर अमरकान्त की कहानी 'दोपहर का भोजन' याद आती है। ऐसा नहीं कि दोनों एक ही तरह की कहानी है, फिर भी याद आने के पीछे बात यह है कि जीवन के साधनों की कमी के वातावरण में जीने का जो संघर्ष है, वह दोनों में बहुत निकट है। जीविका का संघर्ष दोनों में बहुत निकट है, मर्मस्पर्शी है। एक वैद्य जी या एक साइन पेंटर की जिन्दगी में संकट है और उस संकट का उनके पास कोई हल नहीं, हल हो जाए तो फिर संकट कैसा?

कमलेश्वर की कथा-दृष्टि यद्यपि मध्यवर्ग पर आधारित है या मध्यवर्ग के दायरे

में घूमती रहती है, फिर भी कहानियों की अन्तर्वस्तु की दृष्टि में उनमें रचनात्मक विविधता है। 'खोई हुई दिशाएँ' महानगर में उद्देश्यहीन होकर जीने वाले, मौजमस्ती वाले की जिन्दगी जीते हुए अकेलेपन का अनुभव करता है। कनॉट प्लेस, टी-हाउस, खादी-इम्पोरियम, मद्रास-होटल, बस स्टैण्ड, आदि को मिलाकर बड़ी कथा बनाई गयी है। कहानी का कथ्य या तथ्य, जो कहें, यही है कि महानगरों का जीवन आमतौर से संकटग्रस्त है, संकट कब, कहाँ, किस रूप में मनुष्य को पकड़ लेगा, पता नहीं।

कमलेश्वर के कहानीकार की दृष्टि खुली है और व्यापक है। कहना चाहिए कि उसकी चिन्ता व्यापक है, वह मध्यवर्ग की चिन्ता तक सीमित नहीं है, बल्कि स्वतन्त्रता और मनुष्यता की चिन्ता की तरह व्यापक है। इस प्रसंग में कमलेश्वर की दो कहानियों का ज़िक्र मैं करना चाहता हूँ। एक 'जार्ज पंचम की नाक' और दूसरी 'सोलह छतों का घर'। इस प्रसंग में मैं पहले तो यह कहना चाहता हूँ कि ऊँची या बड़ी चिन्ता को व्यक्त करने वाली रचना ऊँची होती है, हालाँकि केवल चिन्ता नहीं, बल्कि चिन्ता को चित्रित करने वाला सन्दर्भ कैसा है, यह भी महत्त्वपूर्ण होता है किसी कहानी में। 'जार्ज पंचम की नाक' का मूल कथ्य यह है कि साम्राज्यवाद की प्रतिष्ठा और रुतबा वास्तव में मिथ्या होता है जनता के सामने आधुनिक युग में असली प्रतिष्ठा तो जनता की होती है, क्योंकि इतिहास के निर्माण में निर्णायक भूमिका जनता की होती है। इस ऐतिहासिक सच्चाई को मूर्त करने के लिए लेखक ने अपने पति के साथ इंग्लैंड की रानी एलिज़ाबेथ की भारत यात्रा और भारत में पहले से स्थापित जार्ज पंचम की मूर्ति की योजना की है। भारत में देशभक्तिपूर्ण स्वाधीनता संग्राम चल रहा है, तो स्वाभाविक है कि जनता ने यात्रा का विरोध किया और यह भी किया कि एक दिन जार्ज पंचम की नाक काट ली। नाक काटने का प्रसंग अत्यंत अर्थ गर्भित और व्यंजक है। रामचरितमानस में सूपनखा के नाक-कान काटने के प्रसंग का लोग व्यंजक अर्थ नहीं ले पाते, लेकिन जार्ज पंचम की नाक काटे जाने का गम्भीर राजनीतिक और ऐतिहासिक अर्थ है। साम्राज्यवाद से स्वतन्त्रता के लिए जनता के आन्दोलित होने के बाद साम्राज्यवाद की नाक का कट जाना निश्चित है। तो साम्राज्यवादी ताकत के प्रतीक जार्ज पंचम की नाक कट गयी। पूरा प्रशासन तन्त्र यानी साम्राज्यवाद का शासन तन्त्र नाक पूरी करने में लग गया, लेकिन किसी भी तरह से कटी नाक पूरी नहीं हो पायी। अन्त में जनता की जिन्दा नाक काट कर मूर्त्ति की नाक पूरी कर दी गयी। लेकिन इसके परिणामस्वरूप देश भर में एक तरह से शोक मनाया गया, क्योंकि उस दिन कहीं कोई उद्घाटन, अभिनन्दन समारोह नहीं हुआ, किसी हवाई अड्डे या स्टेशन पर स्वागत-समारोह नहीं हुआ। सब अखबार उस दिन खाली थे। पूरी कहानी के वातावरण में साम्राज्यवाद-विरोधी एवं जनतान्त्रिक चेतना गूँज रही है। कमलेश्वर की यह कहानी हिन्दी की श्रेष्ठ कहानियों में से एक है।

'सोलह छतों का घर' शीर्षक कहानी हिन्दी में साम्प्रदायिकता पर लिखी कहानियों में खास महत्त्व रखती है, वह भी विषय के प्रति लेखक के विशिष्ट रूप के कारण। इस कहानी में लेखक मनुष्यता या मानवीय संस्कृति पर खतरा उत्पन्न करने वाली दंगाई शक्तियों का चित्रण पृष्ठभूमि में रख के करता है, और उसका ध्यान केंद्रित है, समाज की सामाजिक संस्कृति के व्यवहार का चित्रण करने पर। कहानी में यह वाक्य ध्यान देने लायक है—दंगों की पहली खबर बदमाशों को मिलती है और आखिरी खबर बच्चों को। बच्चे घरों में फर्क नहीं करते, हर घर को गोलियों से बचाव के लिए अपना सुरक्षित आश्रय स्थल समझते हैं। इस कहानी में जो बूढ़ी मुस्लिम औरत है, उसका चरित्र अद्भुत है, मानवीय गुणों और वात्सल्यपूर्ण आत्मीयता से सराबोर। तीन बच्चे गोलियों से बचाव के लिए उसके घर में घुस गये, उनमें दो तो मुस्लिम लड़कियाँ हैं, लेकिन एक है किशनू, घुमनलाल का बेटा। इन बच्चों की सुरक्षा के लिए बूढ़ी औरत की परेशानी देखने लायक है। कर्फ्यू है सड़क पर, गलियों में। बच्चे निकल कर घर नहीं जा सकते। लेकिन छतों पर कर्फ्यू नहीं है। छतों पर मुहल्ले के लोग आते हैं, बच्चे, औरतें तथा अन्य। विभिन्न समुदायों और सम्प्रदायों के लोग छतों पर हैं। कैसी सम्प्रदाय-निरपेक्षता और धर्मनिरपेक्षता है? उससे भी ज्यादा सामाजिकता है, सामासिकता है और मनुष्यता। छतों पर कोई तनाव नहीं है, बल्कि निश्चिन्तता है। यही कारण है कि कहानी के वातावरण और चिन्ता का फल है कि बूढ़ी मस्जिद में दीया जलाने के लिए तेल भेजती है किशनू के जरिये। मस्जिद यानी धर्मस्थल में रोशनी करने की चिन्ता भी उसी की होती है, जिसको मनुष्यता की चिन्ता होती है। कितनी खूबसूरत बात है। दंगाइयों को धर्म या धर्मस्थल में रोशनी की चिन्ता नहीं होती। इसी क्रम में पुलिस की निर्ममता और विवेकहीनता भी कहानी में व्यक्त होती है। बच्चे घर के भीतर सुरक्षा महसूस करके आनन्द से हल्ला करते हैं और यह हल्ला सुनकर पुलिस वाले आँगन में घुस कर बच्चों को गाली देते हैं। बच्चों का भोलापन उन्हें बर्दाश्त नहीं। साम्प्रदायिक सद्भाव और सामासिक संस्कृति की यह अनोखी कहानी है।

असल में कमलेश्वर की रचनात्मक चिन्ता मानवीय संवेदनशीलता की है। इसकी तलाश वे वेश्याओं के जीवन में भी करते हैं। 'मांस का दरिया' एक उल्लेखनीय कहानी है। वेश्याओं के जीवन की पीड़ा, साथ ही पेशे की पीड़ा का भी चित्रण कहानी में मार्मिकता से हुआ है। ग्राहकों में एक ट्रेडयूनियन नेता को भी लेखक ने शामिल कर लिया है, शायद यही दिखाने के लिए कि वह दूसरे ग्राहकों की तुलना में अधिक विवेकशील और मानवीय है।

तथाकथित 'नयी कविता' में 'नीली झील' प्रतीक बहुत प्रचलित था। कमलेश्वर ने भी 'नीली झील' शीर्षक कहानी में यह प्रतीक ग्रहण किया है। इस कहानी में 'नीली झील' है प्रतीक रूप में, सौन्दर्य का प्रतीक, वह सौन्दर्य कभी आसमान की

गहराई के रूप में आता है, तो कभी नारी की आँखों के आकर्षण के रूप में। मुख्य बात यह है कि इस सौन्दर्य की पहचान करने वाले मजदूर हैं। मेहनत करके जीविका चलाने वाले मजदूर भी सौन्दर्य को पहचानते हैं, उधर आकृष्ट होते हैं। महेसा ऐसे मजदूरों का प्रतिनिधि है। उसका चरित्र ध्यान देने योग्य है। यह लम्बी कहानी आज की लम्बी कहानियों से भिन्न सौन्दर्य और आकर्षण के माध्यम से इसकी कथा विकसित होती है। 'नीली झील' का महत्त्व इसो दृष्टि से है कि सौन्दर्य पर केवल धनाढ्य लोगों का एकाधिकार नहीं है, पसीना बहाने वाला मजदूर सौन्दर्य की पहचान बेहतर ढंग से करता है।

प्रगतिशील आन्दोलन और कम्यूनिस्ट आन्दोलन के साध कमलेश्वर के व्यक्तित्व का प्रारम्भिक विकास हुआ। उनकी रचनात्मक चेतना का निर्माण उसी वातावरण में हुआ। कमलेश्वर के कथा-लेखन पर, चरित्र-विकास की प्रक्रिया पर, कहानी के वातावरण-निर्माण पर उपर्युक्त आन्दोलनों की चेतना का प्रभाव तो है ही। कहीं कोई कुण्ठा या पेचीदगी नहीं है, लेकिन कलात्मकता सहजता के साथ बनती चलती है। जो लोग केवल भाषा और शिल्प के गठन को कला समझते हैं, वे कमलेश्वर की कला को ठीक से नहीं समझ सकते। कला तो कथानक के चयन से लेकर कथ्य के अनुरूप कथा-प्रसंगों के निर्माण और निर्वाह में भी है। कम्लेश्वर की कहानी-कला को इस दृष्टि से देखें।

मर्मभेदी यथार्थवादी कथाकार अमरकान्त

अमरकान्त कहानी-विधा को समर्पित कहानीकार हैं और उनकी कहानियाँ समर्पित हैं स्वातन्त्र्योत्तर भारत की सामाजिक प्रक्रिया में जीवन की स्वतन्त्रता के साधनों से रहित मनुष्य की व्यथा को। देश आजाद हो गया लेकिन देश के सामान्य नागरिकों का जीवन सामाजिक अन्तर्विरोधों की चक्की में दर्दनाक ढंग से पिसता रहा है। इस हकीकत का साक्षात्कार भीष्म साहनी के अतिरिक्त जितनी मार्मिकता से अमरकान्त ने कराया है, उतनी मार्मिकता से शायद और कोई नहीं। इस दृष्टि से अमरकान्त ने मार्कण्डेय, कमलेश्वर, मोहन राकेश, राजेन्द्र यादव, शेखर जोशी, मन्नू भण्डारी आदि समकालीनों से अलग जगह बनायी है। प्रेमचन्द ने राष्ट्रीय स्वाधीनता-संग्राम के दौर में छोटे किसानों और भूमिहीनों तथा अन्य ग्रामीण दलितों की व्यथा का चित्रण करके साहित्य के माध्यम से यह प्रश्न उठाया था कि जिस स्वतन्त्रता के लिए देश लड़ रहा है, वह किसके लिए होगी या यों भी कह सकते हैं कि उन्होंने तीखे ढंग से यह सवाल पेश किया था कि स्वतन्त्र भारत के सामाजिक ढाँचे में किसानों और खेत मजदूरों की क्या जगह होगी? देश को आजादी मिलने के बाद संवेदनशील साहित्यकारों की रचनात्मकता के सामने स्वभावतः यह देखने की चुनौती पेश हो गयी कि हमारे समाज के दलितों और पीड़ितों के जीवन की स्थिति क्या है? इस चुनौती के अनेक रूप थे और अनेक तरह से लेखकों ने उसे स्वीकार किया। इन अनेक रूपों की जो अभिव्यक्ति हिन्दी कहानी में हुई, उन्हें समझने के लिए यह ध्यान में रखना जरूरी है कि स्वातन्त्र्योत्तर काल में प्रायः दो दशक तक हिन्दी कहानी का आधार मुख्यतः मध्यवर्ग रहा है—निम्न और उच्च दोनों। यह मध्य वर्ग बहुआयामी होता है, बहुमुखी होता है और बहुस्तरीय भी। इसलिए उसकी आकांक्षाएँ, उसकी भावनाएँ एवं कल्पनाएँ, विचार एवं सपने विविध प्रकार के होते हैं, साथ ही अस्थिर भी होते हैं। यही कारण है कि इस अवधि की कहानियों में परस्पर विरोधी प्रवृत्तियाँ हैं, परस्पर विरोधी मनोभाव एवं मनोवृत्तियाँ हैं। उदाहरण के लिए धर्मवीर भारती और अमरकान्त दोनों की कहानियों के पात्र और चरित्र मध्यवर्ग के हैं, लेकिन दोनों की कहानियों के स्वरूप में, दोनों की रचनात्मकता की दिशा में बहुत फर्क है, बल्कि वे परस्पर विरोधी हैं। अमरकान्त और मार्कण्डेय की दिशा एक है, लेकिन एक का

मध्यवर्ग शहरी है, तो दूसरे का ग्रामीण। इनकी एकता का आधार यह है कि उनके पात्रों की व्यथा का स्वरूप और स्रोत समान हैं। उनके जीवन में पीड़ा इसलिए है कि उन्हें जीवन के साधन उपलब्ध नहीं हैं। उनका संघर्ष जीने के लिए है क्योंकि जीने के साधन हड़पने की इस आपाधापी में वे कभी स्वयं पिछड़ जाते हैं, कभी प्रभुता सम्पन्न लोगों के द्वारा ढकेल दिये जाते हैं। इसके विपरीत धर्मवीर भारती या निर्मल वर्मा के पात्रों की चिन्ता अपने व्यक्तित्व की विशिष्टता सुरक्षित रखने की है। वे साधन सम्पन्न होते हैं, देश की आजादी का सुख भोगनेवाले होते हैं, इसलिए वे आन्तरिक संघर्ष में ही घुलते रहते हैं। इस सन्दर्भ में अमरकान्त की कहानियों को और अधिक समझा जा सकता है।

अमरकान्त ने अपने लेखन के प्रारम्भिक दौर में ही 'डिप्टी कलक्टरी', 'जिन्दगी और जोंक', 'दोपहर का भोजन', 'मौत का नगर', 'हत्यारे', 'बस्ती' आदि कहानियों के माध्यम से बताया है कि स्वातन्त्र्योत्तर भारतीय समाज में किस तरह लोगों के मन में नयी उम्मीदें जगीं और फिर अवसर के अभाव में चूर भी हो गयीं, कैसे जिन्दगी जीना कठिन हो गया है, लेकिन यह जिजीविषा है कि उनके कारण जोंक की तरह जिन्दगी आदमी से चिपकी हुई है, कैसे परिवार के कई लोग जी-तोड़ मेहनत करके भी पूरे परिवार को भरपेट भोजन भी नहीं मुहैया करा पाते, ऐसी हालत में भी लोग साम्प्रदायिकता के आधार पर एक-दूसरे का कत्ल करते हैं, कैसे पेट भरने के लिए लड़कियाँ शरीर का व्यापार करती हैं और समाज में नये-नये शोहदे पैदा हो रहे हैं जो हत्या और आतंक की संस्कृति का विकास कर रहे हैं और यह भी कि कैसे सन्त जैसे दिखनेवाले चरित्र बस्ती की सार्वजनिक सम्पत्ति को चुरा कर अपने घर में घुसा रहे हैं। इस पूरी सामाजिक प्रक्रिया में नये-नये चरित्र दिखायी पड़ते हैं, जो हमारे समाज के यथार्थ का भयावह और दर्दभरा रूप बड़ी खूबी से हमारे सामने रख देते हैं। अमरकान्त ने अपने सर्जनात्मक दायित्व का निर्वाह अत्यन्त सहज ढंग से किया है। यहाँ सहजता का मतलब यह है कि अमरकान्त की कहानियों में कहीं न आक्रोश है और न आवेग, न उबाल है और न उछाल, लेकिन जीवन की पीड़ा भोगनेवालों के प्रति गहरी आत्मीय संवेदनशीलता है, जो पाठकों की चेतना बरबस बाँध लेती है, फिर कुरेद कर सजग कर देती है, उद्वेलित कर देती है। समाज में व्याप्त व्यथा और असन्तोष उनके पात्रों के व्यवहार में उबलता दिखायी भले नहीं देता हो, लेकिन उनका सन्तरण, अनायास, चुपके से पाठकों में हो जाता है। 'डिप्टी कलक्टरी' के शकलदीप बाबू, 'जिन्दगी और जोंक' के रजुआ और 'दोपहर का भोजन' की सिद्धेश्वरी के व्यवहार में दिखायी पड़नेवाले धैर्य और शान्ति के नीचे जो हाहाकार मचल रहा है, वह अमरकान्त की भाषा, प्रसाद गुण सम्पन्न होने के बावजूद, गहराई से अनुभव करा देती है।

अमरकान्त के कथाकार की मर्मभेदी, यथार्थवादी दृष्टि लगातार जागरूक, सक्रिय

और सृजनशील है, यह उनके नये कहानी-संग्रह 'कुहासा' की कहानियाँ भी बता रही हैं। हमारे समाज का ढाँचा वही है, जो उस समय था, प्रायः पैंतीस वर्ष पहले अमरकान्त ने लिखना शुरू किया था, लेकिन उसकी अवस्था वही नहीं है, जो पैंतीस साल पहले थी। पैंतीस साल पहले देश के नव-निर्माण का काम धूम-धड़ाके से शुरू किया गया था। वह दौर था देश में पूँजीवादी के विकास का। अमरकान्त ने अपनी कहानियों के माध्यम से बताया था कि नव-निर्माण और विकास की उपलब्धियों तक समाज के कमजोर और साधनहीन लोगों के हाथ पहुँच ही नहीं सकते। आज का दौर गम्भीर सामाजिक एवं राष्ट्रीय संकट का है, पूँजीवादी व्यवस्था संकटग्रस्त है, इसलिए सामाजिक यथार्थ पहले की तुलना में एक नयी अवस्था में है। इस अवस्था की कई विशेषताएँ हैं। एक तो यह कि आज मौजूदा सामाजिक ढाँचे के अन्तर्गत भविष्य का मार्ग एकदम अन्धकार से भरा हुआ है, सम्भावनाहीन है। दूसरी बात यह कि इस शोषणमूलक ढाँचे को बचाये रखने के लिए नये-नये पाखण्ड किये जा रहे है, आज लोगों को ठगने के लिए नये-नये जाल बिछाये जा रहे हैं। शोषण और दमन के नये-नये कदम उठाये जा रहे हैं। तीसरी बात यह कि इस माहौल से मुक्ति के लिए बेचैनी अत्यधिक बढ़ गयी है। कुल मिलाकर सामाजिक अन्तर्विरोध आज अभूतपूर्व ढंग से तीव्र हो गया है। 'कुहासा' की कहानियाँ हमारे सामाजिक यथार्थ की इस नयी अवस्था की विशेषताओं को हमारे सामने प्रस्तुत करती हैं। इन कहानियों का आज के सामाजिक माहौल में अत्यधिक महत्त्व है, क्योंकि ये यथार्थ की उन विशेषताओं से हमारा साक्षात्कार कराती हैं जिनको आमतौर से हम देखते नहीं। यथार्थ के दो पक्ष होते हैं—प्रत्यक्ष और वास्तविक। कोई जरूरी नहीं कि प्रत्यक्ष और वास्तविक दोनों एक समान हो, बल्कि शोषणमूलक समाज में तो दोनों में बहुत फर्क होता है। ऐसे समाज में प्रत्यक्षतः जो दिखायी पड़ता है, यह नकली और अवास्तविक होता है। उसकी तह में मानव-सम्बन्धों के स्तर पर, जीने के साधनों और उन साधनों के उत्पादन एवं वितरण के प्रति लगाव के स्तर पर समाज का जो पहलू दिखायी पड़ता है, वही वास्तविक या यथार्थ होता है। अमरकान्त ने समाज की गहराई में घुस कर यथार्थ के इसी पहलू का चित्रण किया है। यही है प्रेमचन्द की परम्परा को विकसित करने का रचनात्मक प्रयत्न। इस प्रयत्न के पीछे समाज के सृजनशील मनुष्य को प्रतिष्ठित करने की व्यग्र चिन्ता है। जब कोई रचनाकार सृजनशील मनुष्य की चिन्ता करता है, उसे चित्रित करता है, तो वास्तव में वह मानव-सम्बन्धों को पुनर्गठित करने की, सम्बन्धों को मानवीय बनाने की, नये मनुष्य के विकास की चिन्ता करता है और इस तरह साहित्य में भी नयापन लाता है, जिसका अटूट सम्बन्ध समाज की ऐतिहासिक विकास-प्रक्रिया से होता है। आलोच्य संग्रह की कई कहानियाँ इन बातों का बोध कराने में समर्थ हैं। इस प्रसंग में मैं सबसे पहले संग्रह की दूसरी कहानी 'कुहासा' का ही जिक्र कर रहा हूँ। लेखक ने इसी के

नाम पर संग्रह का नामकरण करके यह संकेत दे ही दिया है कि यह उनकी दृष्टि में संग्रह की अव्वल कहानी है। वास्तव में आलोच्य संग्रह की यही कहानी 'डिप्टी कलक्टरी', 'जिन्दगी और जोंक', 'दोपहर का भोजन' आदि की कोटि में बेहिचक रखी जा सकती है। यह दूबर नाम के एक ऐसे खेत मजदूर परिवार के लड़के की कहानी है, जो बाप से झगड़ कर शहर भाग गया है और वहाँ जीवन जीने के क्रम में विभिन्न प्रकार के कटु अनुभवों से गुजरता है और अन्त में वह जीवन को बचाने में असमर्थ साबित हुआ, वह लावारिस लाश बन कर सड़क पर पड़ा रहा। गाँव से क्यों भागना पड़ा? इसलिए कि 'बारिश न होने से खेती चौपट हो गयी थी और गाँव में मजदूरी का कोई काम भी नहीं था।—गरीब लोग दाने-दाने को तरस कर घासपात खाने लगे थे, उस छोकरे के बाप झींगुर ने तंग आकर उसे मार-पीट कर घर से निकाल दिया।' (पृ. 25) बाप कहता है—'साफ-साफ समझ ले, मैं तुझे बैठा कर खिला नहीं सकता।' और बेटा भी जवाब में कह देता है—'अब तुम लोग मेरा मरा हुआ मुँह भी नहीं देख सकोगे—' (पृ. 26) कहाँ गया पिता-पुत्र का स्नेहपूर्ण सम्बन्ध? अकाल और भुखमरी के संकट में सारे सम्बन्ध अस्त-व्यस्त हो जाते हैं, न बाप बेटे को बर्दाश्त करता है और न बेटा बाप को। गाँव से शहर की ओर भागना आज हमारे सामाजिक जीवन का रोजमर्रा का क्रम बन गया है। जहाँ पेट नहीं चलता, वहाँ आदमी कैसे रह सकता है? लेकिन जो लोग पूरे शहर को सुखी सम्पन्न तथा पूरे गाँव को शोषित समझते हैं, वे देखें कि दूबर शहर में जाकर किस हालत में रहता है। कभी काम मिलता, कभी नहीं। 'जिस दिन काम नहीं मिल पाता, वह खाने को तरस जाता, तब नल का पानी पी-पीकर वह दिन काट देता।' (पृ. 29) और 'रात में कभी किसी पार्क की बेंच पर और कभी फुटपाथ पर सो रहता।' (वही) उसके लिए भी सुख का छोटा-सा समय आया, जब चुनाव आया। रामचरन राजनीति में दलाली और व्यापार करने वाला नया चरित्र है। वह दूबर जैसे मजदूरों को भाड़े पर ले जाता है विभिन्न राजनीतिक दलों का जुलूस निकलवाने के लिए। उन्हें गरीबी की रेखा से ऊपर उठाने का भरोसा देता है। चुनाव भर तो खाना-पीना मिल जाता है। पेट भरा रहने पर दूबर भी 'भविष्य के सपने देखने लगता है', कपड़ा पहनने और मकान में सोने के सपने देखता है। लेकिन चुनाव के बाद रामचरन का कहीं पता नहीं। जाड़े का मौसम आ गया। भयंकर जाड़े में दूबर की हालत खराब होने लगी तो उसे गाँव याद आने लगा। वर्तमान कष्ट से उबरने की सम्भावना नहीं दिखायी पड़ती है, तो अतीत याद आने लगता है।

पिछले दिनों गरीबों में कम्बल बाँटने का नाटक सरकार ने किया, उसकी असलियत के दर्शन भी इस कहानी में हो जाते हैं। एक दिन दूबर को एक कम्बल मिल गया। 'जीवन में उसने ऐसे कम्बल का स्पर्श भी नहीं किया था।' लेकिन कम्बल उसके पास रह नहीं पाया। पहले तो भिखमंगों ने उससे छीन लेने के लिए

मोर्चा बनाया, क्योंकि कम्बल वास्तव में उन्हीं के लिए था, फिर रामचरन पहुँच गया और उसने भिखमंगों को तो डाँटकर भगा दिया, लेकिन दूबर को डरा-धमका कर, पुचकार कर, लोभ दिखाकर पच्चीस रुपये उसके हाथ में दिये और कम्बल हस्तगत कर लिया। नतीजा यह हुआ कि 'कुहासे की रात भीगती रही। लगता था उस कुहासे का कोई अन्त नहीं है और शहर में ही नहीं सारे देश में फैल गया है। जब सबेरा हुआ और जमादार झाड़ू लगाने आया तो उसे देखकर वह चिल्लाया—अरे, यह तो मर गया—।' हमारे देश में हर साल शीतलहर से सैकड़ों लोग मरते हैं, लेकिन इस प्रत्यक्ष दृश्य के भीतर असलियत यह है कि वे गरीबी के कारण, कम्बल, भोजन और मकान के अभाव में सड़क पर या मुसाफिरखाने में दम तोड़ देते हैं। इस कहानी का दूबर प्रेमचन्द की कहानी 'पूस की रात' के हलकू की याद दिलाता है। दोनों के रचना काल में आधी सदी का फर्क है। जीवन में फर्क यह पड़ा है कि हलकू आग ताप कर ठण्ड का मुकाबला कर लेता है, लेकिन दूबर को वह सुविधा भी हासिल नहीं। यह कहानी बीसवीं सदी के अन्तिम चरण में पनप रही पाखण्डपूर्ण अमानुषिक पूँजीवादी संस्कृति को बेपर्द करती है और वह भी अत्यन्त खूबी के साथ, यथार्थ को तोड़े-मरोड़े बिना। इसकी कलात्मक विशेषता ही है कि लेखक कहीं दिखायी नहीं पड़ता, लेकिन दूबर के वर्ग के प्रति उसकी संवेदना सर्वत्र मौजूद है। पूँजीवाद के राजनीतिक संकट के दौर में राजनीति का जो व्यापारीक्रण हुआ उसका चित्रण भी रामचरन के जरिये कुशलता से किया गया है। उसके व्यक्तित्व में राजनीति, दलाली, ठेकेदारी आदि का सामंजस्य ठिकाने से हुआ है। दलाल की कोई प्रतिबद्ध ता नहीं होती, इसलिए उसकी कोई पार्टी नहीं है। वह विभिन्न पार्टियों के लिए भाड़े के लोग जुटाता है। यह नया धन्धा तब होता है जब चुनाव में भाग लेनेवाली पार्टियों का जनाधार नहीं होता और वे धन की भूमिका को ही निर्णायक मानती हैं। ऐसे में सामाजिक माहौल कितना गन्दा हो जाता है, जीवन और जनतन्त्र किस कदर संकटग्रस्त हो जाते हैं और संकटग्रस्त लोग किसी सम्भावना के अभाव में कैसे आपस में एक-दूसरे को नोचते हैं, यह सब यह कहानी हमें अत्यन्त कलात्मक ढंग से, अत्यन्त विश्वसनीय ढंग से दिखा देती है।

संग्रह की पहली कहानी 'घर' भी बड़ी तीव्रता से महसूस कराती है कि इस व्यवस्था का मनुष्य के व्यवहार और सम्बन्धों पर कैसा असर पड़ता हैं। कहानी के प्रारम्भ में विनय और उसके पिता में जो संघर्ष घर पर प्रभुत्व के लिए दिखायी पड़ता है, वह वास्तव में उनकी पूरी जीवन-पद्धति का संघर्ष है और जीवन-पद्धति का सम्बन्ध परिवार चलाने के साधनों से है, और साधनों के जरिये वे पूरी समाज-व्यवस्था से जुड़े हुए हैं, क्योंकि परिवार चलाने के साधन घर में नहीं बनते, उन्हें हासिल करना पड़ता है। लेकिन समुचित साधन हासिल करने में कमजोर पड़ जाते हैं। छोटा-सा घर जिसका आँगन 'खुले हुए बक्से की आधारभूमि की तरह'

था। एक ही बड़ी खाट पर पाँच जने सोये हैं तीन लड़के और दो लड़कियाँ। एक झिलंगी खाट पर पिता। तीसरी खाट पर एक जवान लड़की और उसकी माँ। परिवार में आवश्यक साधनों की कमी से उत्पन्न असन्तोष बढ़कर क्षोभ और तनाव का रूप ले लेता है। घर पर प्रभुत्व जमाने के लिए शक्तिशाली लोग आपस में झगड़ते हैं। पिता के सामने बेरोजगार विनय कमजोर साबित होता है तो यह कहकर घर से निकल जाता है—'घर, ठीक है कौन आता है इस घर में।' घण्टों निरुद्देश्य घूमते हुए भूख-प्यास से थक कर एक पार्क में बैठ जाता है, तो सोचता है—'घर-हुँह। पिता-हुँह—।' पिता की यह अवज्ञा इसलिए कि एक प्राइवेट कम्पनी का क्लर्क फ्लश खेलने का व्यसनी उसका पिता परिवार का खर्च चलाने में असमर्थ है। वह एक विकृत व्यक्तित्व का आदमी है।

इस कहानी में एक प्रतिनिधि चरित्र है प्रकाशक बलराम सिंह, जिसका चित्रण अत्यन्त स्वाभाविक ढंग से हुआ है। 'उसका एक यह भी उसूल था कि लेखक को खिलाने-पिलाने में चाहे जितना खर्च कर दो, हक के नाम पर उसे पैसा न दो, क्योंकि किसी का हक देकर उसका हक नहीं मारा जा सकता। और दूसरे का हक ही अपनी इमारत होती है।' (पृ. 20)

विनय के चरित्र का उतार-चढ़ाव बड़ा ही मार्मिक है। उसे उस दिन जब प्रकाशक से साढ़े चार सौ रुपये नकद तथा सौ रुपये माह की नौकरी मिल गयी, तो उसे बार-बार घर की याद आने लगा। घर के प्रबन्ध का कुछ भार उठा सकने की क्षमता प्राप्त होते ही 'उसके सामने बूढ़े बाप, जर्जर माँ तथा गरीब भाई-बहनों के चेहरे नाचने लगे। बहन की याद करके तो वह छटपटाने लगा।—वह जल्दी से घर पहुँचना चाहता था।' (पृ. 24)। सुबह के विनय और शाम के विनय में जो फर्क है, उसका कारण शाम तक उसकी भौतिक स्थिति में आया फर्क है। घर कोई भावात्मक सत्ता मात्र नहीं, बल्कि एक ऐसी भौतिक वस्तु है, जिसका सम्बन्ध जीवन-यापन और पारिवारिक व्यवस्था से है। साधनहीनता में घर आग की तरह जलता हुआ है और थोड़ा-सा भी साधन हाथ आ जाने पर वह प्रेमपूर्ण सम्बन्धों का आकर्षण केन्द्र बन जाता है। इस सच्चाई को लेखक ने परिवार और समाज के सदस्यों के आपसी सम्बन्धों तथा आपसी संघर्षों और निजी मानसिक उतार-चढ़ाव के माध्यम से प्रस्तुत करके अत्यन्त विश्वसनीय तथा कलात्मक बना दिया है। चरित्रों का आपसी सम्बन्ध तथा उनके निजी व्यवहार उन पर व्यवस्था के प्रभाव और व्यवस्था के प्रति उनके रुख को व्यक्त करते हैं। उनके व्यवहार में जटिलता और अन्तर्विरोध इस अन्तर्विरोधग्रस्त समाज की देन हैं।

कहानी का घटनाक्रम और चरित्रों के सम्बन्ध तथा व्यवहार समाज के विकृत स्वरूप को बेपर्द कर देते हैं। हमारा ध्यान इन चरित्रों के माध्यम से जीवन और समाज के यथार्थ पर जाता है। इस यथार्थ में एक तरफ बलराम सिंह जैसा शोषक

है, जिसके प्रति सहानुभूति उभरती है। घटनाक्रम में कार्य-कारण सम्बन्ध अत्यन्त स्वाभाविक ढंग से नियोजित है।

स्वातन्त्र्योत्तर भारतीय समाज के प्रभुताशाली लोगों में, खासतौर से, दोमुँहेपन का विकास हुआ है। वास्तव में इस दोमुँहेपन का सम्बन्ध पूँजीवादी व्यवस्था से है। यह दोमुँहापन आजादी के पहले भी था, प्रेमचन्द की नजर इस पर गयी थी। 'गोदान' के राय साहब और खन्ना साहब में दोमुँहापन है। स्वतन्त्रता संग्राम में आम जनता की बढ़ती हुई भूमिका के प्रभाव तथा अपने बुनियादी शोषक चरित्र के मिश्रण से उनमें दोमुँहापन आता है। देश को आजादी मिलने के बाद पूँजीवादी विकास तीव्र गति से शुरू हुआ, संसदीय जनतन्त्र का स्वरूप खड़ा हुआ और जनता को सामाजिक-राजनीतिक जीवन में भूमिका अदा करने का मौका मिला। इस माहौल में शोषक वर्ग के सदस्यों के लिए अपना अमानुषिक शोषक चेहरा छिपाना और जनतान्त्रिक एवं मानवीय दिखने का नाटक करना जरूरी हो गया है। यह शोषक-शासक वर्ग का आधुनिकीकरण है। यह प्रक्रिया पिछले दशकों में बढ़ी है। अमरकान्त ने इस प्रक्रिया को अच्छी तरह देखा है और शोषक-शासक वर्ग के सदस्यों के असली चेहरे को बेनकाब करने का प्रयत्न किया है। 'आमन्त्रण' के ठाकुर जयमंगल सिंह, 'जन्म-कुण्डली' के शिवदास बाबू, 'घर' के बलराम सिंह आदि ऐसे ही चरित्र हैं। यद्यपि ये चरित्र बड़े पूँजीपति या उद्योगपति नहीं हैं ज्यादा से ज्यादा उच्च मध्यवर्ग के हैं, लेकिन अपने नीचे वालों का शोषण करने की कला उन्हें भी अच्छी तरह मालूम है। शिवदास बाबू भैयालाल नाम के एक बेसहारा व्यक्ति को अपने यहाँ शरण देते हैं और अपने घर का सारा काम मुफ्त में करा लेते हैं, खाना तक नहीं देते और उसके रहने के कमरे का किराया भी लेते हैं। लेकिन यह सारा काम इस खूबी से, इतने मीठे शब्दों के साथ कराते हैं कि भैयालाल उपकृत ही होता है। वह शोषण के महीन रूप को समझ नहीं पाता। और 'आमन्त्रण' के ठाकुर जयमंगल सिंह तो ऐसा प्रभाव रखते हैं कि साहित्यिक संस्थाओं के पदाधिकारी भी उनकी चापलूसी करके प्रसन्न होते हैं। कुछ ऐसे चरित्र भी इस दरम्यान उभरे हैं, जो अपने जीवन में उपलब्ध भौतिक साधनों की सीमा तोड़ कर ऊँची महत्त्वाकांक्षाएँ पालते रहते हैं, समाज में ऊपर उठने और महत्त्वपूर्ण बनने के दिवास्वप्न देखते रहते हैं और इस तरह अपने जीवन का संकट और बढ़ाते ही हैं। 'चाँद' और 'अमेरिका यात्रा' शीर्षक कहानियों के नायक ऐसे ही दिवास्वप्नी हैं।

'एक बाढ़ कथा' ऐसी कहानी है, जिसमें पूरा का पूरा उच्च मध्यवर्ग, अपनी समस्त चारित्रिक विशेषताओं के साथ पात्र बनकर आ गया है। इस कहानी की कथा में कोई नायक नहीं है। कथानक का ढाँचा और परिस्थितियाँ ऐसी हैं कि पूरे वर्ग से किसी पात्र को अलग करने की आवश्यकता नहीं पड़ी है। कहानी में बाढ़ के दो प्रसंग हैं। एक वह जब बाढ़ समाज के गरीब तबके के मुहल्लों या बस्तियों

में आती है। ऐसे अवसर पर सम्भ्रान्त लोग 'बन-ठन कर अपनी बीवियों और बच्चों के साथ कारों अथवा स्कूटरों पर बाढ़ की लीला देखने चलते' थे। उस समय बाढ़ उनके मनोरंजन का या लाभ का विषय बनती थी। पानी घटने का समाचार उन्हें अच्छा नहीं लगता। लेकिन एक बार बाढ़ उनके मुहल्ले में, उनके घरों में भी घुस आयी। फिर क्या था? पूरा प्रशासन झनझना उठा। लेकिन ये सम्भ्रान्त लोग अपने को 'बाढ़-पीड़ित' मानने को तैयार नहीं। विशिष्टता का बोध उन्हें संकट में भी नहीं छोड़ता। एक सामान्य अधिकारी उन्हें भी बाढ़-पीड़ितों की तरह चना और माचिस देने पहुँच गया तो हंगामा मच गया। उनमें से एक तैश में बोलता है—'हम बाढ़-पीड़ित हैं? यह शब्द इस्तेमाल करने की आपको हिम्मत कैसे हुई?' दूसरा कहता है—'आपको मालूम होना चाहिए कि यहाँ शहर का क्रीम इकट्ठा है।' इस वर्ग के लोग समझते हैं कि वही देश को चला रहे हैं और उन्हें यह चना? सामान्य जनों से अपने को अलग और ऊपर रखने की उनकी मनोवृत्ति की अच्छी अभिव्यक्ति इस कहानी में हुई है।

इस छोटे-से संग्रह में अनुभवों एवं चरित्रों की विविधता जरूर है, लेकिन सारे अनुभव समान ऊँचाई पर नहीं पहुँच सके। अतः कुछेक कहानियाँ साधारण हैं। 'आमन्त्रण', 'चाँद', 'कबड्डी' आदि अमरकान्त के अपेक्षित कथास्तर के बहुत नीचे रह गयी हैं। 'स्वामी', 'जन्म-कुण्डली', 'तन्दुरूस्ती का रोग', 'एक बाढ़ कथा', 'अमेरिका की यात्रा' आदि भी अमरकान्त की परिपक्व कहानी कला के अनुकूल नहीं है। हालाँकि इन कहानियों में नयापन है, पाठकों की चेतना को झटका देने की क्षमता भी उनमें है। लेकिन 'घर' और 'कुहासा' ये दो कहानियाँ अमरकान्त की ऊँचाई को कायम ही नहीं रखतीं, आगे भी बढ़ाती हैं।

अमरकान्त की भाषा में पात्रों की स्थिति और मनोदशा को रूप देने की जबर्दस्त क्षमता है। ये रूप सिर्फ रूप या चित्र नहीं होते, बल्कि कथ्य और अनुभूति को पाठकों की चेतना में उतार देने में भी सक्षम होते हैं। खूबी यह भी है कि भाषा में कहीं बनावट नहीं है, ऐसा नहीं लगता कि लेखक सायास कुछ गढ़ रहा है। सामान्य जीवन जैसी सहजता और स्वाभाविकता उनकी भाषा और शैली में है। हम कुछ उदाहरण देख सकते हैं। आँगन के दो चित्र हैं—(1) 'खुले हुए बक्से की आधारभूमि की तरह उस मकान का आँगन था' और (2) 'आकाश फटते ही आँगन का व्यक्तित्व उभर आया था।' दोनों वाक्य एक ही आँगन के बारे में है। पहला वाक्य आँगन की संकीर्णता और गहराई को व्यक्त करता है, साथ ही यह भी बताता है कि उसमें हवा और रोशनी का प्रवेश कितनी कठिनाई से होता है। दूसरा वाक्य बताता है कि सुबह होने के समय की रोशनी में आँगन का वास्तविक स्वरूप दिखायी पड़ने लगा। छोटे-से आँगन में इतने लोग, उमस और घुटन से बेचैन। यही उस आँगन का व्यक्तित्व था। वास्तव में ये दो वाक्य न केवल आँगन बल्कि उस आँगन में रहनेवाले परिवार का व्यक्तित्व उभार कर रख देने में समर्थ हैं। इतने कम

शब्दों में इतना अर्थ भर दिया है अमरकान्त ने। प्रकाशक कैसे प्रतिभाशाली लेखकों के पीछे पड़ता है, यह देखिए—'ऐसे लोगों के पीछे तो वह इस तरह पड़ जाता जैसे बर्फ-मलाई वाले के पीछे कोई बच्चा। मलाई चाट कर वह दोना बेरहमी से फेंक देता था।' शोषक के दुहरे चरित्र को कितने स्वाभाविक ढंग से सामने रख दिया गया है। (घर) भयानक जाड़े से सिहरते हुए दूबर को कम्बल मिला तो 'हाथ में लेते ही दूबर को अद्भुत गर्मी महसूस होने लगी।' यह छोटा-सा वाक्य भी अत्यन्त अर्थगर्भित है। कम्बल हाथ में लेते ही अद्भुत गर्मी इसलिए महसूस होने लगी, एक तो उसने वैसा कम्बल कभी देखा नहीं था, दूसरा अनायास ही कम्बल मिल गया तो उसके हाथ में जाड़े का मुकाबला करने का हथियार आ गया। मानसिक रूप से वह सुरक्षित महसूस करने लगा। जब वास्तव में उसने कम्बल ओढ़ लिया तब की हालत देखिए—'इतना सुख मिलने पर वह भावी जीवन के सपने देखने लगा, जाहिर है कि आधारहीन वर्तमान पर कोई भावी जीवन के सपने नहीं देख सकता' (कुहासा)। 'स्वामी' में मनोहर लाल जैसे मनहूस और शंकालु पति और उनकी पत्नी के बीच कैसा सम्बन्ध है, फलस्वरूप परिवार का वातावरण कैसा है और पत्नी नीलिमा का जीवन किस कदर घुटन से भरा है, यह सब कुछ बन्दर के नाच के प्रसंग में कुछेक छोटे-छोटे वाक्यों में इस तरह व्यक्त होता है—'सभी हँसने लगे। केवल मनोहरलाल जी गम्भीर थे। नीलिमा देर तक खिलखिलाती रही, लेकिन जब उसकी दृष्टि सहसा अपने पति के चेहरे पर पड़ी तो उसके चेहरे पर आतंक और भय की छाया काँपने लगी।' वास्तव में नीलिमा का चेहरा भय और आतंक से काँपने लगा। 'जन्म-कुण्डली' में शिवदास बाबू के निजी स्वार्थ और उपयोगितावाद के मिश्रण से उनका जो सिद्धान्त बनता है, वह इस सटीक ढंग से व्यक्त होता है—'और गाय जब तक दूध देती है, तभी तक वह प्यारी रहती है।' आदमी और आदमी के सम्बन्धों की व्याख्या के प्रसंग में 'गाय' की उपमा अत्यन्त सार्थक और व्यंजक है। गाय को लोग पूजते हैं, लेकिन ऐसी पूज्य वस्तु भी तभी तक प्यारी है, जब तक उससे आदमी को कुछ मिलता रहता है, फिर भैयालाल जैसे मजदूर के प्रति शिवदास बाबू का दृष्टिकोण कितनी कठोरता से लागू हो सकता है, यह समझना आसान है। कई कहानियों में अमरकान्त ने दिखाया है कि भूख का मनुष्य की चेतना पर क्या असर पड़ता है और उस हालत में दुनिया उसे कैसी लगती है। अमरकान्त के भूखे पात्र प्रायः निम्न मध्यवर्ग के हैं, जो मानसिक रूप से भूख की पीड़ा झेलने के लिए तैयार नहीं रहते, इसलिए उनकी पीड़ा अत्यन्त परेशान करनेवाली होती है। 'अमेरिका की यात्रा' में घर से भागा हुआ कथा-नायक कई दिनों तक भूखा रहता है, तो भूख के सिवा उसकी चेतना में और कुछ आता ही नहीं। इस पीड़ा के प्रभाव का लेखक ने विस्तार से चित्रण किया है। दो अंश देखिए—'हाँ, वह भूख। सिर के ऊपर सूरज चमक रहा था और पैर के नीचे तारकोल की बलखाती सड़क गर्म उसाँसे फेंक रही

थी।' इस वर्णन से ऐसा लगता है कि एक भूख के कारण कथा-नायक निरुद्देश्य एवं अकारण 'पंचाग्नि' में पड़ गया है। जब एक रात के बाद भूख कुछ और बढ़ गयी तब देखिए—'सुबह हुई और देखते ही देखते प्रभात की शीतलता ने दहकती आग का रूप धारण कर लिया।' भूख की आग प्रभाती सूर्य की शीतलता को एकदम बेअसर कर देती है। बल्कि आग में बदल देती है। प्रेमचन्द ने भी अपनी अनेक कहानियों में भूख के प्रभाव से विकृत हुई मानवीय चेतना का चित्रण किया है। 'बूढ़ी काकी' और 'कफन' तो अत्यन्त प्रसिद्ध हैं। वास्तव में कोई यथार्थवादी कथाकार भारत जैसे देश में इस समस्या की उपेक्षा नहीं कर सकता। अमरकान्त ने प्रेमचन्द से भिन्न सन्दर्भ में भूख की ज्वाला का असर दिखाया है। यह भिन्नता समय की भिन्नता के कारण है। इससे अमरकान्त की जागरूकता का पता चलता है।

अमरकान्त की कलात्मक विशेषता यह है कि अपनी प्रतिबद्धता को वे भाषण और बहस के जरिये नहीं, बल्कि परिस्थिति, वातावरण और पात्रों के आपसी टकराव के जरिये जाहिर करते हैं। हिन्दी कहानी ने कलात्मक निखार के रास्ते पर जो लम्बी यात्रा तय की है, उससे अमरकान्त अच्छी तरह परिचित हैं। इसीलिए वे आज के मनुष्य की पीड़ा का चित्रण करते हुए विचारधारा को अनुभव से आगे कर देने की अतिवादी शैली नहीं अपनाते। वे जानते हैं कि यह अतिवादी शैली यथार्थ की विश्वसनीयता को क्षतिग्रस्त कर देती है। पीड़ित और दलित मनुष्य की स्वतन्त्रता के पक्ष में लिखते हुए वे कलात्मक सृजन के नियमों से स्वतन्त्र नहीं हो जाते, बल्कि उनका अनुशासन के साथ पालन करते हैं। ऐसा कलात्मक अनुशासन नयी पीढ़ी के कहानीकारों में दुर्लभ है। वे यदि इस पहलू पर गौर करें तो हिन्दी कहानी के भवितव्य का उपकार हो।

समाज और व्यक्ति के द्वन्द्व की कहानियाँ

'प्रकाशक की ओर से' कहा गया है—'साठ के बाद की कहानी की पहचान जिन लेखकों की कहानियों से कायम हुई थी, उसमें काशी की कहानियाँ भी शामिल हैं।' मतलब यह कि काशीनाथ सिंह सन् साठ के बाद के यानी साठोत्तर कहानीकार हैं। एक समय में हिन्दी-साहित्य में साठोत्तर की चर्चा खूब हुई—साठोत्तर कहानी, साठोत्तर कविता, साठोत्तर पीढ़ी आदि। यहाँ यदि मैं प्रसंगवश यह पूछूँ तो गलत नहीं होगा कि सन् साठ में क्या हुआ था कि उस वर्ष को लोग साहित्य के इतिहास में एक उल्लेखनीय विभाजक वर्ष मानने लगे? सन् 1947 में देश आजाद हुआ, सन् 1950 में संविधान लागू हुआ और देश को गणतन्त्र घोषित किया गया, सन् 1952 में बालिग मताधिकार के आधार पर देश में पहला आम चुनाव हुआ। 1960 में क्या हुआ? कुछ नहीं, सिर्फ यह हुआ कि छठा दशक पूरा हो गया और उसके बाद सातवाँ दशक शुरू हुआ। सातवें दशक के दरम्यान जो महत्त्वपूर्ण घटनाएँ हुईं, उनमें भारत-चीन सैनिक टकराव, 1963-64 तक आते-आते देश की पूँजीवादी आर्थिक योजनाओं से उत्पन्न आर्थिक संकट का विस्फोट और फिर 1965-66 में आजाद हिन्दुस्तान में पहली बार शासक दल के खिलाफ हिन्दी-क्षेत्र में व्यापक एवं उग्र जन-आन्दोलन, जिसके फलस्वरूप 1967 में आठ राज्यों में पहली बार कांग्रेस की पराजय तथा गैर-कांग्रेसी सरकारों का गठन, जिनमें से कई में वामपन्थी दल भी शामिल थे। इन सभी घटनाओं से सातवें दशक के सामाजिक एवं राष्ट्रीय यथार्थ के बदलते हुए स्वरूप का संकेत मिलता है, जिनका सहारा लेकर हम स्वतन्त्र भारत के उस काल खण्ड की सामाजिक-राजनीतिक प्रवृत्तियों को समझ सकते हैं।

अब हिन्दी में भी यह बहस का विषय नहीं रह गया है कि साहित्य की समीक्षा के प्रसंग में सामाजिक-राजनीतिक घटनाओं एवं उनकी प्रवृत्तियों पर विचार करना जरूरी है या नहीं। पिछले दिनों यह बहुत साफ हो चुका है कि जो लोग किसी जमाने में सामाजिक-राजनीतिक यथार्थ को साहित्य में चित्रित करने का विरोध करते थे, वे भी न केवल परोक्ष बल्कि प्रत्यक्ष रूप से उसका चित्रण करने लगे। हिन्दी आलोचना भी अब तक इतनी विकसित हो गयी है कि सामाजिक-ऐतिहासिक विकास की दृष्टि से देखने पर साहित्य का वास्तविक एवं सही अर्थ समझ में आता है, इस बात को

प्रमाणित करने के लिए, पुष्ट तथ्य दिये जा सकते हैं। तो मेरे कहने का मतलब यह कि सातवें दशक की कहानियों एवं कहानीकारों को (अन्य विधाओं के लेखकों को भी) समझने के लिए उस दौर के सामाजिक यथार्थ को ऐतिहासिक दृष्टि से यानी विकास की गति एवं प्रवृत्ति की दृष्टि से देखना चाहिए। उस समय यथार्थ का जो स्वरूप विकसित हो रहा था, उसकी विशेषता एक तरफ यदि यह थी कि आम लोगों का जीवन संकटग्रस्त उदास, कुण्ठित और परेशान था, तो दूसरी तरफ यह भी थी कि देश की स्वतन्त्र सरकार से लोगों का स्वप्न भंग हो रहा था और वे अपनी आकांक्षाओं एवं आशाओं की पूर्ति के लिए नये सिरे से लड़ने के लिए मैदान में आ रहे थे। यह टकराव यानी परस्पर विरोधी शक्तियों में यह भिड़न्त सामाजिक यथार्थ के द्वन्द्वात्मक चरित्र का बोध कराती है। इसी विशेषता के कारण हमें अपना यथार्थ नये रूप में दिखायी पड़ने लगा, जो पहले से भिन्न था। यह भिन्नता '60 से नहीं,' 64-65 से दिखायी पड़ने लगती है।

सातवें दशक के जिन कहानीकारों ने सामाजिक यथार्थ को उपर्युक्त विशेषता के साथ चित्रित किया है वे उस समय के सार्थक कहानीकार कहे जाएँगे। यह बात सही है कि इस दौर में आये कहानीकारों ने तत्कालीन यथार्थ का प्रभाव ग्रहण किया है और उसे चित्रित भी किया है। उससे पहले साहित्य में, खास करके कविता में वैयक्तिकता और सूक्ष्मता का ऐसा आतंक छा गया था कि बहुत से यथार्थवादी लेखक भी विचलित हो गये थे। यों छठे दशक में भीष्म साहनी, मार्कण्डेय, कमलेश्वर, अमरकान्त, शेखर जोशी, शिव प्रसाद सिंह, मधुकर गंगाधर आदि ने अपनी कहानियों के जरिये सामाजिक यथार्थवाद की धारा को जीवन्त बनाये रखा, फिर भी सूक्ष्मता, प्रतीकात्मकता, सांकेतिकता आदि को समीक्षा के स्तर पर यानी साहित्यालोचन के निकष के रूप में इस कदर प्रतिष्ठित किया जाने लगा कि कहानी में भी कथा की सहजता, स्पष्टता, परस्पर विरोधी सामाजिक शक्तियों के टकराव के प्रत्यक्ष चित्रण आदि को प्रतिष्ठा का माध्यम नहीं मानने का जोर बढ़ा। इस तरह साहित्य में भाववादी एवं यथार्थवादी प्रवृत्तियों का टकराव तीव्र हो गया। सातवें दशक के कहानीकारों पर इस टकराव का भी असर है।

काशीनाथ सिंह ऐसे कथाकारों में हैं, जिनकी कहानियों में सातवें दशक के सामाजिक यथार्थ की द्वन्द्वात्मकता और छठे दशक के अन्तिम दौर में साहित्य के भीतर भाववाद एवं यथार्थवाद के बीच जो टकराव चला था उसका भी असर अच्छी तरह है। यही कारण है कि उनकी कहानियों में एक तरफ उस समय के मनुष्य की परेशानियों, चारित्रिक अन्तर्विरोधों, कुण्ठाओं और आकांक्षाओं का भी चित्रण है, तो दूसरी तरफ चित्रण इतना पेचीदा और जटिल है कि पाठकों को काशीनाथ के चरित्रों की परेशानियों को पकड़ने में भी थोड़ी परेशानी होती है। डॉ. देवीशंकर अवस्थी ने जो कहा था कि 'काशीनाथ सिंह की भाषा निश्चित ही अमरकान्त या शिवप्रसाद

सिंह से भिन्न है' तो मेरी समझ से उस भिन्नता का आधार यही है। भाषा की भिन्नता वास्तव में वस्तु और रूप की सम्मिलित भिन्नता की आवश्यकता से उत्पन्न होती है। अमरकान्त जैसे यथार्थवादी कहानीकारों की वस्तु और रूप दोनों ही यथार्थवादी हैं, लेकिन काशीनाथ की कहानियों में यथार्थवादी वस्तु भाववादी यानी प्रतीकात्मक एवं सांकेतिक ढाँचे में मिलती है। इसलिए इनका शिल्प और भाषा इन कहानीकारों से भिन्न है, और रूपवादियों के नजदीक है।

'कल की फटेहाल कहानियाँ' नाम से प्रकाशित संग्रह वास्तव में काशीनाथ की कहानियों के पूर्व प्रकाशित दो संग्रहों 'लोग बिस्तरों पर' और 'सुबह का डर' का संयुक्त रूप है, जिसमें कुल सोलह कहानियाँ हैं। इन कहानियों में मनुष्य की जो परेशानियाँ चित्रित हैं, वे वर्त्तमान शोषणमूलक समाज-व्यवस्था की ही उपज है। यह यथार्थ संकेत से व्यक्त किया गया है। 'सुख' शीर्षक कहानी का संकेत यही है कि जब तक आदमी जीवन की आपाधापी में, भाग-दौड़ में, नमक-रोटी की ही चिन्ता में परेशान रहता है, तब तक सूर्य की लाल-लाल किरणों की छटा का आनन्द नहीं महसूस कर सकता है। भोला बाबू जब नौकरी से अवकाश ग्रहण करते हैं, तो सूर्य की लाली पर मुग्ध हो उठते हैं, लेकिन जिनकी मुग्धता में साथ देने की फुरसत किसी को नहीं है, तो वे अकेलापन अनुभव करने लगते हैं। इस पूरी प्रक्रिया से गुजर कर भोला बाबू मर्मस्पर्शी मनोदशा में पहुँच जाते हैं।

वास्तव में काशीनाथ की कहानियाँ मनोदशा-प्रधान होती हैं। 'कस्बा, जंगल और साहब की पत्नी' शीर्षक कहानी भी मूलतः एक खास मनोदशा की कहानी है और वह मनोदशा बनती है पति की उपेक्षा से, सामाजिक जीवन से कटे रहने से, और समाज के स्वार्थी लोगों के व्यवहार से। यह व्यथा व्यक्त हुई है मिसेज गोठी के चरित्र के माध्यम से। ध्यान देने की बात यह है कि मिसेज गोठी का जो अकेलापन है, वह वस्तुगत परिस्थितियों की उपज, आज की सामाजिक दशा की देन है और इससे भी महत्त्वपूर्ण बात यह है कि मिसेज गोठी इस मनोदशा को पसन्द नहीं करती, वह उसे दूर करना चाहती है, इसीलिए वह सड़क के किनारे कुर्सी लगा कर बैठती है, लोगों के क्रियाकलाप को देखना चाहती है, उनसे बातें करना चाहती है, कस्बे के लोगों से मिलना-जुलना चाहती है; चाहती ही नहीं, प्रयत्न भी करती है। यों उसकी मूल समस्या एक नारी की समस्या है—अपने पति से प्यार पाने की, लेकिन काशीनाथ ने मनोविश्लेषणवादियों से भिन्न स्तर पर, भिन्न ढंग से समस्या का चित्रण किया है। मिसेज गोठी का चरित्र इस बात का सबूत है कि लेखक में चरित्र-चित्रण की क्षमता है।

चरित्र को उभार कर रखना काशीनाथ की कहानियों की दूसरी विशेषता है। चरित्र-प्रधान कहानियाँ प्रायः आत्मनिष्ठ हुआ करती हैं, लेकिन काशीनाथ की कहानियों के चरित्रों में आत्मनिष्ठता के साथ ही सामाजिक यथार्थ को प्रतिबिम्बित करने की

क्षमता भी है। 'लोग बिस्तरों पर' एक ऐसी कहानी है, जिसमें एक ऐसे व्यक्ति को चित्रित किया गया है, जिसका व्यक्तित्व विघटित हो गया है, वह निर्जीव हो गया है, जैसे लाश। वह विघटित, खण्डित और लाश इसलिए बन गया है कि उसके पास कोई काम नहीं है। 'आदमी का आदमी' शीर्षक कहानी में भी विक्षिप्त आदमी का चरित्र सफलतापूर्वक उभारा गया है, साथ ही इस चरित्र के सन्दर्भ में उन लोगों का चरित्र भी स्पष्ट होता है, जो हमारे सामाजिक जीवन में दूसरों का इस्तेमाल करने में ज्यादा रुचि लेते हैं। काशीनाथ की कहानियों में चारित्रिक विविधता है।

कहानी-कला को 'आधुनिक' ढंग से बुनने के चक्कर में काशीनाथ के हाथों जीवन की मुख्य समस्या बहुत बार छूट जाती है और इस हालत में संवेदना की बेधकता भी घट जाती है। इसका अच्छा उदाहरण है 'एक बूढ़े की कहानी'। कहानी शुरू होती है बाढ़ से, कहानी का पहला वाक्य है—'बाढ़ का यह पाँचवाँ रोज था और पिछले चौबीस घण्टे से नदी का पानी न बढ़ रहा था, न वापस लौट रहा था' और बाढ़ कितनी उग्र थी इसका पता कहानी के दूसरे पैरा के पहले वाक्य से चलता है—'पानी खतरे की रेखा को बहुत पहले ही पार कर चुका था'। लेकिन बाढ़ की विभीषिका के वर्णन की पृष्ठभूमि में लेखक का मुख्य वर्ण्य विषय बन जाता है बाढ़ के बीच एक ऊँचे चबूतरे पर लेटे दो आदमियों की बातचीत। एक बूढ़ा है और दूसरा जवान। दोनों बातचीत क्या कर रहे हैं? बूढ़ा बता रहा है कि कैसे एक बूढ़े ने पाँच साल की एक लड़की से बलात्कार किया। पाठक जब कहानी पढ़ना शुरू करता है तो सोचता है कि बाढ़-पीड़ितों का दर्द अनुभव करने का मौका मिलेगा, लेकिन उसको झेलनी पड़ती है एक बूढ़े की यह चिन्ता कि—'मुल्क में इतनी सारी लड़कियाँ हैं और एक भी मेरे बिस्तरे पर नहीं।' व्यक्ति-मन की टोह में चलने पर सामाजिक व्यथा से नाता कैसे टूट जाता है, इसका उदाहरण है यह कहानी।

परिस्थिति का संकट कैसे मनुष्य-जीवन के आनन्द को मार देता है, इसे पकड़ने की कोशिश जहाँ लेखक ने की है, वहाँ यथार्थ का साक्षात्कार ठीक से होता है। इसे 'आखिरी रात' कहानी में देखा जा सकता है। पत्नी विदा होकर नैहर जाने वाली है इसी प्रसंग में पति-पत्नी का प्रगाढ़ प्रेम चित्रित हुआ है, लेकिन वह प्रेम खण्डित हो जाता है, जैसे ही पत्नी जोड़कर बताने लगती है कि 'दो भाभियाँ, एक बहन, तीन भतीजे।...दो-एक-तीन साड़ियाँ, तीन ब्लाउज, तीन कमीजें और साबुन, शीशा, कंघा' आदि चाहिए। यदि पति के पास धन होता तो वह यह सब कुछ खरीद कर देने को तैयार हो जाता और तब दोनों का प्रेम और गाढ़ा हो जाता, लेकिन पति कहता है—'तुम्हें घर की हालत मालूम है। और ये महीने के अन्तिम दिन हैं।' अभाव के इस यथार्थ से टकरा कर भावनाएँ इस कदर टूटती हैं कि पति 'सहसा चीख उठता है' और 'पत्नी सिटपिटा कर बैठी रहती है।' इस आखिरी रात का अन्त जिस तरह होता है, वह बताता है कि प्रेम के लिए मात्र भावना काफी नही है, उसे ठोस भौतिक

आधार भी चाहिए। इसी क्रम में उल्लेखनीय है 'तीन काल कथा'। उसके अन्तर्गत 'अकाल', 'पानी' और 'प्रदर्शनी' तीन लघु कथाएँ हैं, जो अत्यन्त मार्मिक और बेधक हैं। यदि इस कला का विकास काशीनाथ करते तो अच्छा होता।

काशीनाथ ने अपने समय की धड़कन सुनने की कोशिश जरूर की है, लेकिन सातवें दशक में उस धड़कन ने सामाजिक स्तर पर जिस तरह उबाल का रूप ले लिया था, उस तरह उनकी कहानियों में वह नहीं है। समय की धड़कन को व्यक्ति के दिल में बाँधने की कोशिश के कारण वस्तु की बेधकता कम हो गयी है। काशीनाथ की इस रचना-प्रक्रिया पर सामाजिक यथार्थ का चित्रण करने वाले कथाकारों को गौर करना चाहिए।

काशीनाथ की भाषा अवश्य प्रौढ़ एवं परिपक्व हिन्दी-गद्य का उदाहरण प्रस्तुत करती है। उनमें दृश्य-चित्र, घटना-चित्र आदि खड़े करने की और वर्णन करने की भी पूरी सामर्थ्य है। उनकी भाषा में तीखापन और पैनापन है, रोचकता है और है प्रवाहपूर्णता। यदि इन कहानियों में सामाजिक जीवन का घात-प्रतिघात भी तीव्रता से चित्रित होता तो कहानियाँ और भी महत्त्वपूर्ण होतीं। मेरा मतलब यह नहीं कि उनमें सामाजिकता नहीं है, वह तो है ही, लेकिन मैं उसमें निहित घात-प्रतिघात या द्वन्द्वात्मकता की तीव्रता के अभाव की ओर संकेत करना चाहता हूँ।

काशीनाथ सिंह : कला में नयेपन का विवेक

तथाकथित नयी कहानी के बाद के दौर के अत्यन्त महत्त्वपूर्ण कहानीकार हैं काशीनाथ। उनके लेखन का दौर अभी समाप्त नहीं हुआ है। ज्ञानरंजन के बारे में संस्मरण लिखते हुए एक रोचक बात कही है काशी ने कि—"नामवर तो नामवर, हाथ में कलम पकड़ने वाला समीक्षा का अदना राहगीर भी कहानी की चर्चा करता है तो बोलता है ज्ञानरंजन और काशी। ...कभी काशी और ज्ञानरंजन नहीं कहता।" यह चर्चा यहाँ मैंने इस मकसद से नहीं छेड़ी है कि मैं 'काशी और ज्ञानरंजन' कहने की हिमाकत करूँ और काशी की नजर में कहानी का सिद्ध आलोचक बन जाऊँ। मैं कहना यह चाहता हूँ कि जब चर्चा साठ के दशक या साठोत्तरी कहानी तक सीमित रहेगी तो कोई भी 'ज्ञान और काशी' कहेगा। मेरे विचार से एक तो दशकों के खानों में बाँट कर विकास की प्रक्रिया को देखना गलत है। दूसरे, आज जब हम पूरे स्वातन्त्र्योत्तर काल को समग्रता में देखते हैं तो हम महसूस करते हैं कि काशीनाथ ने जब से लिखना शुरू किया, तब से प्रायः लगातार रचनाशील रहे हैं, जबकि ज्ञानरंजन का दौर समाप्त हो चुका है। दौर तो दूधनाथ सिंह का भी समाप्तप्राय था, लेकिन उन्होंने नये सिरे से अपना खाता खोला है और उन्होंने अपना नया दौर शुरू कर दिया है। ज्ञान का दौर समाप्त हो गया है, ऐसा कहने से उनकी रचनात्मक उपलब्धि का महत्त्व जरा भी कम नहीं होता, हाँ यह बात जरूर है कि उनका रचनाकाल बहुत छोटा है। काशीनाथ का रचनाकाल प्रायः चालीस वर्षों तक फैला हुआ है और खूबी यह है कि कहीं किसी जगह काशी ने अपने को दुहराने की कोशिश नहीं की है। कहीं किसी रचना में वह अपने पहले या अपने समय के दूसरे कहानीकारों से मिलता-जुलता नहीं दिखायी पड़ता। काशीनाथ की कहानियों में उसका अपना अनुभव-संसार है जो बहुत व्यापक और विविधतापूर्ण है। उस अनुभव-संसार की बड़ी विशेषता यह है कि वह एक तरफ काशी का अपना है तो पाठकों को भी वह अपना ही लगता है। यह विशेषता काशी में आयी है। अपने समय को आम लोगों की जिन्दगी के जरिये, उनके जीवन की पीड़ा और व्यथा के जरिये, समाज के अन्तर्विरोधों एवं असंगतियों के जरिये देखने-परखने से। इस तरह से समय को देखने का मतलब है गतिशील यथार्थ के द्वन्द्व को पकड़ने और चित्रित

करने की कोशिश करना। गतिशील यथार्थ यानी समाज की गतिशीलता का मतलब है जीवन में परिवर्तन की प्रक्रिया का निरन्तर जारी रहना। इस प्रक्रिया से लेखक का लगाव होने पर उसके अनुभव-कोष में हर रोज नये-नये अनुभव भरते रहते हैं। यही कारण है कि ऐसा लेखक कभी चुकता नहीं और न कभी रचनात्मक दुहराव का शिकार होता है। काशीनाथ ऐसा ही रचनाकार है।

काशीनाथ का रचना-संसार विविधतापूर्ण है। उसमें गाँव का करवट लेता हुआ जीवन है, जाति-प्रथा का संस्कार और उसमें पैदा हुआ संकट है, संकटग्रस्त समाज में उद्विग्न मानसिकता से उत्पन्न अतिक्रान्तिकारिता है, मध्यवर्गीय जिन्दगी की मायूसी है तो एक निम्नवर्गीय जीवन में मौज-मस्ती की ललक तथा उसका अभाव है। उसमें पहला प्यार है तो उसका अभाव भी। एक मध्यवर्ग के भीतर अलग-अलग आर्थिक स्तर होने के कारण मनुष्यता के अलग-अलग रूप भी दिखायी पड़ते हैं। समाज में व्यक्तिगत स्वार्थ के कारण चारित्रिक पतन, गरीबी का मजाक उड़ाने वाले रईस और चाटुकारों की भीड़, और इन सब को चुनौती देने वाला साहसी व्यक्ति भी है। ये सभी आज के दौर के हैं, शोषक भी नये और शोषित भी नये। कुण्ठा भी नयी और कुण्ठित भी नये। कहने का अर्थ जीवन और यथार्थ की नयी अवस्था और बदलाव की प्रक्रिया में विकसित नये लक्षणों को काशीनाथ ने पकड़ा है और बखूबी उन्हें अपनी कहानियों में नये सन्दर्भों के साथ चित्रित किया है। इसलिए काशीनाथ की कहानियाँ समकालीन भारतीय समाज में आये उथल-पुथल, राजनीतिक परिवर्तन और तत्सम्बन्धी उग्रता, नैतिक एवं मूल्यगत संकट की मार्मिक कथा प्रस्तुत करती हैं और स्वयं उनका संवेदनशील दस्तावेज़ बन जाती हैं। जाहिर है कि काशीनाथ की कहानियों का देश-काल है और वह देश-काल हमारी आज की जिन्दगी का है। इसी अर्थ में ये कहानियाँ एक तरफ प्रेमचन्द, यशपाल आदि की परम्परा में आती हैं तो दूसरी तरफ प्रेमचन्द और यशपाल ही नहीं, मोहन राकेश, भीष्म साहनी, अमरकान्त, शेखर जोशी आदि की सीमाओं में आगे बढ़ कर हिन्दी कहानी को नया धरातल और नयी ऊँचाई देती हैं। काशीनाथ ने अपने समय और समकालीनों में सबसे आगे बढ़ कर कहानी को नयी सामाजिक सार्थकता दी।

कहानी के विकास का वास्तविक अर्थ होता है कहानी की अन्तर्वस्तु का विकास। विकास के इस खास अर्थ में काशीनाथ की कहानियाँ हिन्दी कहानी के विकास का रचनात्मक सबूत पेश करती हैं। इस प्रसंग में हम पहले उनकी 'सुख' की चर्चा करना चाहते हैं। यह काशी की बहुचर्चित और बहुप्रशंसित कहानी है। यह काशी के प्रारम्भिक दौर की कहानी है। इस कहानी का सुख-जीवन में सामान्यतः जिसे सुख कहा जाता है, वह नहीं है। कहानी में भोला बाबू का जो सुख है, वह कितना जटिल और अर्थगर्भित है। लम्बे समय तक तार बाबू के रूप में काम करने के बाद सेवानिवृत्त होकर यान्त्रिकता से फुरसत मिली है। जीवन सामान्य हुआ है। इस

सामान्य जीवन में उन्होंने एक दिन अचानक डूबते हुए सूर्य की छटा देखी और वो उस पर मुग्ध हो गये। इस प्राकृतिक सौन्दर्य के अवलोकन से उन्हें अभूतपूर्व तृप्ति मिली और इस तृप्ति के लिए वे सहभोक्ता खोजने लगे। न पत्नी ने सह-अनुभूति जतायी, न बच्चों ने, न सड़क पर जा रहे ऊँट वाले ने और न मालगोदाम के जिलेदार साहब ने। बात यह है कि जो अनोखा दृश्य भोला बाबू ने आज देखा था, वह और लागों के लिए रोज का अनुभव था। ऐसा तो रोज ही होता है, यह सुन कर भोला बाबू का सुख तिरोहित हो जाता है और वे दुखी हो जाते हैं। सुख की अनुभूति अकेले-अकेले क्या हो सकती है? कैसे हो सकती है। इस कहानी में यान्त्रिकता से मुक्त वैयक्तिकता को सामूहिकता से जोड़ने की कलात्मक कोशिश लेखक ने की है। यह कहानी लगभग उस दौर की है, जब हिन्दी में अकेलेपन या आत्मनिर्वासन का बड़ा शोर था, उसे मूल्य के रूप में स्थापित करने का अस्तित्ववादी प्रयत्न किया जा रहा था। काशीनाथ वैयक्तिक अनुभव को महत्त्व तो देते हैं, लेकिन वैयक्तिकता पर आधारित अकेलेपन के मूल्य को स्वीकार नहीं करते। डूबते हुए सूर्य के सौन्दर्य की अनुभूति में तो नहीं, लेकिन सामाजिक अनुभव का सहारा नहीं मिलने पर भोला बाबू जब भीतर से दुखी हो जाते हैं और रोने लगते हैं तो रोने में पत्नी और बच्चे उनके साथ हो जाते हैं। यह भी एक प्रकार का सुख है। हिन्दी कहानी के इतिहास में यह सर्वथा नये प्रकार की कहानी है। इसका नयापन ध्यान देने योग्य है। यों कहीं-कहीं ऐसा लगता है कि लेखक ने भोला बाबू की सौन्दर्य-भावना या अनुभूति को कुछ ज्यादा ही खींच दिया है। ऐसा शायद कथ्य को प्रभावशाली बनाने के लिए किया गया है।

काशीनाथ इस वैयक्तिकता और अकेलेपन की अनुभूति से कहानी को सामाजिक बदलाव की चिन्ता की ओर ले जाते हैं। सातवें दशक के मध्य में देश में भारी राजनीतिक उथल-पुथल मची। जनता के इस स्वप्नभंग की प्रक्रिया में मध्य वर्ग में क्रान्तिकारिता का एक उबाल भी आया जो नक्सलवाद के नाम से विख्यात हुआ। काशीनाथ स्वयं कुछ समय उससे जुड़े रहे। अतः इस सम्बन्ध में उनके अनुभव आन्तरिक और आत्मीय हैं। मेरा यह मतलब कतई नहीं है कि आन्तरिक, आत्मीय और विश्वसनीय अनुभव के लिए लेखक को घटना का भागीदार होना चाहिए, या यह कहें कि उसे भोगे हुए यथार्थ का साक्षी होना चाहिए। यह तो काशीनाथ के व्यक्तित्व का एक पहलू है कि वे कभी नक्सलवादी आन्दोलन वालों के सम्पर्क में थे। ध्यान देने की बात है कि काशी की कहानी 'सुधीर घोषाल' में नक्सलवादी आन्दोलन से सम्बद्ध मानसिकता एवं कार्रवाई की जितनी सहज और संजीदा अभिव्यक्ति हुई है, उतनी सहज और संजीदा अभिव्यक्ति नक्सलवादी आन्दोलन की मुख्य धारा से जुड़ा कोई लेखक हिन्दी में तो नहीं कर सका। नक्सलवादी आन्दोलन प्रायः भूमिगत रहा है। सुधीर घोषाल कहानी का वातावरण भूमिगत अवस्था की कार्रवाई के अनुकूल

है। कहा जा सकता है कि इस कहानी में कार्रवाई से अधिक महत्त्वपूर्ण है वातावरण, जिसमें शक और एहतियात के तत्त्व घुले-मिले हैं। उसके साथ ही नक्सलवादियों का बचकानापन भी कहानी में प्रासंगिक रूप में प्रस्तुत कर दिया गया है। बचकानापन यह है कि विक्रम हाथ में चे ग्वेरा, देब्रे, हो-ची-मिन्ह आदि की किताबें लिये चलता है यानी दिखावा करता है कि वह क्रान्तिकारी है। क्रान्ति का नशा काफी नहीं है, इसलिए मैंड्रेक्स खाता है। लेकिन यह सब तरुणाई का भावोन्माद है, जिसमें 'इण्डियन फारेन सर्विसेज' के लिए तैयारी भी शामिल है। यह क्रान्तिकारी विक्रम एक धनाढ्य परिवार का लड़का है, क्योंकि उसका छोटा भाई जापानी कपड़े और अमरीकन शर्ट पहनता है और अंग्रेजी स्कूल में पढ़ता है। यह लेखक भी कम्युनिस्ट है और विक्रम के पिता वेस्ट इण्डिया कोल कम्पनी एण्ड लिमिटेड के प्रशासक। उसी परिवार में रसोई बनाने वाले के रूप में क्रान्तिकारी सुधीर घोषाल रह रहा है। एक ही जगह तीन-तीन क्रान्तिकारी आ गये हैं, सभी एक-दूसरे से असम्बद्ध, जैसा भूमिगत जीवन में किया जाता है। जो विक्रम क्रान्तिकारी बनने का दिखावा करता है, वह घर में छिप कर रहता है; क्योंकि वह एक प्रेम-प्रसंग में फँसा है और उसकी प्रेमिका गर्भवती हो गयी है। असल में उसी से बचने के लिए वह भूमिगत है और खबर फैला दी गयी है कि वह दरभंगा गया है। यह रहस्योद्घाटन क्रान्ति का भेद खोलता है। सुधीर घोषाल सही मायने में क्रान्तिकर्मी है और प्रशासक से बदला लेने के लिए उसके यहाँ रसोइया बन गया है। यानी तीन कम्युनिस्ट तीन तरह के हैं। अन्ततः एक दिन यह समाचार आया कि प्रशासक लापता कर दिये गये। कलकत्ता गये तो लौट कर नहीं आये। इसके पहले ही यह कम्युनिस्ट लेखक वहाँ से निकाल दिया गया था; क्योंकि उसका भेद खुल गया था कि वह कोयला मजदूरों को भड़काने और संगठित करने का काम करता था। यह भी बचकानापन ही है कि प्रशासक के घर को ही क्रान्तिकारी गतिविधियों का स्थान बनाया गया। कोई राजनीतिक बहस कहानी में नहीं है, एक तरफ यह अच्छी बात भी है तो दूसरी तरफ क्रान्ति के साजिशी स्वरूप का इजहार भी। काशीनाथ ने इन सब के निर्वाह के लिए कहानी में बड़ी कुशलता से रहस्यपूर्ण वातावरण और सन्देहग्रस्त आचरण का चित्रण किया है। पिछले दौर में नक्सलवादी राजनीति तथा अन्य प्रकार की राजनीति पर जो कहानियाँ लिखी गयी हैं, उनसे एकदम भिन्न है यह कहानी। आम तौर से ऐसी कहानियाँ राजनीतिक मान्यता के ढाँचे में रची गयी हैं, जो फार्मूलाबद्ध हो गयी हैं, लेकिन यह कहानी फार्मूले को तोड़ती है, राजनीतिक फार्मूले को बेपर्द भी करती है। 'लाल किले के बाज' भी एक राजनीतिक कहानी है, लेकिन ऐसी कि उसकी क्रान्तिकारिता पारिवारिक एवं सामाजिक धरातल पर जा कर दम तोड़ देती है। कैशोर भावुकता का बहुत अच्छा चित्रण इस कहानी में किया गया है।

कहानी की अन्तर्वस्तु के विकास की दृष्टि से काशीनाथ की दो कहानियाँ

उल्लेखनीय हैं—'चोट' और 'कहानी सराय मोहन की।' हमारा भारतीय समाज प्राचीन काल से जाति-प्रथा और उससे उत्पन्न ऊँच-नीच के भेद-भाव से ग्रस्त है। फलस्वरूप मनुष्यता पीड़ित रही है यहाँ। जाति-प्रथा ने हमारे समाज को एक हद तक जड़ बना दिया। लेकिन आधुनिक युग में उस जड़ प्रथा में नयी गतिशीलता का संचार हुआ और भेद-भाव के बावजूद विभिन्न जातियों के सदस्यों के सम्बन्धों में परिवर्तन आने लगा। उस परिवर्तन का आधार है नये युग का नया श्रम-विभाजन या जीवन में नयी जरूरतों एवं नये लक्षणों का उद्‌भव। अनेक लेखक आज भी जब जाति-प्रथा का जिक्र करते हैं तो इस अन्दाज से करते हैं जैसे समाज अब भी डेढ़-दो हजार वर्ष पहले की अवस्था में हो। यह समझ या अन्दाज रचना में नयापन नहीं आने देता। लेकिन काशीनाथ ने इन दोनों कहानियों में आधुनिक युग में जड़ जातिप्रथा में आयी नयी गति और नये लक्षणों को, जीवन में उत्पन्न जरूरतों और तज्जन्य नये तनाव एवं नये आग्रहों को सही ढंग से पकड़ा है, और सटीक ढंग से चित्रित किया है। यही वह पक्ष है जो इन कहानियों को नये सामाजिक यथार्थ और नयी कलात्मक विशिष्टता से सम्पन्न बनाता है। 'चोट' वास्तव में पुराने संस्कार और पुराने मिजाज पर समाज-विकास की नयी अवस्था में विकसित नयी चेतना और नये मनुष्य के द्वारा की गयी चोट है। गाँव में गड़ेरिया जाति में उत्पन्न निकाम शहर में चपरासी की नौकरी करने लगा है। यह जन्मगत श्रम या पेशे से मुक्त हो कर नये श्रम-विभाजन और नये पेशे में शामिल होना है। इसी का दूसरा पहलू यह है कि ठाकुर संचा सिंह शहर के एक छोटे से रेस्तराँ में बेयरा हो गया है। यह पुराने द्विजत्व से सम्बन्धित पेशे से मुक्त हो कर उस पेशे को अपनामा है जो पहले शूद्रों के लिए निर्धारित था। यह है यथार्थ का नयापन। इस हालत में निकाम और संचा सिंह में टकराव होना ही था। लेखक ने शहर में रेस्तराँ में यह टकराव आयोजित कर दिया। यह सहज स्वाभाविक आयोजन है। पहले दोनों में देखादेखी होती है, गाँव वाला सहज आकर्षण या आत्मीयता कहीं नहीं; क्योंकि संचा सिंह बेयरा है, वह बहुत ही असहज स्थिति में नहीं है। धीरे-धीरे स्थिति टकराव की ओर बढ़ती है। यहाँ निकाम है गाहक और संचा सिंह बेयरा। निकाम है आदेश देने वाला और संचा सिंह आदेश का पालन करने वाला। लाचार होकर संचा सिंह को आदेश का पालन करना पड़ता है, लेकिन हद तब हो गयी जब निकाम उसे टिप देता है। यह तो संचा के लिए असह्य हो गया और वह निकाम से शारीरिक रूप से भिड़ गया। रेस्तराँ का मालिक निकाम से क्षमा माँगता है और संचा चिढ़ जाता है। अन्त में संचा मालिक के भी जबड़े में एक घूँसा मार कर रेस्तराँ से निकल जाता है। जाहिर है कि कहानी बताती है कि नयी भौतिक परिस्थिति पुराने सम्बन्धों को तोड़ने और छोड़ने के लिए अनुकूल आधार प्रस्तुत करती है, लेकिन पुरानी मानसिकता तुरत-फुरत नहीं बदलती। कहानी का कथ्य, कथ्य के अनुकूल कथा-प्रसंग और सहज भाव से उसका विकास कहानी

को बहुत प्रभावकारी बनाते हैं। जाति-प्रथा के सन्दर्भ में ही एक दूसरी महत्त्वपूर्ण कहानी है 'कहानी सराय मोहन की'। यह अपेक्षया लम्बी कहानी है और एक पूरी सामाजिक प्रक्रिया अपनी जटिल संरचना के साथ यहाँ वर्णित है। उस जटिल संरचना की परिणति भी लेखक ने प्रस्तुत कर दी है। जो सामाजिक प्रक्रिया कहानी में है, वह परिवर्तन के क्रम में है। परिवर्तन की पहली परिणति यह है कि अब गाँव में भी संयुक्त परिवार और आत्मीयतापूर्ण पारिवारिक सम्बन्ध नहीं चल सकते। लेखक सामान्य लोकचेतना के मुताबिक शुरू में ही व्यंग्यात्मक लहजे में कह देता है कि कलिकाल की बीसवीं शताब्दी का आठवाँ चरण चल रहा है। दूसरे शब्दों में कहा जा सकता है कि घोर कलिकाल बीत रहा है। परिवार में झमेला होते-होते एक दिन ऐसा हुआ कि बेटे ने बाप धनधोरी सिंह को पटक कर सीने पर चढ़कर मारा, छाती के बाल नोच लिये और पतोहू ने एक दिन सुना कर कह दिया कि "जिस दिन बुढ़वा की अर्थी उठेगी, उस दिन वह पाँच बामन खिलायेगी।" उसके बाद ही बूढ़े धनधोरी रात में घर से निकल गये। यह तो है पारिवारिक संकट। चलते-चलते एक सराय में उन्होंने शरण ली है। एक 'पण्डी जी' भी आकर ठहरे हैं। दोनों पारिवारिक एवं सामाजिक रूढ़ियों के प्रतीक हैं। नाक साहब के पास एक पुरानी तलवार है, 'पण्डी जी' के पास एक पंचांग। तलवार का उपयोग आग को उकसाने के लिए किया जाता है और पंचांग का उपयोग बाटियाँ खाने के लिए। रात में दोनों को भूख लगी और कहीं से बाटी बनने की गन्ध मिली। खोजने पर पता चला कि सराय के पीछे महुए के पेड़ के नीचे मोहन आग में बाटी सेंक रहा है। बहुत तर्क-वितर्क करने, मीन-मेख करने के बाद वे दोनों मोहन राम चमार के हाथों बनी बाटी खाने को तैयार हो गये। एक राजपूत, एक ब्राह्मण, दोनों ने भूख के आग्रह से जातीय सीमा तोड़ी और समझ यह बनाते हैं कि "न आप बामन रह गये हैं, न मैं ठाकुर रह गया हूँ। न चमार चमार रह गया है और न लुहार लुहार। सब अपनी जगह से उठ चुके हैं।" यह यथार्थवादी अनुभव मोहन राम को बाटी खाने का रास्ता खोल देता है। जातीय संस्कार दब गये। यों ठाकुर साहब कुछ देर बाद उल्टी कर देते हैं, लेकिन 'पण्डी जी' तो पचा गये।

कहानी में पुराने संस्कारों, बदलते हुए समय के दबावों और तकाजों, व्यक्तिगत स्वार्थ, सामाजिक आग्रह आदि को कुशलतापूर्वक संगुम्फित करके काशी ने अपना कथ्य तर्कसंगत ढंग से प्रस्तुत किया है। कहानी गहरी व्यंजना से भरी हुई नये यथार्थ के साथ ही नया जीवन-बोध कथ्य के रूप में प्रभावशाली ढंग से व्यक्त करती है। यही बात है जो हिन्दी कहानी में नयापन लाती है, कला के विकास की नयी अवस्था रचती है।

इसी सिलसिले में 'सदी का सबसे बड़ा आदमी' उल्लेखनीय कहानी है। मैं इसे काशी की सबसे महत्त्वपूर्ण कहानी मानता हूँ। लेकिन क्यों? इसलिए कि बीसवीं

सदी के अन्तिम चरण में हम देखते हैं कि जनतन्त्र के बावजूद समाज और राजनीति में भी राजा की तरह जनता पर राज करने की भावना जिन्दा है। कहानी के शौक साहब इसी भावना के प्रतीक हैं। उनके समय का यानी इस जनतान्त्रिक युग का समाज भी चाटुकारों से भरा हुआ है। शौक साहब तिमंजिले की खिड़की से आते-जाते लोगों पर थूकते हैं और लोग अपने को धन्य मानते हैं। शौक साहब तलाश करते हैं उस आदमी की जो थूके जाने पर उन्हें गाली दे और रोए। उसे वे भोजन-वस्त्र देकर विदा करते। लोगों की भीड़ लगती, लेकिन गाली देने एवं रोने वाले बहादुर बहुत कम मिलते। अन्त में एक मर्द बच्चा उन्हें मिला। एक रिक्शेवाले का बेटा सींकिया पहलवान, जिसने उनके निशाने को चुनौती दी, लोगों पर थूकने की ऐयाशी को चुनौती दी, दानी बनने की सामन्ती को चुनौती दी और वह लगातार पीक से बचता रहा, जबकि उसे भोजन-वस्त्र की सबसे अधिक जरूरत थी। दानशीलता के सामन्ती ढोंग और चाटुकारिता को एक साथ चुनौती देने वाला यह निःस्वार्थ मेहनतकश जवान सदी का सबसे बड़ा आदमी कहलाने का अधिकारी है। पूरी कहानी एक फंतासी या मिथक की तरह है, इसके बावजूद हमारे समय के सबसे महत्त्वपूर्ण यथार्थ और उससे सम्बन्धित आम चरित्र को प्रतिबिम्बित कर रही है, अत्यन्त कलात्मक ढंग से, साथ ही समय को बदलने वाली शक्ति की ओर भी संकेत करती है। शौक साहब और वह सींकिया जवान दोनों की ही चारित्रिक योजना के माध्यम से लेखक ने समय के द्वन्द्व को सार्थक परिप्रेक्ष्य के साथ चित्रित किया है। यह एक विलक्षण कहानी है।

'मौज मस्ती के दिन' और 'सन्तरा' भी काशी की ध्यान देने योग्य कहानी है। 'मौज मस्ती के दिन' का व्यंग्य ध्यान खींचता है। व्यंग्य का निशाना है एक बड़ा सरकारी अधिकारी। व्यंग्य का माध्यम है सखराम, जो अभी-अभी चपरासी नियुक्त हुआ है। व्यंग्य को गहरा बनाता है साहब का कुत्ता जो फ्रांस से लाया गया है। सखराम साहब की कोठी पर एक कागज पर दस्तखत कराने गया है और उस छोटे से जीव से उसका पाँव टकरा गया। कुत्ता उसके पाँव से दबा और उसने उसको नोचा। परिणति है कुत्ते की मृत्यु और इधर सखराम की बरखास्तगी। नौकरी लगने से जो मौज मस्ती के दिन आये थे, वे साहब के कुत्ते की वेदी पर चढ़ गये। 'सन्तरा' कहानी एक निम्नमध्यवर्गीय कर्मचारी की लाचारी और व्यथा को मार्मिक ढंग से व्यक्त करती है। दफ्तर से लौटते समय एक दोस्त ने सन्तरे का रस सीताराम को पिला दिया। घर में बच्चियों को सन्तरे की खुशबू मिली। वे आपस में बात करती हैं। फिर माँ से कहती हैं—पापा ने सन्तरा खाया है। वह जैसे अनहोनी बात हो गयी। यह है निम्न मध्यवर्गीय परिवार की दशा। उस दशा की अभिव्यक्ति के लिए कहानी में सन्तरे को लाना पूरे प्रसंग को मार्मिक बना देता है।

मध्यवर्गीय मनोदशा और जीवन-स्थिति की ओर भी अनेक कहानियाँ उल्लेखनीय हैं। यों इस प्रसंग में ध्यान देने की बात यह है कि पूरे स्वातन्त्र्योत्तर काल में

आम तौर से यानी कुछेक अपवादों को छोड़ कर मध्यवर्गीय जीवन के यथार्थ के विभिन्न पक्षों और मनःस्थितियों पर ही कहानियाँ लिखी गयी हैं। प्रगतिशील चेतना और जनवादी संघर्ष का चित्रण करना है तो मध्यवर्ग के जरिये, प्रतिगामिता और यथास्थितिवाद का चित्रण करना है तो मध्यवर्ग के जरिये। यह इस दौर की हिन्दी कहानी की एक सीमा है। कथानक के आधार की दृष्टि से काशीनाथ भी मुख्यतः मध्यवर्गीय जीवन-दशा के कहानीकार हैं। मैं यह नहीं कहना चाहता कि मध्यवर्ग को आधार बना कर लिखना अपने-आप में कोई सीमा निर्धारित करना है, लेकिन यह जरूर कहना चाहाता हूँ कि लेखन की समग्रता के लिए मध्यवर्ग के ऊपर और नीचे के वर्गों के जीवन और उनके आपसी सम्बन्धों पर नजर डालना जरूरी है। 'लोग बिस्तरों पर', 'कविता की नयी तारीख', 'पहला प्यार' आदि कहानियाँ मध्यवर्गीय मानसिकता के अनेक आयामों को प्रस्तुत करके मध्यवर्ग की भी सीमा बता जाती हैं।

उपर्युक्त चर्चित कहानियों के माध्यम से हिन्दी कहानी आगे बढ़ी है, यह कहने का सीधा और स्पष्ट अर्थ यह है कि इन कहानियों की अन्तर्वस्तु काशी के पहले लिखित कहानियों में नहीं है। अन्तर्वस्तु का यह नयापन जीवन और समाज के विकास में विकसित नये लक्षणों को पहचानने के जरिये आया है। यह रचनात्मक विवेक कहानी-कला को आगे बढ़ाता है। नयेपन को पहचानने और पकड़ने का विवेक रचनात्मकता की आवश्यक शर्त है और यह विवेक काशी में शुरू में था, आज भी है। यही कारण है कि उसकी कहानियाँ कलात्मक ताजगी का एहसास देती हैं। लेकिन कहानी के आगे बढ़ने की एक पहचान और भी है और वह है उसके जरिये गद्य का विकास। काशी की कहानियों के जरिये हिन्दी-गद्य का भी विकास हुआ है; क्योंकि यथार्थ के नयेपन को रूपायित करने के लिए काशी ने जिस तरह की भाषा खड़ी की है, उससे हिन्दी-गद्य भी समृद्ध हुआ है। यह काशी का अपना गद्य है। इस गद्य की विशेषता है सहजता, या कहें सहज गतिशीलता, स्वाभाविक प्रवाहपूर्णता। गद्य के रूप-निर्माण में लेखक का व्यक्तित्व भी खास भूमिका अदा करता है। काशी का व्यक्तित्व किसी प्रकार के बनावटीपन से मुक्त है। उसमें किसी तरह विशिष्टता ग्रहण करके लोगों के सामने पेश होने की प्रवृत्ति नहीं है। इस कारण काशी का गद्य भी इस तरह की प्रवृत्ति से मुक्त है। उसके गद्य में व्यंजना है, बात को सही जगह पर सही ढंग से पहुँचा देने की क्षमता है। चलती-फिरती भाषा से शब्द और वाक्य अनायास आते रहते हैं। आयासहीनता काशी के गद्य की विशेषता है। लेकिन केवल शब्दों की योजना और वाक्यों का सिलसिला नहीं है। वह तो पूरी कहानी का स्वरूप खड़ा करने और बातों को तर्कसंगत ढंग से आगे ले चलते हैं—पाठकों की चेतना तक पहुँचाने का ऐसा माध्यम है, जिसका कोई विकल्प नहीं और जिसका अभाव कहानी को नष्ट कर दे सकता है। 'सुख' कहानी का केन्द्रीय भाव है, डूबते हुए सूर्य के प्रति भोला बाबू की मुग्धता और मुग्धता का तर्क से कोई मतलब नहीं

होता। इस बात को ध्यान में रखकर ही उसमें भाषा का गठन किया गया है। भोला बाबू की भाषा जैसी है, उससे भिन्न है, दूसरे पात्रों की भाषा। शुरू में ही कहा गया है—"एक शाम खिड़की से कोई किरण आयी और उनके गंजे सिर पर पड़ गयी। जैसे वह किसी नन्हे बच्चे की हथेली हो, गरम और गद्देदार।" इस छोटे से टुकड़े में आप देखिये। चूँकि भोला बाबू को आगे क्रमशः सूरज की ताली पर मुग्ध होना है और उन्हें अनुभव करना है कि—"दुनिया में क्या-क्या चीजें हैं," इसलिए उस किरण के लिए कहा गया है—"जैसे वह किसी नन्हे बच्चे की हथेली हो।" नयेपन के अनुभव को व्यक्त करने के लिए नन्हे बच्चे की हथेली कहा जाना सार्थक है। यह है नया गद्य। 'कविता की नयी तारीख' में कथा नायक अपने साढू भाई के यहाँ गया है मिजाज बदलने, घूमने-फिरने। लेकिन वहाँ जो हाल होता है, उससे जो ऊब पैदा होती है, उसे व्यक्त करने के लिए 'छोटे' से यह प्रश्न कराना—"पापा! घर कब चलोगे?" अत्यन्त सार्थक है। यह मनोवैज्ञानिक भी है। यह प्रश्न वहाँ जाने के सिर्फ सात-आठ घण्टे के बाद किया गया। कहानी में आगे जो वातावरण है, उसका संकेत यह छोटा-सा प्रश्न पूरी तरह दे रहा है। उस प्रश्न का व्यावहारिक उत्तर नहीं दिया गया, इसीलिए आगे चल कर यह लिखा जाता है—"सानू ने तो नहीं, लेकिन रेखा ने एक दिन छोटू और स्वीटी की जम कर पिटाई की, क्योंकि उन्होंने गुड्डू और छोटे की वजह से साले, हरामी, बे, जैसी गालियाँ सीख ली थीं और उनके भीतर गँवारपन बढ़ रहा था।" यह है कथा-संगत गद्य या स्थिति को सही भाषा देने का नमूना। 'सदी का सबसे बड़ा आदमी' में लेखक जब शुरू में ही कहता है—"चाहे वह राजपूतों का जमाना रहा हो, चाहे मुगलों का, चाहे अंग्रेजों का; लेकिन गली में लड़ाई केवल एक लड़ी गयी है और वह भी इसी नगर में" तभी यह संकेत मिल जाता है कि जनतन्त्र के युग में जनता की ओर से लड़ी गयी किसी लड़ाई का जिक्र आगे आने वाला है। यह भविष्य का संकेत देने वाली भाषा है। आगे चलकर एक रिक्शे वाले के बेटे ने शौक साहब को चुनौती दी तो शौक साहब का हाल देखिए—"शौक साहब झुँझला उठे। उनका चेहरा तमतमा उठा। नथुने फड़कने लगे। उनका गोरा चिट्टा रंग ताँबे जैसा हो गया। हमेशा मुस्कुराते रहने वाले दयालु सरकार का यह भयानक रूप किसी ने नहीं देखा था। इसके बाद ही उन्होंने अविराम निर्णायक युद्ध की घोषणा कर दी।" छोटे-छोटे वाक्य ही बड़े परिवर्तन की जानकारी देने में समर्थ हैं। वे एक तरफ समाज की गतिशीलता व्यक्त करते हैं तो दूसरी तरफ भाषा को नयी रवानी देते हैं। 'कहानी सराय मोहन की' में नयी जरूरत के सामने पुराने संस्कारों का क्या हाल होता है, यह दिखाने में यह छोटा-सा वाक्य कितना समर्थ और सार्थक है—"उन्होंने पंचांग फैला कर उस पर बाटियाँ, नमक, प्याज और गुड़ रखा।" यह वह कलात्मकता है, जिसमें यथार्थ का नयापन ही नहीं आगे का परिप्रेक्ष्य भी बखूबी व्यक्त हो गया है, जिसके लिए सामान्यतः आजकल लम्बी कहानियों के

लेखक विस्तृत वर्णन करने का मौका हाथ से नहीं जाने देते। लेकिन यहाँ संक्षिप्तता ने ही कला को ऊँचाई प्रदान की है।

काशीनाथ की कहानियों में शिल्पगत विविधता है। कहानी जीवन के एक टुकड़े और संवेदना के एक घनीभूत प्रसंग को पूरे जीवन को प्रतिबिम्बित करने में समर्थ है। 'सुख', 'सन्तरा', 'चोट' जैसी कहानियाँ इसके उदाहरण हैं। कहीं कई टुकड़ों के एक साथ मिलने से पूरी कहानी बनती है। जीवन अनेक प्रसंगों के माध्यम से व्यक्त होता है। 'कहानी सराय मोहन की', 'कविता की नयी तारीख' ऐसी ही कहानियाँ हैं। लेकिन 'सदी का सबसे बड़ा आदमी', 'जंगल जातकम', जैसी कहानियों का शिल्प अलग है और घटनाएँ एक-दूसरे से अनायास जुड़ती चली जाती हैं और जीवन को समकालीनता के साथ ही ऐतिहासिक सन्दर्भ की तरह पेश करती हैं।

काशीनाथ की कहानियाँ समकालीन जीवन के भेद खोलने, आधुनिक संरचना के उदाहरण पेश करने और समकालीन द्वन्द्व को मूर्त करने के प्रयत्नों के बावजूद पठनीयता का निर्वाह करने में समर्थ हैं। उसकी कला रोचकता और असाधारणता, सामान्यता और उदात्तता को समन्वित करके ही सार्थक होती है।

काशीनाथ हिन्दी के कुशल और सिद्ध कहानीकार हैं। उनकी कुशलता और सिद्धि का मतलब यह है कि वे कहानी के कथ्य का चयन करने और उसे सार्थक एवं समर्थ अभिव्यक्ति देने के लिए, उसे अधिकाधिक सम्प्रेषणीय बनाने के लिए उपयुक्त शिल्प और भाषा की रचना करते हैं। काशीनाथ लगातार नयेपन की ओर बढ़ते रहे हैं, कथ्य, शिल्प और भाषा में नयेपन की खोज करते रहे हैं और जीवन एवं समाज के यथार्थ से आत्मीय लगाव होने के कारण नयापन पाने और लाने में उन्हें परेशानी नहीं झेलनी पड़ती। अपनी षष्ठि-पूर्ति के आयोजन में वाराणसी में ही बोलते हुए काशीनाथ ने कहा था—'मैंने इधर जो संस्मरण लिखना शुरू किया वह असल में कहानी के लिए नये फार्म (रूप या शिल्प) की तलाश करने का ही उपक्रम है।' बात यह है कि पिछले पन्द्रह-बीस वर्षों से कहानीकारों में कहानी का नया रूप या शिल्प गढ़ने की बेचैनी कुछ ज्यादा ही दिखायी पड़ी है। ऐसा नहीं है कि बिना नयी अन्तर्वस्तु के ही नया रूप शिल्प आ गया, लेकिन कहानीकारों की मानसिकता का अध्ययन करने से ऐसा अनुभव होता है कि वे रूप शिल्प को ही अपनी रचना मानते या समझते हैं, इसलिए उसी में नयापन लाने की परेशानी दिखायी पड़ती है। इस परेशानी से काशीनाथ भी मुक्त नहीं हैं। 'काशी का अस्सी' नया रूप शिल्प गढ़ने की कोशिश का ही परिणाम है। यह कहना बहुत जरूरी नहीं है फिर भी कह रहा हूँ कि जैसे हर वस्तु का एक रूप होता ही है, वैसे ही हर रूप की अपनी वस्तु होती है। लेखक परेशान चाहे, जिस चीज की खोज में हो, लेकिन वस्तु और रूप में से किसी को कम या अधिक महत्त्व का नहीं कहा जा सकता।

'काशी का अस्सी' के आमुख में कहा गया है—'कहानियों और संस्मरणों के

चर्चित कथाकार काशीनाथ सिंह का नया उपन्यास है काशी का अस्सी।' इस तरह लेखक और प्रकाशक की ओर से यह एक उपन्यास है। खूबी यह है कि उपन्यास के पाँचों अध्याय जब 'हंस' या और कहीं छपे थे तो पाठकों को किसी भी दृष्टि से ऐसा नहीं महसूस हुआ कि वे किसी उपन्यास का अंक पढ़ रहे हैं। वास्तव में इनके अध्याय संस्मरण शैली में लिखे गये हैं, लेकिन इसका रूप यशपाल के चक्कर क्लब की तरह का है। 'चक्कर क्लब' प्रकाशित है, लेकिन यशपाल ने उसे उपन्यास नहीं कहा। 'चक्कर क्लब' में जन समाज के बीच से आये पात्र देश और समाज की वर्तमान समस्याओं के प्रति अत्यधिक जागरूक हैं और वे जब जमा होते हैं, चार चीजों के लिए और राजनीति, समाज तथा अन्य विषयों पर बहस करते हैं। बहस के क्रम में विचारधारा भी आ ही जाती है। काशी का अस्सी में भी चाय दुकान है, जो घटना केन्द्र है, जहाँ पात्र पहुँचते हैं, और उन्मुक्त भाव से बातचीत करते हैं। लेकिन पाठकों के लिए, हमारे लिए यह ध्यान देने की बात है कि हमें वे पात्र चाय दुकान पर नहीं काशी का अस्सी में मिलते हैं। पुस्तक में जो चाय दुकान है, वह काशी की रचना है जो अस्सी की चाय दुकान से भिन्न नहीं है। यह लेखक की विशेषता है कि पुस्तक की चाय दुकान अस्सी की चाय दुकान से अभिन्न है।

प्रश्न यह है कि क्या काशी का अस्सी उपन्यास है? यदि उपन्यास की किसी निश्चित धारणा के आधार पर देखा जाए, तब तो इसे उपन्यास नहीं ही कहा जाएगा, लेकिन रूप शिल्प में हो रहे निरन्तर प्रयोग और परिवर्तन की सम्भावना को देखते हुए इस पर विचार किया जा सकता है। मेरे मन में जो बात उठ रही है, वह कि इस कृति के सभी अध्याय (यदि उन्हें अध्याय माना जाए तो) पूर्वापर सम्बन्ध से जुड़े हुए नहीं हैं। ऐसा एक उपन्यास हिन्दी में है शिवपूजन सहाय का देहाती दुनिया। सभी अध्यायों के अलग-अलग शीर्षक हैं और वे स्वतन्त्र भी हैं और परस्पर सम्बद्ध भी। देहाती दुनिया 1925 या 26 में प्रकाशित हुई थी। काशी का अस्सी में भी सभी अंशों (या अध्यायों) के अपने शीर्षक हैं। उनके बीच पारस्परिक सम्बद्धता घटनाओं के कारण नहीं है। वह तो इसलिए है कि अस्सी प्रायः हर अध्याय का घटना स्थल है और तन्नी गुरु तथा कन्नी गुरु सब जगह पहुँच जाते हैं। "या सन्तो घर में झगरा भारी" और "पाण्डे कौन कुमति तोहे लागी" में कोई लगाव नहीं है। दोनों के कथ्य एकदम अलग-अलग हैं और मुख्य पात्र भी अलग हो जाते हैं। पाण्डे कौन कुमति तोहे लागी तो एक मुकम्मल कहानी है और जहाँ तक मुझे याद है यह 'हंस' में कहानी के रूप में ही छपी थी। मैं बेहिचक यह कह सकता हूँ कि यह हिन्दी की एक श्रेष्ठ कहानी है, जो आज के भारतीय समाज के विभिन्न तबकों के लोगों की चेतना में आ रहे व्यावसायिक बदलाव को अत्यन्त कुशलता से व्यक्त करती है। यह कहा जा सकता है कि एक जगह बैठकर इस गतिशील जीवन और दुनिया की झाँकियाँ एक सिलसिले से व्यक्त करने के कारण इसकी कथाएँ आपस

में जुड़ जाती हैं। गतिशीलता के विविध नजारे हम काशी की अस्सी में देखते और आनन्द लेते हैं। यह आनन्द मनोरंजन का पर्याय नहीं है, बल्कि अस्सी के मंच पर डॉ. गयासिंह, राधेश्याम, तन्नी गुरु, कन्नी गुरु, पाण्डे जी, अमरीकी युवक-युवतियाँ आदि के माध्यम से अभिव्यक्त या घटित बातों से सामाजिक के रेचन से उत्पन्न सुख है। संस्कृत में कहावत है—अनुकूल वेदनीयम् सुखम् प्रतिकूल वेदनीयम् दुखम्। यहाँ पाठकों को प्रायः अनुकूल वेदना ही मिलती है। कभी रोचक बातचीत में, कभी विद्रूप के प्रति व्यंग्य के रूप में कभी सीधे मजाक में पाठक सुख पाता है।

'काशी का अस्सी' की बहुत चर्चा हुई है। मैं तो कुछ देर से लिख रहा हूँ। मैंने अब तक जितनी समीक्षाएँ पढ़ी हैं, उन सब में काशीनाथ की प्रशंसा गालियों से अलंकृत उनकी भाषा के लिए की गयी है। इस प्रसंग में काशीनाथ के साहस को खूब दाद दी गयी है। यह प्रशंसा अप्रासंगिक नहीं है। लेकिन इन समीक्षाओं में जो बात मुझे खटकती रही है, वह यह है कि समीक्षकों ने अन्तर्वस्तु और कथ्य की चर्चा प्रायः नहीं की है। कुछ रचनाकार रचना में रूपशिल्प को ही प्रधान मानकर इस तरह रचना करते हैं कि कथ्य बालुका राशि में जा छिपे पानी की तरह भाषा की चमक के नीचे चला जाता है। उसी तरह कुछ आलोचक भी कथ्य के ऊपर प्राथमिक स्थान भाषा शिल्प को देते हैं। लेखक ने खुद लिखा है—अस्सी की गालियाँ। अहा, क्या कहिए! चलिए या हाथ मलिए या सिर धुनिए। (पृ. 117) यह है गालियों के कारण अस्सी का गौरव। लेकिन काशीनाथ हर जगह गालियों के प्रत्यक्ष उल्लेख से अस्सी का या रचना का गौरव नहीं बढ़ा पाते। गयासिंह या तन्नी गुरु और कन्नी गुरु बेशक जननेन्द्रिय और गुप्तांग की संज्ञा का उच्चारण कर खुश होते हैं, लेकिन जब पिता जी सामने आ गये और बोले भी तो यही बोल पाये सालो, खेती तो गयी सरकार के उसमें। यही बात उपर्युक्त पात्र कहते तो उसमें की जगह कोई और शब्द होता वहाँ। वास्तव में काशीनाथ की भाषा ऐसे ही साहसिक प्रयोगों के कारण कुछ ज्यादा ही प्रधान हो गयी है। लेकिन इससे भी बड़ी बात यह है कि काशीनाथ ने अपने संस्मरणों में और इस कथा में भी भाषा की नयी शक्ति का अहसास कराया है। जाहिर है कि यह शक्ति जितनी हिन्दी भाषा में है, उतनी ही रचनाकार के रूप में काशीनाथ में भी। काशीनाथ की रचनात्मकता इस बात में है कि वे यह समझ पाये कि भाषा की रचनात्मक शक्ति तो जनता में होती है। अस्सी की चाय दुकान या अस्सी के घाट की सीढ़ियों पर जो लोग मिलते हैं, वे जनता से घुले-मिले होते हैं। आम जनता के अंग भी हैं और बौद्धिक रूप से आम जनता के स्तर से थोड़ा ऊपर भी। लेकिन इन जगहों में संवाद तो आम लोगों से ही होता है। इस जीवन यथार्थ से घना सम्बन्ध होने के कारण ही काशीनाथ यह महसूस कर पाये कि यहाँ की भाषा में भी श्रेष्ठ रचना की जा सकती है, रचना के नये रूप और शिल्प का स्वरूप अनायास ही तैयार किया जा सकता है। इस बात का महत्त्व इस दृष्टि से है कि

बहुतेरे लेखक और आलोचक यह मानते रहे हैं कि हाट-बाजार की भाषा में साहित्य नहीं रचा जा सकता है। काशीनाथ ने काशी का अस्सी के जरिये दिखा दिया कि हाट-बाजार की भाषा में रचनात्मकता को नया और श्रेष्ठ आयाम दिया जा सकता है। लेखक एक जगह कहता है—अस्सी का अपना शब्द कल्पद्रुम है दुनिया जानती है। इसके पास कुछ नहीं, शब्दों की ही खेती है। (पृ. 74) ऐसा कहकर लेखक ने अपने पात्रों पर एक टिप्पणी की है, सटीक टिप्पणी, जो बताती है कि वे कुछ और नहीं करते, बातें बनाते रहते हैं। लेकिन काशी का अस्सी में जो बातें बनाई गयी हैं, वे तो उन पात्रों के द्वारा जितनी बनाई गयी हैं, उससे ज्यादा तो स्वयं काशी नाथ के द्वारा बनायी गयी हैं। वे बातें काशी (वाराणसी) की जितनी हैं, उससे ज्यादा लेखक काशीनाथ की हैं। लेकिन इस पुस्तक के शिल्प की विशेषता यह भी है कि कोई पात्र यहाँ नायक नहीं है, स्वयं अस्सी के हाथों में सारी बातों की रास है। जनतन्त्र के बारे में एक टिप्पणी सुनिए—दुनिया उनसे नहीं चल रही है जो रात दिन हाय रोटी। हाय दाल किये रहते हैं, जो सबेरे आठ बजे घर से निकलते हैं और दिन भर ऑफिस में 'मराने' के बाद छितरा के शाम को आठ बजे घर लौटते हैं। उन्हें कहाँ फुर्सत कि देश और दुनिया में क्या हो रहा है, इसके बारे में सोचें। सोचने के लिए भी फुर्सत चाहिए। लोकतन्त्र के चाकरों के पास कहाँ फुर्सत? लोकतन्त्र उनसे है जिनके पास फुर्सत ही फुर्सत है। (पृ. 75) ये फुर्सत वाले सोचते हैं, चुनाव पर तो कैसी टिप्पणी करते हैं यह देखिये। एक हैं मिश्रा जी, कम्युनिस्ट हैं। आयुर्वेद के डॉक्टर हैं, लेकिन दवा-दारू की बात करते हुए कभी नहीं पाये गये। लोकमत यह है कि उनसे वह सलाह ले जो जीने से तंग आ गया हो। ...अभी-अभी लौटे तो घोसी से सी.पी.आई. के अतुल अनजान को कल्पनाथ राय के संघर्ष में खड़ा कर के गुलाम को गरिया रहे थे—अगर उसने तालमेल कर लिया होता तो यह नौबत नहीं आती। एक हैं राधेश्याम पैदाइशी भाजपाई, उनके बारे में कहा गया है—राधेश्याम को अगर हिन्दुत्व के गर्व ने न मारा होता तो क्या ही प्यारे और नेक इन्सान थे। इसी तरह काम करो बनिये का मजा ल्यौ दुनिये का। इसी तरह गपशप में वोट का यह अर्थ देखिए—देखो वोट माने मत। तुम्हारी अपनी मति क्या है? राय क्या है? तुम सिर्फ अपनी राय जाहिर करते हो। क्या ठीक है, अपना और देशहित किसमें है, यह बताते हो। (पृ. 51) अस्सी में बात बनाने वालों की एक चिन्ता और देखिए—गया सिंह शुरू हो गये बबवा का जवाब नहीं है राजकिशोर गुरु। लिखा रामचरितमानस और स्थापित किया हनुमान को, राम को नहीं। राम को कौन पूछता है विश्व हिन्दू परिषद और अशोक सिंहल के सिवा। कितने मन्दिर हैं राम जानकी के। रामनवमी के सिवा कहाँ हैं राम? और हनुमान को देखें हर मंगलवार। हर शनिवार। आधी रात तक संकट मोचन में पैर रखने की जगह नहीं। जबकि देखो तो हनुमान कवि की कल्पना और अनुभव के सिवा कुछ नहीं है। कहाँ थे हनुमान तुलसी के पहले।

(पृ. 97) एक इस अंश पर गौर कीजिए—अस्सी भदैनी। पुजारियों का जम्बूद्वीप। इसी में पूरब के जमींदारों ताल्लुकेदारों ने अपने-अपने मन्दिर बनवाए, उनकी बगल में कोठरियाँ बनवाईं। दीया-बाती और पूजा-पाठ के लिए पुजारी बिठाए। ये अपने जजमानों के लिए पूजा-पाठ और धरम-करम करते रहे और अपने बच्चों को संस्कृत, कर्मकाण्ड और ज्योतिष सिखाते-पढ़ाते रहे। न जमीन-जायदाद की चिन्ता, न राशन पानी की, न कपड़े लत्ते की। यह सारा कुछ जजमान के जिम्मे था। वह समय-समय पर इनकी जरूरत के सामान भिजवाता रहा और ये निश्चिन्त मलाई काटते रहे। (पृ 101) अस्सी के लहजे में यह गम्भीर बात कही गयी है, जो पुरोहितवाद (जिसे आजकल लोग ब्राह्मणवाद कह रहे हैं और उसे ब्राह्मण जातिवाद का पर्याय बता दिया है) के वर्ग आधार, वर्ग स्वार्थ और ब्राह्मणों के जीविकागत स्वार्थ का साक्षात्कार कराती है। इस पुरोहितवाद की वर्गीय भूमिका को लेखक ने कम्युनिष्ट नेता मिश्रा जी से भी स्पष्ट कराया है। इन्हीं के पूजा-पाठ के भरोसे वह रिआया पर अत्याचार और जुल्म भी करता रहा कि चाहे जो पाप करो, उन सबके प्रायश्चित्त का विधान हमारे पुरोहित के पास है। लगभग इसी तरह की बात गोदान में दूसरे धरातल पर गोबर ने अपने पिता होरी से कही—उनका (राय साहब का) भजन भाव हमारी ही मेहनत के बूते चलता है। आज सामन्तवाद तो समाप्तप्राय है। पूँजीवाद, विशेषतः इजारेदार पूँजीवाद और साम्राज्यवादी वित्तीय पूँजीवाद ने अपनी रक्षा के लिए उस पुरोहितवाद को विचारधारा के रूप में अपना लिया है। इस विचारधारा से जनता की चेतना को वर्तमान के प्रश्नों से हटाने में सहूलियत होती है।

हमारे देश की वर्तमान राष्ट्रीय जनतान्त्रिक सरकार ज्योतिष और कर्मकाण्ड को विश्वविद्यालयों में पढ़ाई का विषय इसीलिए बना रही है कि जनता की बुद्धि को कुन्द कर दिया जाए और वे मौज से राज करते रहें। जनता जब शासक वर्ग की विचारधारा को सहमति से अपना लेती है, तो परिवर्तन के बारे में सोचना बन्द कर देती है। आज के कुण्ठाग्रस्त राजनीतिक माहौल का यह मुख्य कारण है।

यों अस्सी आज की भाषा में मनुवाद का शक्ति पीठ। सनातन धर्म जहाँ चौबीस घण्टे हरि कीर्तन करता है। शंकराचार्यों से टकराने का साहस है जिसमें, जिसके आकाश में धर्म की ध्वजा फहराती रहती है। यह बात कहती है कैथरीन। जाहिर है इस मनुवादी शक्तिपीठ में अमरीकी युवक-युवतियों का जत्था आता रहता है। इसका समाजशास्त्र यह है कि ये अमरीका के अर्द्ध बेरोजगार लोग हैं, जो यहाँ सस्ते में गुजर करने चले आते हैं। लेकिन उन्होंने अस्सी का समाजशास्त्र, नीतिशास्त्र और धर्मशास्त्र भी धीरे-धीरे बदल दिया। अस्सी के लाढ़े राम एक वाक्य में कहते हैं—ये अपने घर और देश और समाज में उसी तरह कचड़ा है जैसे अपने समाज में हम। लाढ़े राम भारतीय समाज में पिछड़ों के सदस्य हैं। अमरीकी लोग भी पिछड़ों से सेवा कराते हैं। लेकिन धीरे-धीरे ब्राह्मणों पर भी ऐसा असर पड़ता है कि पाण्डे जी भी

अपने घर का नक्शा और ढाँचा बदल कर अमरीकी पर्यटकों को पेइंग गेस्ट के रूप में रखने को तैयार हो गये। यह है व्यवसाय का परम्परा पर प्रभाव, आय बढ़ाने के स्वार्थ का अपनी पौराणिक मान्यता पर असर। यह है बदलाव की प्रक्रिया, जिसे लेखक ने अस्सी और अस्सी के हीरो पात्रों के जरिये समझने-समझाने की कोशिश की है। वे यह देखते हैं कि यथास्थिति वाले बहुत सावधान हैं कि बदलाव उनके हितों के खिलाफ हो जाए। इसी प्रसंग में लेखक का यह व्यंग्य देखिए 31 दिसम्बर 92 को सरकार ने अपने सुख-समृद्धि के कार्यों का ब्योरा समझाते हुए जनता को खुशखबरी दी कि उसने हँसी पर काबू पाने में सफलता हासिल कर ली जो विकास के रास्ते का सबसे बड़ा रोड़ा थी। (पृ. 153) यह विकास देश के धनाढ्य वर्ग के स्वार्थों का है। आम लोगों की हँसी इस विकास में बाधा डालती है। इसलिए सरकार की बड़ी सफलता है इस हँसी पर काबू पा लेने में।

इस प्रकार के ढेर सारे प्रसंग और चुटीले, बेधक वाक्य काशी यानी काशीनाथ के अस्सी में हैं। लेखक की पकड़, सूझबूझ, जिन्दादिली और स्मरण शक्ति प्रशंसनीय है। वैसे काशीनाथ से लगाव रखने के कारण यह समीक्षक उसकी स्मरण शक्ति की एक चूक का उल्लेख करके बात खतम करना चाहता है। और यह उल्लेख पाठकों के लिए नहीं काशी के लिए है। यह पारा देखिए...जाने कैसे मेरे पाँव अपने आप घाट की ओर बढ़ चले। एक मुद्दत के बाद, और जा पहुँचे उसी बोधिवृक्ष के नीचे जहाँ दो साल पहले जनता के कवि जनता के बीच बैनर तले कवि सम्मेलन हुआ था नामवर जी की षष्टिपूर्ति के अवसर पर। तब नागार्जुन थे, त्रिलोचन थे, केदारनाथ सिंह, अरुण कमल, भवगत रावत, अब्दुल बिस्मिल्लाह और भी कई लोग थे। (पृ. 39) यदि मैं कहूँ काशीनाथ से कि भाई मोरे खगेन्द्र ठाकुर को क्यों भूल गये, वह भी तो था, तो काशी कह सकते हैं "और भी कई लोग" में आप नहीं हो क्या? और डॉ. गया सिंह से मेरा परिचय बाद में हुआ जब काशीनाथ की षष्टिपूर्ति के अवसर पर मैं भी अस्सी के शक्तिपीठ पर हाजिर हुआ और चाय भी पी। यह तो बाद की बात है नहीं तो गया सिंह को अपना गवाह मैं बना लेता। लेकिन जाने दीजिए, इतनी बातों और इतने पात्रों की भीड़ में एक आदमी को काशीनाथ भूल ही गये तो अस्सी का क्या बिगड़ता है।

इसके बावजूद मैं अन्त में यह कहना चाहता हूँ कि काशी का अस्सी के जरिये काशी ने हिन्दी गद्य को समृद्ध किया है। जैसे परसाई जी ने समृद्ध किया है। भीष्म साहनी, अमरकान्त, दूधनाथ आदि ने समृद्ध किया है। हिन्दी गद्य जिन्दा है, आगे बढ़ रहा है, जनता के बीच में जीवन्त अनुभवों के जरिये। जनता की जीवन्तता और लेखक की जिन्दादिली और तीक्ष्ण रचनात्मक बुद्धि ने गद्य का यह विकास सम्भव किया है।

मध्यवर्गीय घुटन और टूटन से साक्षात्कार

ज्ञानरंजन प्रेमचन्द के बाद की चौथी पीढ़ी के कलाकारों में प्रमुखता से चर्चित हुए हैं, हालाँकि उनकी कहानियों की व्याख्या का काम अभी ठीक से पूरा नहीं हो पाया है, जबकि किसी भी कथाकार को समझने के लिए या उसकी रचनाओं के बारे में मन्तव्य देने के लिए यह जरूरी काम है।

ज्ञानरंजन की पीढ़ी के रचनाकाल का आरम्भ छठे दशक के अन्त या सातवें दशक की शुरुआत से होता है। ज्ञानरंजन के साथ-साथ काशीनाथ सिंह, कामतानाथ, दूधनाथ सिंह, इसराइल, मधुकर गंगाधर, इब्राहिम शरीफ, मधुकर सिंह आदि सामने आते हैं, उसी दौर में राजकमल चौधरी भी अत्यधिक सक्रिय थे। सातवें दशक के मध्य तक आते-आते हमारे सामाजिक जीवन में मध्यवर्ग की जो नयी हलचल शुरू हुई, उसका संकेत कई रूपों में इसी समय से मिलने लगता है। देश की स्वतन्त्रता से सर्वाधिक उम्मीद बाँधी थी गाँव से शहर तक फैले हुए हमारे मध्यवर्ग ने ही। संख्या और समझ दोनों ही दृष्टियों से हमारे सामाजिक ही नहीं, राजनीतिक जीवन पर भी इस मध्यवर्ग का गहरा असर रहा है। लेखक भी प्रायः इसी वर्ग से आते हैं। इसलिए साहित्य में भी मध्यवर्गीय चेतना और चरित्रों का प्रभुत्व इस दौर में दिखायी पड़ा तो कोई अचरज की बात नहीं।

मध्यवर्गीय चेतना कोई स्थिर चेतना नहीं है, बल्कि उसमें तो कभी-कभी परिस्थिति में बदलाव की प्रक्रिया से भी अधिक गतिशीलता, चंचलता एवं अस्थिरता दिखायी पड़ती है। आशा के दौर में मध्यवर्गीय चेतना जरूरत से ज्यादा स्थिर एवं शान्त रहती है, लेकिन जब आशा टूटने लगती है, मोहभंग होने लगता है और कुंठा का दौर शुरू होता है तो वह बेहद अस्थिर एवं चंचल हो जाती है। यों अस्थिरता एवं चंचलता के बावजूद कुंठा उसे आत्मकेन्द्रित बना देती है। ऐसा उन व्यक्तियों के साथ घटित होता है जो उत्पादन की प्रक्रिया में शामिल लोगों से लगाव नहीं महसूस करते। उत्पादन की प्रक्रिया में शामिल होने से चेतना का जो धरातल बनता है, वही उससे अलग रहने पर नहीं बनता। इन दो तरह के लोगों से लगाव के अनुसार दो अलग-अलग तरह के व्यक्तित्व बनते हैं। मध्यवर्ग के जो लोग उत्पादन की प्रक्रिया में शामिल लोगों से लगाव कायम करते हैं, उन्हें पस्ती और कुंठा के बदले आशा,

उत्साह और आस्था का स्वर सुनायी पड़ता है। यह बात साहित्यकारों के साथ भी लागू है, यही कारण है कि एक ही दौर की रचनाओं में कई प्रकार के चरित्र, कई प्रकार के व्यक्तित्व और कई प्रकार की चेतना से साक्षात्कार होता है। अलगाववादी लेखकों के चरित्रों का व्यक्तित्व एवं उनकी चेतना स्वभावतः लगाववादी लेखकों के चरित्रों के व्यक्तित्व एवं उनकी चेतना से भिन्न है। जहाँ राजकमल चौधरी, निर्मल वर्मा, श्रीकान्त वर्मा आदि के चरित्र आत्मकेन्द्रित होकर अज्ञेय, जैनेन्द्र आदि की प्रवृत्ति को वहन करते हैं, वहीं ज्ञानरंजन, काशीनाथ सिंह, कामतानाथ, इसराइल आदि यथार्थवादी धारा को आगे ले चलने को सक्रिय हैं।

ज्ञानरंजन अपने समकालीनों के बीच सचमुच भिन्न पहचान बनाते हैं। इनकी एक विशेषता तो यह है कि इनकी कहानियों में अलगाववादी चरित्र भी हैं और लगाववादी चरित्र भी। लेखन के विकासक्रम में ये दोनों प्रकार के चरित्र आते हैं, जैसे 'चुप्पियाँ', 'याद और याद', 'दिवास्वप्नी' आदि कहानियों में और आगे चलकर जब ज्ञानरंजन सामाजिक जीवन से लगाव की कहानियाँ लिखते हैं तो इनमें कुंठा से मुक्ति के लिए एक तड़प है जैसे 'शेष होते हुए', 'बहिर्गमन', 'पिता' आदि कहानियों में। ज्ञानरंजन की दूसरी विशेषता यह है कि कथाकार स्वयं अलगाववादी चरित्रों की चेतना के साथ बहता हुआ अथवा चलता हुआ नहीं दिखायी पड़ता। ऐसे आत्मकेन्द्रित चरित्रों के जीवन से, उनके अन्तर्जगत् से लेखक का परिचय तो बहुत गहरा है, अत्यन्त विश्वसनीय ढंग से वह इन चरित्रों को प्रस्तुत भी करता है, लेकिन वह इन चरित्रों से प्रतिबद्ध नहीं है। वह हमें इन चरित्रों तक ले जाता है और परदा उठा कर दिखा देता है, महसूस करा देता है कि मध्यनवर्ग के अलगाववादी चरित्र आत्मकेन्द्रित चरित्र कैसे होते हैं। 'चुप्पियाँ' कहानी का नायक करन सामान्य सामाजिक तबके का ही व्यक्ति है, कम-से-कम आर्थिक दृष्टि से वह बहुत ऊँची श्रेणी का नहीं है। वह अपने फूफा के गाँव पहुँचता है। उसे नहीं मालूम कि 'ये खेत किस चीज के हैं' और गाँव के मकान उसे खूबसूरत 'मैदान-चित्र पर मिट्टी के लोंदे' की तरह लगते हैं। गाँव उसे अच्छा तब लगता है जब वह साँझ के अँधेरे में डूब कर 'समष्टि रूप' हो जाता है, यानी जब मकानों का पृथक स्वरूप ओझल हो जाता है। लेकिन ऐसा क्यों होता है? गाँव का उन्मुक्त वातावरण और खेतों की हरियाली उसका ध्यान क्यों नहीं खींचते? इसलिए कि जीवन की सामूहिक प्रक्रिया से, श्रम की प्रक्रिया से उसका लगाव नहीं है, फलतः उसकी चेतना परिवेश से कटी हुई है। गाँव में, खेतों की मेंड़ों पर, नहर के पाट पर टहलते हुए भी वह अपने मानस में सिमटा रहता है; क्योंकि वास्तव में उसके मानस में फुफेरी बहन मिन्नी बैठी रहती है। लेकिन उसके साथ भी वह खुलकर न मिल पाता है और न बात कर पाता है। दोनों के बीच इस दूरी का कारण है करन की कुंठा। फलतः पूरी कहानी करन के मनोवेगों से ही तैयार होती है। लेकिन लेखक की चेतना करन से भिन्न है, यह

तब स्पष्ट हो जाता है, जब वह हमें बता देता है कि करन गाँव से जा रहा है और औरतें बाजार से लौटकर गाँव जा रही हैं, तब 'मनःस्थितियों के सुनहरे बदरंग साँप उसके तनमन को खपच्चियों की चुभन की तरह डंस गये। कोई जोंक उसके दिल से लिपटी उसका खून पीती जा रही थी।'

इसी तरह 'याद और याद' का नायक खदान मजदूर है। आज के जमाने में मजदूरों की जो क्रिया होती है, उससे एकदम भिन्न है इस कहानी का मजदूर। पूरी कहानी में क्रिया-सूचक वाक्य उँगलियों पर गिने जा सकते हैं–(1) खदान से आज लौटने में देर हो गयी, ऐसा भ्रम हुआ। (2) सीढ़ियों पर बैठने बाहर आ गया। (3) ट्रेनक्रासिंग की बगल वाले गार्डर के टुकड़े पर टिक गया। (4) भटकता रहा और अब स्टेशन वाली गुमटी में बैठ जाता हूँ। (5) जीने पर लौट के बैठ गया और (6) सीढ़ियों से उठा। कमरे की अन्तहीन कारा में घुसता हूँ तो दीवार पर मेरे शरीर का पराजित साया बीहड़ होता जाता है। मजदूर होते हुए भी यह कथानायक अपनी वर्गीय चेतना से दूर होने के कारण कार्रवाइयों से दूर है, फलतः अकेलेपन और मनहूसियत की जिन्दगी जीता है। यों वह मनहूसियत को काटने के लिए बाहर निकलता है, कमरे में बन्द नहीं होता, कमरा तो उसे 'अन्तहीन कारा' की तरह लगता है। लेकिन बाहर भी कहीं कोई लगाव नहीं रहने के कारण फिर स्वतः उसी कारा के घेरे को समर्पित हो जाता है। जो मजदूर इस बीसवीं सदी में अदम्य ऐतिहासिक क्रान्तिकारी शक्ति है, उसकी भी कैसी दुर्दशा अपने वर्ग और परिवेश से कट जाने पर होती है, यह इस कहानी में अच्छी तरह चित्रित है। 'दिवा-स्वप्नी' कहानी भी भिन्न सन्दर्भ में दिखाती है कि आत्मकेन्द्रित व्यक्ति का व्यक्तित्व कितना छोटा होता है, उसकी चिन्ता कितनी छोटी होती है, और वह व्यक्ति समाज के लिए कितना बेकाम हो जाता है। जो व्यक्ति जीवन में कोई बड़ा स्वप्न नहीं देख सकता, जो आदमी यथार्थ से टूटा हुआ है, वह दिवास्वप्न के सिवा और क्या देख सकता है? कहानी ऐसे चरित्रों को अत्यन्त स्वाभाविक ढंग से बेपर्द करती है। कथानायक अपनी किशोरावस्था की प्रेमिका तथा अब दूसरे की विवाहिता मीरा के पत्र से प्रेरित होकर पंचमढ़ी चला आया और वहाँ प्रेमिका की प्रतीक्षा कर रहा है, जो नहीं आयी। कथा की यह परिणति हमें कथानायक के मानसिक, नैतिक और चारित्रिक खोखलेपन का अहसास करा देती है।

मध्यवर्गीय चरित्रों की अनेक विशेषताएँ होती हैं। इनमें अत्यन्त महत्त्वपूर्ण है व्यक्तित्व का दोहरापन। ज्ञानरंजन की कई कहानियों में यह दोहरापन चित्रित है, 'खलनायिका और बारूद के फूल' तथा 'सीमाएँ' इस प्रसंग में उल्लेखनीय हैं। इन दोनों ही कहानियों का कथ्य प्रायः एक है, प्रसंग अलग-अलग हैं। चारित्रिक दोहरापन यह है कि मध्यवर्गीय व्यक्ति जिस स्वच्छन्दता का, जीवन के जिस आनन्द का उपभोग स्वयं करता है, उसका विस्तार सबके लिए नहीं चाहता, यह उसका

स्वार्थ है, संकीर्णता है। इन दोनों कहानियों में आधुनिक उदारता और रूढ़िप्रियता का टकराव एक ही परिवेश में, एक ही व्यक्तित्व में अच्छी तरह दिखायी पड़ता है। 'खलनायिका और बारूद के फूल' में एक लड़की सुमन अपने सहपाठी कथानायक से प्रेम करती है। उसके नव-धनाढ्य ठीकेदार पिता का पारिवारिक वातावरण प्रत्यक्षः रूढ़िवादी नहीं है। कथानायक सुमन से उसके घर की छत पर एकान्त में देर-देर तक मिलता है। सुमन के परिवार को इस मिलन से एतराज नहीं है, लेकिन जब दोनों में शादी की बात उठती है तो तीखा एतराज अलंघ्य दीवार बनकर खड़ा हो जाता है। सुमन के चरित्र का भी दोहरापन तब प्रकट होता है जब यह भेद खुलता है कि उसकी छोटी बहन सरोज भी किसी से प्रेम करती है। सुमन को अपना प्रेम तो अच्छा लगता है लेकिन बहन का नहीं। कहानी में एक तरफ तरूणोचित भावुकता, स्वच्छन्दता है तो दूसरी तरफ उस पर पारिवारिक परम्परा, सामाजिक मर्यादा, नये धन के अहंकार आदि का दबाव। दोनों मिलकर सुमन को बड़ी सहजता से तोड़ देते हैं। स्वयं सुमन अपने इस विघटन को चुपचाप बिना किसी असन्तोष या क्षोभ के स्वीकार कर लेती है और अपने प्रेमी से एकदम सहज भाव से कहती है—'देखो, मुझे किसी कहानी-बहानी में अब चित्रित मत करना। मेरी शादी होने वाली है, नाहक क्यों किसी को शक हो।' सुमन की यह सहजता उसके प्रेमी के साथ ही पाठकों को भी चकित कर देती है क्योंकि यह दोहरापन और विघटन की सहज स्वीकृति प्रेम जैसी पवित्र चीज को भी व्यावसायिक वस्तु बना देती है। 'सीमाएँ' कहानी में भी कथानायक अपने मित्र विवेक के परिवार की आत्मीयता, खुलेपन आदि का लाभ उठाकर उसकी बहन सविता से प्रेम करने लगता है। मिलने-जुलने तक किसी प्रकार का एतराज नहीं है लेकिन प्रेम का भेद खुलते ही पूरे परिवार को स्वयं विवेक को भी भारी एतराज होता है। विवेक का एतराज ध्यान देने लायक है क्योंकि यह खुद भी अपने एक दूसरे मित्र की बहन प्रमिला से प्रेम करता है।

रूढ़ि और आधुनिकता का अन्तर्विरोध आज के भारतीय समाज की मानसिकता का विशिष्ट पहलू है। मध्यवर्गीय मानसिकता का यह पहलू असल में हमारी वर्त्तमान संक्रमणशील सामाजिक प्रक्रिया की जटिलता की उपज है। हमारे समाज की जटिलता की विशेषता यह है कि इसमें अनेक प्रवृत्तियाँ एक साथ चल रही हैं और एक ही मानस में एक ही व्यक्तित्व में उन प्रवृत्तियों का प्रतिबिम्ब दिखायी पड़ता है। एक प्रवृत्ति प्राक्पूँजीवादी, खासकर सामन्तवादी सम्बन्धों और संस्कारों से जुड़ी हुई है, दूसरी प्रवृत्ति पूँजीवादी उत्पादन-प्रणाली के फैलाव तथा उससे उत्पन्न वैयक्तिकता एवं स्वच्छन्दता से सम्बन्धित है। इन दोनों में टकराव है, लेकिन चूँकि भारत में पूँजीवाद सामन्ती सम्बन्धों को खत्म करने की वास्तविक रुचि खो चुका है, इसलिए पूँजीवादी माहौल में जीने वाला व्यक्ति या परिवार भी सामन्ती संस्कारों से मुक्त नहीं हो पाता है, मुक्त होना भी नहीं चाहता। इसीलिए वैयक्तिक स्वच्छन्दता और सामाजिक रूढ़ि

में, नयेपन और पुरानेपन में टकराव तो होता है, लेकिन नयापन वास्तव में पंगु है, उसका पुरानेपन से समझौता है। एक तीसरी प्रवृत्ति भी हमारी वर्त्तमान सामाजिक जटिलता का अंग है और वह है उपर्युक्त दोनों प्रकार की प्रवृत्तियों से, उपर्युक्त पंगुपन से समाज और मनुष्य को मुक्त करने का संघर्ष। हमारे समाज के मध्यवर्ग ने सातवें-आठवें दशक में इस संघर्ष में काफी हाथ बँटाया है। इस संघर्ष में शामिल होकर व्यक्ति अन्तर्विरोधों से मुक्त होने का प्रयत्न करता है।

ज्ञानरंजन ने रूढ़ि और आधुनिकता के अन्तर्विरोध को अच्छी तरह से पकड़ा और चित्रित किया है। 'सम्बन्ध' कहानी में कथानायक निरर्थक घूम-घाम कर शाम को घर लौटता है, अपने कमरे में जाकर पड़ा रहता है। उसकी माँ कमरे के दरवाजे पर आ खड़ी होती है, तो उसे लगता है कि उसके 'शरीर ने किसी बर्फीली सुरंग से गुजरना शुरू कर दिया है।' माँ सूचना देती है कि छोटा भाई 'आत्महत्या कर लेने की बात कहकर निकल गया है।' यह सूचना पाकर भाई को तलाशने की चिन्ता करने की बजाय वह कहता है—'मैं क्या कर सकता हूँ' और फिर अपने भाई के बारे में यह सोचने को मजबूर हो गया कि उस बेचारे को मर ही जाना चाहिए। भोर में उसे लौटा हुआ पाकर प्रसन्नता व्यक्त करने के बदले वह सोचता है—'मतलब आज अखबार में कोई स्थानीय समाचार नहीं होगा। मतलब आज भी घर का जीवन पूर्व निश्चित तरीके से ही चलेगा।' (सम्बन्ध) यह सब कुछ जिस मनुष्य को हमारे सामने खड़ा करता है, वह कितना अमानुषिक है, कितनी भयानक है उसकी चेतना! लेकिन उसका स्रोत कहाँ है? उसका स्रोत है उस जीवन-व्यवस्था में, जिसने जीवन को आकर्षणहीन बना दिया है, सारे मानवीय पारिवारिक एवं सामाजिक सम्बन्धों को तोड़ दिया है। ज्ञानरंजन के इन चरित्रों को भी वही व्यवस्था अमानुषिक बनाती है, जिसने प्रेमचन्द के घीसू और माधव को बनाया था।

ज्ञानरंजन की कहानियों में चरित्रों की जो स्थिति एवं परिणति है, यह हमारे मन में ऐसे चरित्रों के प्रति वितृष्णा पैदा करके चुनौती भरे यथार्थ की ओर संकेत भी करती है। 'शेष होते हुए' कहानी के अन्त में कहा गया है—'अभी लोग पूरी तरह बिखरे नहीं हैं, अभी संक्रान्ति अपने अंजाम की तरफ केवल शुरू हुई है।' यद्यपि यह संक्रान्ति बिखरने की दिशा में ही जाती है, फिर भी जब यह प्रक्रिया महसूस करा देती है कि बिखरना असामाजिक एवं घातक है तो नये प्रकार के संघटन की जरूरत का भी संकेत देती है। 'क्षणजीवी' कहानी का नायक रुपये के अभाव और घर से मनीआर्डर आने की प्रतीक्षा में उद्विग्न है, यद्यपि वह सोचता है कि इस सत्यानाश को मैं कुचल देना चाहता हूँ क्योंकि मुझे स्वप्निल तृप्ति अच्छी लग रही है और व्यस्त रहने का दार्शनिक अभिनय भी मुझे तात्कालिक राहत दे सकता है, फिर भी उसे यह ठोस यथार्थ कहना पड़ता है—'मैं कुछ रुपयों की प्रतीक्षा में सड़क पर खून जलाता भटक रहा हूँ। चूँकि रुपयों का सम्बन्ध पेट भरने से है,

क्योंकि 'भोजनालय वाला आज तो बिना रुपये लिये खिलाने से रहा' और पेट भरने का सम्बन्ध मानस की चितन-शक्ति समेत अन्य तमाम प्रवृत्तियों से है, इसलिए कथानायक को रुपये के घोर अभाव में न कविता अच्छी लगती है और न सूखे होठों वाली औरत का सिनेमा-पोस्टर। वास्तव में कथानायक ने घबरा कर सोचना स्थगित कर दिया है। इस कहानी का पूरा प्रसंग यह निष्कर्ष देता है कि जीवन की ठोस भौतिक आवश्यकता की उपेक्षा करके मनुष्य जीवन और समाज की किसी भी अच्छी वस्तु के बारे में सोच तक नहीं सकता, मनुष्य की चेतना का निर्धारण भौतिक यथार्थ से ही होता है।

इसी प्रसंग में और जिन दो कहानियों का जिक्र आवश्यक है वे हैं, 'अमरूद का पेड़' और 'मनहूस बँगला'। घर के सामने एक अमरूद का पेड़ अपने आप उग आया, धीरे-धीरे बड़ा हो गया, फूल और फल भी लगे। कहानी बताती है कि 'अमरूद की छाया में बेंत की कुर्सियों पर बैठ चर्चा कर इन तीन-चार भाई-बहनों ने अपनी उम्र के फर्क को दोस्ताना हरकतों से भर दिया।' तोते का पिंजरा भी उसकी टहनी में टाँगा जाने लगा था। उसमें एक छोटा-सा झूला भी डाल दिया गया। माँ पहले फल फेंकवाकर अगले मौसम के नये और बेहतर फलों को प्रतीक्षा करती है। दादी अमरूद की पत्तियों में सूरन पका कर स्वादिष्ट बनाने का प्रयत्न करती है। इस प्रकार अमरूद का पेड़ 'हमारे अन्दर आत्मीयता को निरन्तर धनिक बनाने वाला कोष' बन गया। वास्तव में अमरूद का पेड़ एक ऐसी वस्तु का प्रतीक बन गया है, जिसका उद्‌भव मनुष्य को, उसकी अनेक पीढ़ियों को जोड़ता है, उसकी भावनाओं तथा जरूरतों की पूर्ति करता है। अमरूद के पेड़ में यह भूमिका अदा करने की क्षमता कई बातों से आती है, जैसे एक तो वह इस घर के लिए नया है। दूसरे उसमें छाया है, तीसरे उसमें स्वादिष्ट फल की सम्भावना है। कोई चीज नयी हो और दूसरों को सुख-सुविधा देनेवाली हो, तो वह लोगों को जोड़नेवाली भी बन जाती है। ऐसी चीज 'अपशकुन के आरोपों को' भी नष्ट करने की क्षमता रखती है। लेकिन अमरूद का पेड़ आखिर जड़ है, उसका अस्तित्व अन्ततः मनुष्य पर आश्रित है, क्योंकि पारिवारिक-सामाजिक घटना-क्रम को समझ सकने में असमर्थ माँ समझ बैठती है कि 'बड़ी बहू की अलगाव भावना, सबसे छोटे का निठल्लापन, खुद उनकी बीमारी और लोगों का धन्धे से बिखर जाना और कुछ नहीं है, बहुत दिनों तक दरवाजे पर उसी अमरूद के पेड़ के लगे रहने का दुष्परिणाम है जिसे काफी पहले ही लोगों ने अशुभ बताया था।' फलतः अमरूद का पेड़ कटवा दिया गया। यह एक सामाजिक दुर्घटना है, जो वैसे परिवार में घटित होती है, जिसके स्त्री-पुरुषों ने स्वाधीनता-संग्राम में जेल-यात्रा तक की है, जाहिर है देश की स्वाधीनता के लिए किया गया संघर्ष मनुष्य को स्वतः रूढ़ियों से मुक्त नहीं करता, उसके लिए समाज को विकास-प्रक्रिया को, उसके नियमों को समझना तथा मनुष्य की आकांक्षाओं को

भविष्य के फूल-फल से समझदारी के स्तर पर भी जोड़ना जरूरी है। इस महत्त्वपूर्ण बात को यह कहानी बड़ी स्वाभाविकता से महसूस कराती है।

'मनहूस बँगला' वातावरण प्रधान कहानी है उसके वातावरण की दो विशेषताएँ हैं—एक तो यह कि स्वयं वातावरण इतना प्रधान है कि उसके भीतर के लोग उसमें डूब गये हैं, दूसरे उसके भीतर लोगों की चहल-पहल का पता बाहर से नहीं चल पाने के कारण बँगला मनहूस मालूम पड़ता है। यों बँगले की मनहूसियत का ऐतिहासिक कारण भी है और वह यह कि वह राय बहादुर का बँगला है, जिनके दिवंगत हो जाने के बाद परिवार ही टूट गया। वास्तव में 'रायबहादुरी' भी मर चुकी है। जाहिर है कि जिन्दादिली का मूल जरिया तो मनुष्य की हलचल, उनके सामाजिक अन्तस्सम्बन्ध तथा भविष्य की ओर उन्मुखता है। कथानायक के जरिये लेखक इस बात को ठिकाने से पेश करता है; क्योंकि वह मनहूसियत को पसन्द नहीं करता। एक दिन अचानक कथानायक को 'उस मनहूस बँगले पर पक्षियों की कृपा देखकर ताजगी-सी लगी। सवेरे की हवा तैर रही थी। छत पर दौड़ती हुई लड़की को आते देखकर आश्चर्य होता है।' कथानायक मनहूसियत से इतना डरता है कि दुबारा दार्जिलिंग जाने पर उस बँगले वाले रोड में जाने की हिम्मत उसे नहीं होती है।

इसी सिलसिले में एक और ध्यान देने योग्य कहानी है 'फेंस के इधर और उधर' इसमें हम देखते हैं कि एक ही परिवेश में तरह-तरह के लोग हैं, फेंस (घेरा) मकानों के हाते को बाँट सकता है, लेकिन परिवेश को नहीं, फिर भी फेंस के दोनों तरफ दो तरह के लोग हैं—एक जिनको पड़ोसियों से कोई मतलब नहीं, अपने में ही बैठे और शायद सन्तुष्ट भी। वे आत्मतुष्ट लोग हैं। दूसरे वे लोग हैं जो पड़ोसी को बर्दाश्त नहीं कर पा रहे हैं, वे लोग पड़ोसियों के बारे में जरूरत से ज्यादा रुचि लेते हैं और पूरी जानकारी लिए बिना उनके बारे में तरह-तरह की बातें सोचते रहते हैं। ये दूसरी तरह के लोग सामाजिक तो हैं, लेकिन उनकी सामाजिकता 'मनोगत' है। दोनों तरह के लोगों में खिंचाव है, जिसका मूल कारण है दोनों का अलगाव, लगाव कायम करने की कोशिश किसी तरफ से नहीं हुई। यह कहानी बताती है कि वास्तविक अन्तस्सम्बन्धों के बिना सामाजिकता भी वस्तुगत स्वरूप लेकर पूर्ण नहीं बन पाती।

यद्यपि हमारे देश में पूँजीवाद प्राक्पूँजीवादी (विशेषतः सामन्ती) सामाजिक सम्बन्धों को मिटा नहीं पाया है और पूँजीवाद भी यहाँ संकट लेकर ही विकास के मंच पर आया, फिर भी, धीरे-धीरे ही सही, पूँजीवाद और पूँजीवादी सम्बन्धों का प्रसार होता रहा है, पारिवारिक और सामाजिक स्तर पर वह पुराने सम्बन्धों को क्रमशः तोड़ तक रहा है, पुरानी भावनाओं एवं मूल्यों को दबोचता रहा है, लेकिन संकट के साथ आने के कारण वह पारिवारिक एवं सामाजिक सम्बन्धों का कोई आकर्षक और उत्साहवर्धक स्वरूप नहीं प्रस्तुत कर सका है, फलतः पारिवारिक वातावरण एवं पारिवारिक सम्बन्धों में जो सहज आत्मीयता होनी चाहिए वह समाप्तप्राय है,

बल्कि उनमें एक अनपेक्षित तनाव पैदा हो गया है, पारिवारिक वातावरण में एक ऐसा अवसाद जम गया है, जिसके खिलाफ कोई नहीं है; क्योंकि सबकी चेतना में व्यक्तिगत सम्पत्ति का स्वार्थ बैठा हुआ है। जाहिर है कि सामन्ती व्यवस्था और पूँजीवादी व्यवस्था, दोनों में सम्पत्ति के व्यक्तिगत स्वार्थ की प्रधानता रहती है, इसलिए स्वरूपगत भिन्नता के बावजूद पूँजीवाद समाज को गुणात्मक रूप में भिन्न और संकटमुक्त, तनावरहित मानवीय सम्बन्ध नहीं दे पाता, फिर भी हमारा समाज परिवर्तन की ऐसी प्रक्रिया से गुजर रहा है, जिसमें पुराना छूट रहा है, लेकिन बेहतर नया मिल नहीं रहा है। इस प्रक्रिया और उसकी परिणति का चित्रण ज्ञानरंजन ने कुछेक कहानियों में अच्छी तरह किया है, यही बात उसके कहानीकार को सामाजिक दृष्टि से सार्थक बनाती है। 'शेष होते हुए', 'पिता', 'बहिर्गमन', 'अनुभव' आदि कहानियाँ इस दृष्टि से अत्यन्त महत्त्वपूर्ण हैं।

'शेष होते हुए' कहानी वास्तव में सामाजिक प्रक्रिया में पीढ़ी-दर-पीढ़ी जो परिवर्तन होता है और परिवार तथा व्यक्ति के जीवन पर उसका जो विघटनकारी प्रभाव पड़ता है, उसे दिखाती है। इस क्रम में स्थिति यह हो गयी है कि 'मँझले को अपना घर एक कृत्रिम फिल्मी सेट सरीखा लग रहा है, जैसे वह किसी नकली जगह के सामने खड़ा हुआ है, इसलिए कि सेट का काम पूरा हो चुका है, अब वह केवल नष्ट हो जाने के लिए ही बचा है।' ऐसा क्यों है? इसलिए कि मँझले की पीढ़ी के सब लोग इतने बड़े हो गये कि उन्हें अपने अलग अस्तित्व की, अपने अलग घर की चिन्ता होने लगी है! बाबा की पीढ़ी गुजर गयी, माँ-बाप बूढ़े हो चुके हैं और यह नयी पीढ़ी उनसे जो पा सकती थी, पा चुकी है, मँझला भी नौकरी करने लगा है, उसका अपना धरातल हो गया है। इस पीढ़ी में 'अपमान' का जो भाव है, वह निजी सम्पत्ति के प्रति लगाव के रूप में व्यक्त होता है जैसे—'जिधर सहजन, केला और कटहल थे, उस पिछवाड़े की जमीन भैया ने अपना मकान बनवाने के लिए ले ली है...' मँझले ने देखा, एक ही घर में कई घर हो गये हैं, निजी व्यवस्था की प्रवृत्ति कुछ लोगों में छोटे पैमाने पर अन्दर ही अन्दर प्रयत्नशील है...टीनू अपने कमरे, केवल अपने कमरे को अच्छा से अच्छा रखता है, दूसरे कमरे की अच्छी चीजें ला-ला कर अच्छा कर लेता है। ये हैं परिवर्तन के कुछ पहलू, जो निजी व्यवस्था यानी पूँजीवादी व्यवस्था के अभिन्न अंग हैं, पूँजीवादी सम्बन्ध भी सामन्ती व्यवस्था के गर्भ में ही जन्म लेता है, लेकिन एक हद तक उसको तोड़ कर। सामन्ती व्यवस्था में भी परिवार बँटता था, फिर भी परिवार के सदस्यों के बीच लगाव कायम रहता था। पूँजीवादी व्यवस्था में जीवन-पद्धति एकदम वैयक्तिक हो जाती है, इसलिए परिवार बँटता नहीं टूटता है। मँझला विदा हो रहा है और सोचता है—"भाभी भैया को पीछे से बुला लायेंगे और दोनों शान्त मँझले के चले जाने की प्रतीक्षा में खड़े रहेंगे। एक भाई घर से विदा हो रहा है और दूसरा भाई अपनी पत्नी के साथ खड़ा उसके चले

जाने की प्रतीक्षा कर रहा है"—यह है भारतीय समाज की वर्तमान जीवन-व्यवस्था। घर के सभी लोग एक-दूसरे से इतने अलग हो गये हैं कि सब अपने-अपने कमरों से निकल कर मँझले को विदा करने को एकत्र हुए हैं तो लगता है कि वे सब लोग किसी एक स्थान से नहीं, अलग-अलग जगहों से आये हैं। उसे घर के लोग एक स्थान पर उसी दिन एकत्र नजर आते हैं, जब वह वापस नौकरी पर लौटता है। परिस्थिति और व्यवस्था का बदलना तो स्वाभाविक बात है, लेकिन दुःखद यह है कि आत्मीयता शेष हो रही है। इस तरह यह कहानी हमारे सामाजिक बदलाव के क्रम में विकसित नये यथार्थ को, उसके अमानवीय चरित्र को विश्वसनीय ढंग से प्रस्तुत करती है। 'पिता' कहानी में भी पुरानी और नयी पीढ़ी के मिजाज के फर्क और टकराव को चित्रित किया गया है। हमारे यहाँ सातवें दशक में पीढ़ियों के बीच खाई की बात जोरों से उठायी गयी थी, उसका असर इस कहानी पर है। ध्यान देने की बात है कि जब कोई वैचारिक मान्यता नहीं रहती है तो फैशन और मिजाज के सवाल पर पीढ़ियों में खाई बन जाती है।

'बहिर्गमन' एकदम भिन्न प्रकार की कहानी है जो हमारे यथार्थ का एक नया धरातल उद्घाटित करती है। सातवें दशक में व्यक्तित्व और मूल्यों के विघटन की भी चर्चा बहुत हुई थी, उसी से जोड़कर 'आत्मनिर्वासन' की भी चर्चा थी। इस चर्चा में अपने व्यक्तित्व एवं अस्तित्व की चिन्ता में घुलने वाले कहानीकार और उसके सिद्धान्तकार आलोचक 'विघटन' या 'आत्मनिर्वासन' को समझने की जरूरत नहीं समझते थे। ज्ञानरंजन की दृष्टि भी विघटन और आत्मनिर्वासन पर गयी, जिसका परिणाम है यह कहानी, लेकिन वह उसे सामाजिक प्रक्रिया में देखते हैं। इसलिए स्वयं आत्मनिर्वासन या विघटन या 'बहिर्गमन' की प्रक्रिया में शामिल नहीं है। 'बहिर्गमन' वास्तव में अपनी जमीन से उन्मूलन, अपने वातावरण से निर्वासन के परिणाम की कहानी है; वैसे सामाजिक स्थिति भी ऐसी ही हो गयी है कि अपनी जमीन पर, अपने वातावरण में रहना भी आदमी के लिए मुश्किल हो रहा है। लेकिन कारण चाहे जो हो, अपनी जमीन से उखड़े हुए, अपने वातावरण से टूटे हुए मनुष्य का कोई व्यक्तित्व नहीं रह जाता, यही इस कहानी का कथ्य है। ऐसा खोखला व्यक्ति अपने देश को हिकारत की नजर से देखता है और आसानी से नवउपनिवेशवादी मानस से जुड़ जाता है। उसी को उस समय 'आधुनिकता' कह कर स्थापित किया जाता था, लेकिन ज्ञानरंजन ने बड़ी खूबी से उसके वास्तविक चरित्र की कुरूपता को बेपर्द कर दिया है। मनुष्य किसी जगह का होता है, देश में किसी जगह का होता है, यदि उसके व्यक्तित्व से यह नहीं झलकता तो वह विघटित मनुष्य है, उसका बहिर्गमन हो गया है। इस कहानी में तीन चरित्र हैं। तीनों आज के यथास्थितिवादी भारतीय व्यक्ति की व्यक्तित्वहीनता के तीन पहलुओं को प्रस्तुत करते हैं। एक है मनोहर, जो कस्बे में 'परेशान, बेचैन और उत्पीड़ित' महसूस करता हुआ ख्वाबों में डूबा रहता

था। वह अपनी जगह को पिछड़ी और मरी हुई कह कर चला गया, शहर चला गया और संयोग से एक अच्छा काम उसे मिल गया। दूसरा है कथानायक जो गाँव में ही रहा, लेकिन अन्ततः यह सोचने को मजबूर हो गया 'मैं एक पुख्ता आदमी बनने की अभिलाषा लेकर पिछले पच्चीस वर्षों से कछुआ बना हुआ हूँ।' तीसरा चरित्र है सोमदत्त जो विदेश में रहता है और लौटकर स्वदेश आया है तथा मनोहर के साथ ठहरा है। कथानायक भी ऊब कर मनोहर के पास शहर चला गया नौकरी की खोज में। इस क्रम में तीनों एक जगह मिलते हैं और तीनों का व्यवहार देखने लायक है। मनोहर 'आधुनिक' दृष्टि से देखकर ग्रामीण कथानायक को हेय समझता है, वह विकसित ऊँचाई से 'पिछड़ेपन' को देखता है और कथानायक देखता है कि विदेश से लौटा 'सोमदत्त मनोहर के साथ बिल्कुल वैसा व्यवहार कर रहा है, जैसा मनोहर ने कभी मेरे साथ किया था।' 'उस व्यक्ति की प्रेमिकाएँ हांगकांग से लन्दन के बीच फैली हुई हैं।' लेकिन कथानायक का कहना है कि 'मैं सोमदत्त के अन्दर प्रेमी की सौभाग्यपूर्ण हलचल खोजते-खोजते थक गया।' यानी प्रेम नाम का कोई भाव उसमें नहीं है। यों मनोहर और सोमदत्त जैसे 'आधुनिक' व्यक्तियों के बीच कथानायक अपने को क्या समझता है, वह देखें—'मैं वहाँ मनुष्य नहीं रह गया था। इस देश की 'कुत्ती' जनता का एक नुमाइन्दा था।' लेकिन सोमदत्त की बातों से अभिभूत मनोहर कहता है—'यह सूअर और गधों का देश है...अब यहाँ जीवन की गुंजाइश नहीं है। मैं बराबर सोचता हूँ और समझ नहीं पाता कि तुम यहाँ वापस क्यों आये?' इस तरह के माहौल में बेचारे कथानायक की मनोदशा देखिये—'मैं मानसिक शान्ति के लिए किसी भी नये चेहरे को देखना चाहता था। मैं इस नामूली-सी बात के लिए तड़प गया।' जिसका अपनी जमीन और अपने वातावरण से लगाव है, वह उखड़े हुए लोगों के बीच अशान्ति अनुभव करता है, शान्ति के लिए क्या चेहरा देखना चाहता है, इसके लिए उसकी तड़प कितनी प्यारी है? इधर यह तड़प है और उधर 'दोनों मित्रों ने मिल कर शहर में जल्दी ही अस्तित्व की साजिश शुरू कर दी।' इस तरह यह कहानी तथाकथित या नकली आधुनिकता और अस्तित्व-चेतना पर, जो वास्तव में नवउपनिवेशवादी चेतना है, गम्भीर चोट है; क्योंकि, यह कहानी अच्छी तरह दिखाती है कि इसके चरित्रों की 'आधुनिकता' तनाव, लड़कियों और शराब तक सीमित है, उनमें मानवीय सम्बन्धों को आधुनिक बनाने की चेतना नहीं है। उन चरित्रों में जो आक्रामकता है, उसका मतलब है व्यक्ति की ओर से सामाजिकता पर आक्रमण करना। इस सन्दर्भ के कारण यह कहानी अत्यन्त महत्त्वपूर्ण हो गयी है।

मैंने ज्ञानरंजन की कहानियों के वस्तु-पक्ष की चर्चा विस्तार से जान-बूझ कर की है और जाहिर है कि अब यहाँ इन कहानियों की कला का विश्लेषण उतने विस्तार से नहीं हो पायेगा, लेकिन इस प्रसंग में मैं सबसे पहले यह कहना चाहता हूँ कि किसी भी रचनाकार की कला की पहचान सर्वप्रथम वस्तु और चरित्रों के चयन में

होती है और उसके बाद गठन एवं प्रस्तुतीकरण में। ज्ञानरंजन ने नयी कहानी के दौर में लिखना शुरू किया था, जब व्यक्ति के सामने समाज नगण्य हो गया था और चरित्र के मानस के सामने घटना-प्रवाह नगण्य हो गया था। इसलिए ज्ञान ने जब अपनी कहानियों के जरिए ऐसे चरित्रों को व्यक्तित्वहीनता और धुएँ से भरे हुए उनके मानस का साक्षात्कार हमें कराया तो बेशक उससे उनकी दक्ष कलात्मक चेतना का परिचय हमें मिलता है। जहाँ तक शिल्पशैली आदि की बात है, तो कहा जा सकता है कि ज्ञान की कहानियों की शिल्पशैली नयी कहानी वाली ही है। इनमें कथा-तत्त्व या कहानीपन गौण है और चरित्रों का मानस प्रधान है, लेकिन यह बात प्रारम्भिक कहानियों में ही है जैसे—'चुप्पियाँ', 'याद और याद', 'मनहूस बँगला', 'दिवास्वप्नी', 'गोपनीयता', 'सीमाएँ' आदि में। बाद की कहानियों में शैली मूलतः वही है, लेकिन इनमें कथ्य पहले की तुलना में ज्यादा प्रधान है, जैसे 'सम्बन्ध', 'शेष होते हुए', 'पिता', 'बहिर्गमन', 'अनुभव' आदि में।

ज्ञानरंजन की कथारचना में एक प्रकार की जटिलता है, जिसका सम्बन्ध संक्रमणशील समाज की द्विधाग्रस्त जटिल सामाजिक चेतना से है। ज्ञानरंजन ने समाज और जीवन के यथार्थ से अपने चरित्रों की व्यक्तिवादिता के टकराव को अच्छी तरह पकड़ा और चित्रित किया है। इस टकराव में ज्ञान हमेशा रूढ़ि और संकीर्णता के खिलाफ रहते हैं। जबकि समाज से कतराने वाले चरित्र रूढ़ि के पक्ष में चले जाते है। 'गोपनीयता' कहानी में कथानायक कहता है, 'मुझे दुःख था कि भगवान ने माँ के रोज पूजा करने के बाद हमारे घर मे कोई ऐसी दुर्घटना कर दी है, जिसने हम लोगों को पापा, दादी और माँ से दूर कर दिया।' यह बात इस तरह वातावरण के चित्रण के बीच कही गयी है कि जरा भी नहीं महसूस होता है कि लेखक कोई टिप्पणी कर रहा है लेकिन लेखक ने एक साथ ही एक अनैतिक कर्म को छिपाने के प्रयत्न तथा अन्धविश्वास दोनों की निरर्थकता को बेपर्द कर दिया है।

ज्ञान की कहानियों का नायक सर्वत्र 'मैं' है और यह 'मैं' कहीं-कहीं लेखक होने का आभास देता है, लेकिन वह आभास ही है वास्तविकता नहीं। एक ध्यान देने की बात है कि यह 'मैं' लगभग सभी कहानियों में एक जैसा है, परेशान, कुण्ठित, टूटा हुआ, उखड़ा हुआ। कथाकार हर जगह पृष्ठभूमि में हैं, अदृश्य हैं, लेकिन कथा-सूत्र हमेशा उसके हाथ में है और उपयुक्त जगह पर झटके से कथा की चरम बिन्दु पर पहुँचा कर वह बात स्पष्ट कर देता है, जो वह करना चाहता है। फलतः कथ्य का प्रेषण स्वाभाविक बना रहता है। कथानायक तो अपनी चेतना के प्रवाह में बहता रहता है और कथाकार उसके साथ चलता हुआ अत्यन्त विश्वसनीय ढंग से बता देता है कि यह नायक परिवेश से कटा हुआ है, जैसे, 'दिवास्वप्नी' में नायक के बारे में यह कथन 'संयुक्ताक्षर का उपेक्षित हलंत या लहरों द्वारा फेंका हुआ मरता फेन।' 'बहिर्गमन' में कथानायक ने नये चेहरे के लिए तड़पने की बात कहकर मनोहर और

सोमदत्त की सड़ाँध को ही व्यक्त किया है। इस तरह ज्ञान ने दिखाया है कि नकली चरित्रों के बीच सामाजिक मनुष्य कैसी घुटन महसूस करता है।

ज्ञानरंजन की कहानियों का शिल्प सधा हुआ है। वह बड़ो खूबी से पाठक को एक ओर ले चलता है, उसकी सारी चेतना को समेट कर एक विशेष प्रकार की उत्सुकता जगाता है, जो कथानायक की आकांक्षा के साथ हो लेती है और फिर झटके से लेखक सारी उत्सुकता एवं आकांक्षा को तोड़ देता है। इस क्रम में समाज और व्यक्ति के अन्तर्विरोधों का चित्रण ठिकाने से होता चलता है। यह चित्रण 'अमरूद का पेड़' से लेकर 'पिता' या 'शेष होते हुए' तक में है। अमरूद का पेड़ जब अपशकुन का मूल समझकर कटवा दिया जाता है, तो पाठक को लगता है कि परिवार की अनेक पीढ़ियों को छाया देने वाली चीज नष्ट कर दी गयी, ऐसा इसलिए लगता है कि उस पेड़ की सही भूमिका का वर्णन भी कहानी में अच्छी तरह है। 'शेष होते हुए' में मँझले का क्षोभ परिवार के बिखराव के प्रति व्यक्त है, पाठक उससे सहानुभूति अनुभव करता है, लेकिन यथार्थ का तकाजा है कि अन्ततः मँझला क्षोभ लिए चला जाता है, लेकिन यहाँ आकर पाठक इस समझ से सम्पन्न होता है कि शेष होती हुई वस्तु को बचाया नहीं जा सकता। 'बहिर्गमन' में तीन चरित्रों को एक साथ लाकर लेखक ने अपना कथ्य बड़ी सफाई से पेश कर दिया है। इसमें कहीं बनावटीपन नहीं है। उन तीन चरित्रों के द्वारा हमारे बहुसंरचनात्मक समाज से उत्पन्न चारित्रिक विविधता एवं संकट को अत्यन्त कुशलता से प्रस्तुत किया गया है।

ज्ञानरंजन की भाषा ठोस और कसी हुई है। ज्ञान की पीढ़ी को प्रेमचन्द और प्रसाद से लेकर यशपाल, जैनेन्द्र, अज्ञेय, इलाचन्द्र, नागार्जुन, रेणु से होते हुए भीष्म साहनी, मोहन राकेश, राजेन्द्र यादव, अमरकान्त, मार्कण्डेय, कमलेश्वर आदि की उपलब्धियाँ विरासत में मिलीं। ज्ञान की भाषा में इन उपलब्धियों की देन दिखाई पड़ती है। नयी कहानी की पीढ़ी के असर से कहीं-कहीं अंग्रेजी शब्दों का अनावश्यक प्रयोग भी मिलता है, जैसे, ग्रिम लुक; विस्पर, फ्रंट आदि। कहीं-कहीं निष्कर्ष देने की प्रवृत्ति भी उनमें है। लेकिन मुख्य बात यह है कि हिन्दी कहानी के विकास-क्रम में हिन्दी-भाषा की जो शक्ति बढ़ी है, उसका अनुभव ज्ञान की भाषा से ही होता है। उदाहरण के लिए कुछ वाक्य प्रस्तुत हैं—

1. 'उसकी आकृति पर वय का ओप चढ़ रहा था।' (अमरूद का पेड़) यहाँ ओप से अधिक उपयुक्त कोई शब्द नहीं हो सकता, जो लेखक ने लोकभाषा से लिया है।

2. 'अन्दर छाती को तोड़ देने वाला कुहराम' (याद और याद) अन्दर कुहराम है, यह शब्द चरित्र की बेचैनी को मूर्त्त कर देता है।

3. 'मैं कुछ रुपयों की प्रतीक्षा में सड़क पर खून जलाता भटक रहा हूँ।' (क्षणजीवी) सड़क पर खून जलाते हुए भटकना कितना उत्पीड़क हो सकता है, इतना ही नहीं, यह वाक्य कथानायक का दर्द पाठक के दिल में उतार देता है।

4. 'यह समय मेरे ऊपर कसाई के चाकू की तरह चल रहा था।' (बहिर्गमन) 'यह समय' है बेरोजगारी का। एक बेरोजगार युवक की मनोदशा की अत्यन्त बेधक और मार्मिक अभिव्यक्ति है यह। ऐसे वाक्य ज्ञान की कहानियों में बहुत ज्यादा है। ज्ञानरंजन की निरीक्षण-शक्ति अत्यन्त सजग है और परम्परा का ज्ञान भी उन्हें है। उनकी भाषा में जो शक्ति आयी है, यह दोनों के मेल से पैदा हुई है।

कहानीकार स्वयंप्रकाश

स्वयंप्रकाश हिन्दी के सधे हुए कहानीकार हैं। कथा-प्रसंगों की चयन-प्रक्रिया, कथानक का निर्माण, चरित्रों का व्यक्तित्व निर्माण, इन सब का कथ्य के साथ गुम्फन और सहज-सरल भाषा-शिल्प के जरिये उनकी अभिव्यक्ति इन सबको उन्होंने साधा है। इसकी विशेषता यह है कि कहीं किसी जगह, किसी बिन्दु पर कहानी में बनावटीपन नहीं दिखायी पड़ता है। हिन्दी कहानी में सहजता और सादगी की एक परम्परा है, जिसके पुरस्कर्ता कोई और नहीं, प्रेमचन्द हैं। इस परम्परा को भीष्म साहनी, अमरकान्त, शेखर जोशी आदि ने विकसित किया है, इसी परम्परा में स्वयंप्रकाश और असगर वजाहत का भी सम्माननीय स्थान है।

स्वयंप्रकाश की सादगी ऐसी है कि वे लड़ते हैं, मगर हथियार के बिना नहीं, हथियार के साथ। स्वयंप्रकाश बड़ी सादगी से कथा-प्रसंगों के संयोजन, चरित्रों के स्वरूप और कथ्य के जरिये विचारों और मूल्यों की लड़ाई लड़ते हैं और पाठकों में संवेदना जगाते हैं। स्वयंप्रकाश की रचना-प्रक्रिया पर गौर करके उनकी कहानी-कला की पहचान आसानी से की जा सकती है। कहानी लिखने की उनकी अपनी पद्धति है, जिसमें कोई उथल-पुथल नहीं है, कोई रचनागत जटिलता नहीं है, लेकिन संवेदनात्मक गहराई है। वे समाज के प्रवाह का बड़ी सूक्ष्मता से निरीक्षण करते हुए व्यक्तियों को नहीं प्रसंगों को देखते हैं। इस प्रक्रिया में ग्रहण कर लेने और छोड़ देने का उनका रचनात्मक विवेक अत्यन्त सजग और समृद्ध है। वे अपने कथा-प्रसंग की विशेषता को पहचानने की कोशिश करते हैं। प्रसंग-विशेष में आने वाने व्यक्तियों के आपसी सम्बन्धों को वे समझते और स्पष्ट करते हैं। इसी प्रक्रिया में वे व्यक्तियों के चरित्र को खोलते जाते हैं। इस तरह वे समाज और व्यक्ति के सम्बन्धों को भी स्पष्ट करते हैं। सामान्य और विशेष के सम्बन्ध को भी वे व्यंजित करते हैं। यहाँ मैं कहना चाहता हूँ कि स्वयंप्रकाश के चरित्रों के सम्बन्ध बड़े जटिल होते हैं। मनुष्य की चारित्रिक असंगतियों के चित्रण के जरिये व्यक्ति की जटिलता सामने आती है। इस प्रक्रिया में स्वभावतः विचार और मूल्य भी व्यक्त होते जाते हैं। स्वयंप्रकाश की कहानियों में समाज प्रधान होता है, व्यक्ति नहीं, कोई यह न समझे कि मैं यह कह रहा हूँ कि स्वयंप्रकाश व्यक्ति को महत्त्व नहीं देते। ऐसा नहीं। व्यक्ति के बिना तो

समाज को समझा ही नहीं जा सकता। कहना यह है कि व्यक्ति के सम्बन्धों के जरिये समाज का चरित्र स्पष्ट होता है।

स्वयंप्रकाश जब कहानी में वैचारिक संघर्ष करते हैं, तो ध्यान में रखना चाहिए कि वे विचारों को थोपते नहीं। विचार जीवन-प्रसंग में, व्यक्तियों के सम्बन्धों में होते हैं, जैसे सरसों में तेल, पानी में ऊर्जा। स्वयंप्रकाश अपनी कला की रोशनी में विचारों को स्पष्ट करते चलते हैं। उनकी कला में रोशनी जीवन के अनुभवों से आती है। अनुभवों का निचोड़ विचारों के रूप में कलात्मक अभिव्यक्ति का आधार बनता है। विचारों को गूँथने या कथा में डालने के प्रसंग में यह देखें कि स्वयंप्रकाश परस्पर विरोधी विचार भी व्यक्त करते हैं। इस प्रकार उनकी कहानियों में वैचारिक संघर्ष नियोजित हो जाता है।

स्वयंप्रकाश में सजग रचनात्मक विवेक है। उन्होंने 'चर्चित कहानियाँ' की भूमिका में कहानी की परम्परा और उसमें आये बदलावों की पहचानने की कोशिश की है। प्रेमचन्द के बाद, खास कर के देश के आजाद होने के बाद, हिन्दी कहानी में अनेक परिवर्तन आये। स्वयंप्रकाश उन परिवर्तनों को समझते हैं, लेकिन किसी का अनुकरण नहीं करते। किसी भी फैशन और कलावाद या विचारधारात्मक अभियान से अप्रभावित स्वयंप्रकाश वास्तव में प्रवहमान जीवन और विकासमान यथार्थ में नयेपन को पकड़ने की कोशिश करके कथा-रचना करते हैं। कथा-रचना के प्रसंग में कहानी के पाठक उनके ध्यान में मुख्य रूप से रहते हैं। इसी कारण वे कहते हैं— मेरी नजर में कहानी का पहला और प्राथमिक गुण है रोचकता, उसका सबसे बड़ा दोष है रोचक न होना। यद्यपि स्वयंप्रकाश ने चेखव, मार्क ट्वेन और राजेन्द्रसिंह बेदी को अपना कथा गुरु कहा है, फिर भी मुझे लगता है कि उनके गुरु हैं कहानी के पाठक, जो कहानी का कारण कहते हैं कहानी में और स्वयंप्रकाश पाठकों की इस रुचि का सम्मान करते हैं। आज बीसवीं सदी के अन्त और इक्कीसवीं सदी के आरम्भ में जब अनेक कहानीकारों ने पाठकों के आग्रह की अपेक्षा करके कहानी की विधागत विशिष्टता को तोड़फोड़ दिया है, उसका उपन्यासीकरण या दूरदर्शनीकरण अथवा धारावाहिकीकरण कर दिया है, या फिर उसमें निबन्ध, यात्रा-वर्णन, रिपोर्ताज आदि की अनमेल मिलावट कर दी है, जब भी स्वयंप्रकाश कहानीपन के साथ रहे हैं। इसीलिए उनकी कहानियों में कहानीपन के साथ मानवीय संवेदनशीलता भी बची रही है। उनकी कहानियाँ उत्तर-आधुनिकता के असर से संवेदना के विघटन का दृष्टान्त बनने से बची रही हैं। इसलिए उसकी कहानियों का अपना आकर्षण बचा रहा है।

स्वयंप्रकाश की कहानियों को पढ़ने का जो प्रभाव मेरे मन पर है, उसके आधार पर मैंने उसकी कहानियों की कुछ विशेषताओं का जिक्र किया है। लेकिन जाहिर है कि बिना उदाहरण के उपर्युक्त बातें विश्वसनीय नहीं होंगी। मुझे एक कहानी याद आ रही है पार्टीशन। इस कहानी में बात शुरू होती है कुर्बान अली के चरित्र और

व्यक्तित्व के चित्रण से और पार्टीशन है देश का। कुर्बान अली एक धनी परिवार के सदस्य थे। अलीगढ़ यूनिवर्सिटी में पढ़ रहे थे। इश्क, शायरी, होस्टल, ख्वाब आदि में जीवन मजे से गुजर रहा था, तभी देश का पार्टीशन हो गया। पार्टीशन का जो नतीजा कुर्बान अली के जीवन के लिए हुआ, उसे तो संक्षेप में इस तरह बता दिया है लेखक ने–दंगे हो गये। दुकान जला दी गयी। रिश्तेदार पाकिस्तान भाग गये, दो भाई कत्ल कर दिये गये। पिता ने सदमे से खटिया पकड़ ली और मर गये। नौकर घर की पूँजी लेकर भाग गया। बचे-खुचों को लेकर अपनी जान लिये-लिये कुर्बान भाई नागौर चले गये। वहाँ से मेड़ता, मेड़ता से टोंक। कहाँ जाएँ? कहाँ सिर छिपाएँ? क्या पाकिस्तान चले जाएँ? नहीं गये; क्यों कि जोश नहीं गये, क्यों कि सुरैया नहीं गयी, क्योंकि कुर्बान भाई को अच्छे लगने वाले बहुत से लोग नहीं गये, तो कुर्बान भाई क्यों जाते? यह इतना बड़ा उद्धरण मैंने इसलिए नहीं दिया कि यह कहानी का बहुत मार्मिक अंश है, बल्कि इसलिए दिया है कि इससे यह पता चलता है कि कुर्बान अली कितनी मारक और बेधक मुसीबतों का मुकाबला करते हुए वर्तमान अवस्था में पहुँचे हैं। इससे उनके व्यक्तित्व का पता चलता है, जो मजहब से नहीं बना है। वह एक इनसान हैं। तीसरी बात यह कि आज के प्रमुख कहानीकार उपर्युक्त घटनाक्रम का वर्णन करने में दस-पन्द्रह पृष्ठ खर्च कर डालते और कहानी की केन्द्रीय संवेदना कहीं दब जाती।

इस कहानी का असली मकसद आगे चित्रित होता है, इसलिए पृष्ठभूमि की बातें सूचना के रूप में दर्ज कर दी गयी हैं। लेखक ने खुद कहानी में एक जगह कह दिया है–एक आदमी के दर्द और संघर्ष की तबील दास्तान को सिर्फ अपनी सुविधा के लिए चन्द अल्फाज में निबटा देना, न सिर्फ ज्यादती है, बल्कि उस संघर्ष का अपमान, उसका मजाक उड़ाने जैसा भी है। पर क्या करूँ कहानी जो कहने जा रहा हूँ–दूसरी है। कुर्बान अली एक संस्कृति का प्रतिनिधित्व करते हैं। कुर्बान की नयी दुकान का कारोबार जरा सम्हल गया, तो वे अखबार और पत्रिकाएँ खरीदने लगे। वे शाइरी करते थे। झूठ नहीं बोलते, ठगी नहीं करते, अदब से बोलते हैं, आड़े वक्त, हरेक के काम आता है। आहिस्ता-आहिस्ता कुर्बान भाई की दुकान पढ़े-लिखों का अड्डा बन गयी। लेक्चरर, अध्यापक, पत्रकार, पढ़ने-लिखने वाले। कुर्बान भाई में ये बहुत बदलाव आया। धीरे-धीरे वे वामपन्थी चिन्तन की ओर झुके, पुराना दर्द भूलने लगे। नतीजा यह हुआ कि कुर्बान भाई इमामबाड़ा वालों और शाखा वालों के भी गुस्से के शिकार होने लगे। कुर्बान भाई की वैज्ञानिक धर्मनिरपेक्षता के खिलाफ ऊखचन्द ने साजिश की, और उसकी दुकान के सामने गाड़ी लगाने वाले ने टोकने पर उसे म्यों कह दिया, जबकि वे मजहबी असर से दूर जा चुके थे। अदबी हो चुके थे। ऐसी परिस्थिति में उसे म्यों (मियाँ) कहने से ऐसा सदमा उसे लगा कि इस बार उसके दिल का पार्टीशन हो गया। फलतः वह इस्लामी पुनरुत्थानवाद का शिकार हो

गया। अपने बचाव के लिए वह लतीफ के साथ मस्जिद जाने लगा। यह एक दुर्घटना है, कुर्बान अली के जीवन की यह दुर्घटना वैज्ञानिकता, इंसानियत, धर्मनिरपेक्षता का दुर्घटनाग्रस्त होना है। इस कहानी में देखें तो कैसे कहानीकार एक साथ सामाजिक, वैचारिक और इंसानी लड़ाई लड़ता है और साम्प्रदायिक कट्टरपन की भूमिका कितनी नुकसानदेह है। कहानी में जीवन सन्दर्भों का गुम्फन बहुत स्वाभाविक है। कुर्बान अली की त्रासदी इंसानों के दिल में दर्द पैदा करती है। आदमी को सोचने के लिए मजबूर कर देती है। यह स्वतन्त्र भारत के समाज का एक नया यथार्थ है, जिसे बड़ी खूबी से स्वयंप्रकाश ने प्रस्तुत किया है।

'पार्टीशन' कहानी के साथ 'आदमी जात का आदमी' कहानी को पढें तो समाज का और मनुष्य की चेतना का एक दूसरा पक्ष उद्घाटित होता हैं। पार्टीशन में एक साजिश के कारण कुर्बान की इंसानियत टूट जाती है, मौजूदा कहानी में सुधीर के व्यक्तित्व में आदमीयत जग जाती है। सुधीर एक कवि है और कवि-सम्मेलन में जा रहा है यह सोचते हुए कि वह राम-जन्मभूमि पर लिखी कविता ही सुनाएगा जो हिन्दुत्व की साम्प्रदायिक चेतना के अनुकूल है। लेकिन सुधीर के पैंट की चेन खराब हो गयी है, अब उसे ठीक कराने की समस्या है। कई दुकानों से गुजरने के बाद आखिर यूसुफ भाई ने चेन बदल दी और सुधीर मुसीबत से मुक्त हो गये। इसका उस पर ऐसा असर पड़ा कि अब रामजन्मभूमि वाली कविता नहीं पढ़ने का फैसला किया। जलते दीपक से दीपक जलने की तरह इन्सानियत जगती है। सुधीर ने समझा दुनिया में इन्सानियत बाकी है। इतना कीमती अनुभव ही कहानी को कीमती बनाता है। कितना वाहियात है ऐसे इंसान को हिन्दू या मुसलमान कहना और समझना। जीवन की मामूली समस्या और एकदम आमफहम समाधान से निकला महान् निष्कर्ष।

यह लिखते हुए मुझे वे आलोचक याद आ रहे हैं, जो हिन्दी-कथा-साहित्य पर बोलते हुए अक्सर शिकायत करते हैं कि आज के कथा-साहित्य में मुस्लिम पात्र गायब होते जा रहे हैं। उपर्युक्त दोनों कहानियों में बड़े ठिकाने से मुस्लिम पात्रों का होना ही प्रगतिशीलता और जनतन्त्र की या धर्मनिरपेक्षता की कसौटी है। असल में देखना यह चाहिए कि जो जीवन-सन्दर्भ कथा में चित्रित है, उसका नजरिया क्या है? अवश्य कहानीकार के सामाजिक सरोकारों से उनके पात्रों का सम्बन्ध होता है, इसलिए सरोकार की व्याख्या करनी चाहिए। स्वयंप्रकाश के सामाजिक सरोकार बहुत व्यापक और विविधतापूर्ण हैं। उसकी जागरूक नजर चारों तरफ फिरती रहती है और कोई असंगति या संगति देखते ही उसे पकड़ कर धैर्य के साथ कहानी का रूप देते हैं।

'तलबी' नाम की कहानी तो बाजाब्ता वैचारिक योजना से लिखी गयी लगती है। वैज्ञानिक दृष्टि से जीवन, समाज, दुनिया, इतिहास आदि को देखने वाला एक युवक भारतीय संस्कृति का प्रचार करने वाले एक शाखा गुरु से उलझता रहता है और वैज्ञानिक एवं तर्क-संगत प्रश्नों से शाखा-गुरु के खोखले सांस्कृतिक ज्ञान को

बेपर्द करता रहता है। वैचारिक योजना वाली इस कहानी में भी कहीं बोझिलपन नहीं है। बल्कि प्रश्नों की रोचकता कहानी को रोचक बना देती है। नीलकान्त का सफर में प्रसंग ट्रेन की यात्रा का है। बड़ी भीड़ है, उमस है। लोग भेड़-बकरियों की तरह यात्रा कर रहे थे। सीटों पर नम्बर लिखे थे, लेकिन बेमतलब, जितने बैठे उससे ज्यादा खड़े। ट्रेन के इस डब्बे के माध्यम से समाज को ही लेखक ने जीवन्त कर दिया है। गर्मी बहुत है, खिड़कियाँ बन्द हैं। नीलकान्त ने खिड़की खोलने की कोशिश की, लेकिन नाकाम। और जब उसी भीड़ में कुछ मजदूर जैसे यात्री चढ़े तो उन्होंने गैंती लगाकर खिड़की खोल दी, फिर सारी खिड़कियाँ खोल दीं, और डिब्बे में उजाला हो गया। वातावरण बदल गया। यह काम किया मेहनतकशों ने अपने औजार से। इसका निहितार्थ समाज के लिए महत्त्वपूर्ण है। इसी क्रम में बर्थडे कहानी ध्यान देने योग्य है। इस कहानी में मध्यवर्गीय पात्रों के स्वार्थ और ओछेपन को अत्यन्त खूबी के साथ बेपर्द कर दिया गया है।

आजकल बच्चों का जन्म-दिन मनाना एक फैशन हो गया है। इस फैशन में ध्यान उपहारों पर रहता है। यह एक ऐसा परिवार है, जिसका पुरुष एनफोर्समेंट इंस्पेक्टर की नौकरी छोड़ कर लेक्चरर हो गया है, वह भी एक कस्बे के कॉलेज में। उस नौकरी में थे तो काफी उपहार मिलता था, यहाँ तो कुछ नहीं। सुधीर की पत्नी श्रीमती बैजल पैकेट खोलतीं और छोटे-छोटे उपहारों से उसका रक्तचाप जैसे नीचे जा रहा था और अन्त में तो सिरदर्द हो ही गया। यह है मध्यवर्ग का पाखण्डी चरित्र, जो श्रीमती बैजल के जरिये व्यक्त हुआ है। लेकिन अभी कहानी का चरम उत्कर्ष यानी मध्यंवर्ग का ओछापन खुलना कुछ बाकी है। सबके चले जाने पर आया, वह ताँगे वाला, जो स्वीटू को रोज स्कूल ले जाता था। श्रीमती बैंजल ने फुर्ती से किचेन में जाकर एक जूठी प्लेट उठाई और ताँगेवाले को भिजवा दी। बच्चा स्वीटू ताँगेवाले को देख कर खुश था और उसकी गोद में हँस रहा था। माँ नाराज थी कि बिना बुलाये आ गया, जबकि स्वीटू ने उसे सुबह ही बुलावा दे दिया था। उसने स्वीटू को फूलों का हार दिया। स्वीटू की माँ से जूठी प्लेट में मिठाइयाँ सजाईं और दे दीं। ताँगेवाले ने प्रेम से एक मिठाई उठा कर स्वीटू के मुंह में दे दी पूरे प्यार के साथ। श्रीमती बैजल यह देख कर धम्म से सोफे पर गिरीं और कहती हैं आज स्वीटू को जूठा हो खाना था। एक तरफ श्रीमती बैजल का रुख ताँगेवाले के प्रति, दूसरी तरफ ताँगेवाले का प्यार बच्चे के प्रति। यह छोटी कहानी भी बड़ा निष्कर्ष दे जाती है। यह खूबी है स्वयंप्रकाश की। पाठकों की संवेदना अवश्य ताँगेवाले के प्रति है, क्योंकि ताँगेवाला फैशनमुक्त निःस्वार्थ प्यार दर्शाता है। ताँगेवाले में सही माने में मनुष्यता है और स्वीटू के माता-पिता में स्वार्थ है इसीलिए मेहनतकश मनुष्य को आदर देने वाली मनुष्यता उनमें नहीं है। यह भी व्यक्ति का नहीं, पूरे समाज और समाज व्यवस्था का मामला है। इतनी बातों को स्पष्ट करने के लिए स्वयंप्रकाश

ने जो प्रसंग रचे हैं, जो पात्र चुने हैं, वे प्रभावशाली ढंग से कथ्य को व्यक्त करते हैं। यही तो है कहानी-कला। आजकल अनेक प्रसंगों को जोड़कर मोन्ताज शैली में जो लम्बी कहानियाँ लिखी जा रही हैं, उनमें ऐसी गहन संवेदनशीलता कहाँ होती?

स्वयंप्रकाश ने लम्बी कहानियाँ भी लिखी हैं। लेकिन उनकी लम्बाई जोड़-जोड़कर नहीं बनायी गयी है। संहारकर्ता एक लम्बी कहानी है। इसका कथ्य है यूनियन और उसके नेताओं के चारित्रिक स्वरूप को खोलकर रखना। दो नेता हैं एक हैं शास्त्री और दूसरा है वह यानी सत्यकान्त। दोनों एक ही यूनियन में हैं, लेकिन दोनों दो तरह के नेता हैं। वह मजदूर है, मजदूर-यूनियन में है, लेकिन है मूलतः आर्ट ऑफ कल्चर का आदमी। शास्त्री राज्य स्तरीय यूनियन का जनरल सेक्रेटरी है। सत्यकान्त एक छोटी जगह में सेवारत है। वहाँ यूनियन के सेक्रेटरी हैं मिश्रा जी। मिश्राजी सत्यकान्त को स्थानीय यूनियन का नया सेक्रेटरी बनाना चाहते हैं, सत्यकान्त कहता है कि वह इसके काबिल नहीं है। यूनियन का काम उसने कभी नहीं किया। नियम से चन्दा देता है, वफादारी से यूनियन के सभी कार्यक्रमों में भाग लेता है। वह यूनियन के नेतृत्व की आलोचना करता है, बल्कि नेतृत्व और यूनियन की चारित्रिक दशा देखकर वह समझता है कि ऐसी मिडल क्लास यूनियन भरोसे के योग्य नहीं है। यूनियन लड़ती है कुछ सुविधाओं के लिए, तबादले करवाने या रुकवाने के लिए। वेतन और भत्ते बढ़वाने के लिए। ...सरकार और बाजार यहाँ आमने-सामने हैं। और दोनों एक सम्मिलित साजिश में शरीक। सरकार बढ़ाएगी बीस रुपये, आप खुश, बाजार खसोटेगा पचास रुपये वह भी खुश। सत्यकान्त अध्ययन करता है सरकार का, बाजार का, पूँजीवाद का और यूनियन तथा उसके नेतृत्व का। इस तरह यह कहानी व्यवस्था के बीच पीड़ितों को, पीड़ा से मुक्ति के लिए लड़ने वालों का अध्ययन करती है और सबको यथास्थिति में पाकर कुण्ठित महसूस करती है। सत्यकान्त वर्तमान व्यवस्था के विकल्प के बारे में सोचता है। इसलिए वह यूनियन का सचिव नहीं बनना चाहता। स्वयंप्रकाश ने कितना जरूरी सवाल और प्रसंग उठाया है, यह देखना चाहिए। खूबी यह है कि पूरे प्रसंग को वह इस तरह प्रस्तुत करता है कि यूनियन और नेताओं को बेपर्द करके भी पाठकों पर पूँजीवादपक्षी प्रभाव नहीं पड़ने देता, लेखक स्वयं यूनियन विरोधी नहीं दिखता, कहानी में सत्यकान्त के माध्यम से जो आलोचना आती है, उसकी यही भूमिका है।

अन्ततः सत्यकान्त स्थानीय यूनियन का सचिव बना दिया गया, उसके नहीं चाहने पर भी। यूनियन का अंग बन कर, शास्त्री की आलोचना करके भी सत्यकान्त यूनियन की भूमिका नहीं बदल पाता। यूनियन में भी एक सिस्टम बन गया है, जिसे बदलना सम्भव नहीं है। वह लड़ने की मुद्रा अपना कर भी लड़ नहीं पाता। मजदूरों पर उसका नहीं, शास्त्रीजी और मिश्राजी जैसे नेताओं का प्रभाव है और वे प्रबन्धन या अधिकारियों से लड़ते नहीं। सत्यकान्त को शास्त्री प्रान्तीय सहसचिव बना देता

है और उसकी मेधा का इस्तेमाल कर लेता है, लेकिन और कुछ नहीं कर पाता। जो काम शास्त्री करता है, वहीं सत्यकान्त करने को मजबूर है। इस दृष्टि से मजदूरों की नजर में सत्यकान्त की हालत और खराब है। वह भाषण करता है, आलोचना करता है, बड़ी-बड़ी बातें करके ताली लूटता है और व्यवहार में वही करता रहता है, जो शास्त्री करता है। शास्त्री भाषण नहीं करता, ताली नहीं लूटता। फलतः सत्यकान्त कथनी और करनी में भेद का अर्थात् पाखण्ड का उदाहरण बन जाता है।

कोई पाठक प्रश्न उठा सकता है कि कहानीकार श्रम और पूँजी के अन्तर्विरोध का मामला छोड़ कर यूनियन और मजदूरों के बीच अन्तर्विरोध का सवाल क्यों उठाता है? यथार्थ के सबसे बड़े पहलू को छोड़ कर अधिरचना (यूनियन) का प्रश्न क्यों उठाता है? इससे क्या ऐसा नहीं लगता कि यूनियन ही मजदूरों का मुख्य दुश्मन है? जरा गौर से देखने पर ऐसा नहीं लगता। इसका मनोवैज्ञानिक कारण है। यूनियन श्रम पक्ष का संगठन है। उसका इस्तेमाल प्रबन्धक और पूँजीवादी तन्त्र कर लेता है। यदि कहानी में पूँजीवादी तन्त्र और प्रबन्धक के वर्ग चरित्र का जिक्र नहीं होता, तब कहानी यूनियन-विरोधी और मजदूर-विरोधी हो जाती। स्वयंप्रकाश के कला-विवेक ने ऐसा नहीं होने दिया। नक्सलवाद से प्रभावित लेखकों ने इस विषय पर लिखा है और कहानी का प्रभाव यूनियन-विरोधी पड़ता है। बंगला की मशहूर कहानी 'सगीना महतो' इसी तरह की कहानी है। हिन्दी में भी ऐसी कहानियाँ लिखी गयी हैं। स्वयंप्रकाश की कहानी-कला का अंग है उसका रचनात्मक विवेक। कहानीकार ने पूँजीवादी सिस्टम का संहार करने के लिए यूनियन के भीतर जम गये यथास्थितिवादी सिस्टम का संहार करने की जरूरत की ओर ध्यान खींचा है। सत्यकान्त में ऐसा संहारकर्ता बनने की सम्भावना थी, लेकिन वह भी ऐसा नहीं बन सका, सचिव या संयुक्त सचिव बन कर। इन कारणों से यह एक महत्त्वपूर्ण कहानी है। कहानी लम्बी है, लेकिन यह विघटित संवेदना की कहानी का उदाहरण नहीं है। यह कहा जा सकता है कि स्वयंप्रकाश की कहानियों में संवेदना से अधिक उसकी चेतना है, चिन्तन है, विचारधारा है।

स्वयंप्रकाश की एक और लम्बी कहानी याद आ रही है—बलि। इस कहानी में एक मजदूर-परिवार की लड़की एक मध्यवर्गीय नौकरीपेशा परिवार में नौकरानी का काम करती है। उस परिवार में उसे मध्यवर्ग को प्राप्त सारी सुविधाएँ सुलभ हैं। खाना-पीना, कपड़ा-लत्ता, रहन-सहन सब मध्यवर्गीय है उस लड़की का भी। टीवी देखती रहती है, तो उसकी चेतना पर दूरदर्शन का भी प्रभाव है। ये प्रभाव इस तरह उसके जीवन और चरित्र के अंग बन गये हैं कि वह लड़की भी उस जीवन-पद्धति का अंग बन जाती है। वह बढ़ती जा रही है। किशोरावस्था में पहुँच गयी है। वह साइकिल चलाना सीखने लगी है। उसमें अज्ञात यौवना के लक्षण प्रकट हो रहे है। अचानक उसके जीवन और स्थिति में झटका लग गया, उसके मालिक ने उसे वापस

उसके माता-पिता के पास भेज दिया। मध्यवर्ग की सारी आदतों के साथ, बाजार-तन्त्र के आधुनिक्र जीवन के साधनों के साथ पली-बढ़ी वह लड़की अचानक उन सबसे अलग कर दी गयी या हो गयी और अपने जन्मगत वर्ग की अवस्था में आ गयी। यहीं से उसके जीवन की पीड़ा शुरू होती है। स्वयंप्रकाश की कहानी कला उस लड़की के इस प्रत्यावर्तन के लिए, जो प्रसंग-रचना करती है, वह कहानी की दो अवस्थाओं को स्वाभाविक और तर्कसंगत ढंग से जोड़ती है। अज्ञात यौवना की अवस्था में वह लड़की जब साइकिल सीखने के लिए गली में निकलती है तो हमउम्र लड़कों से उसका हेलमेल होने लगता है, जिसे उसकी मालकिन ने देखा और आगामी खतरे के बारे में सोचा अतएव वह लड़की आगे की कथा के लिए माँ-बाप के पास भेज दी गयी। माँ-बाप ने अपनी स्थिति के अनुसार उसका ब्याह कर दिया। मध्यवर्गीय मानसिकता और आदतों वाली वह लड़की मेहनतकश स्थिति में चली जाती है, तो उसकी पीड़ा खास ढंग की हो जाती है। मेहनतकशों के लिए पूँजीवादी समाज का आधुनिक जीवन नहीं है। वह लड़की इसका उदाहरण है। कहा जा सकता है कि भूमण्डलीकरण के बाजारतन्त्र के दौर में एक गरीब घर की लड़की की क्या दुर्दशा होती है। दो अवस्थाओं के बावजूद लम्बी कथा होने के बावजूद कथा की संवेदना न टूटती है और न विघटित होती है, बल्कि दो अवस्थाओं की कथा को जोड़ने के कारण ही पाठकों की संवेदना उस लड़की के साथ हो जाती है।

स्वयंप्रकाश ने कहानी में कई तरह के प्रयोग किये हैं। प्रयोग का एक उदाहरण है नैनसी का धूड़ा। यह सांकेतिक अर्थ से भरी अपने ढंग की कहानी है। यह कहानी दिखाती है कि स्वयंप्रकाश केवल सीधे-सादे शिल्प में ही कहानी लिखने में नहीं, बल्कि प्रतीकात्मक और सांकेतिक शैली की कहानी लिखने में भी माहिर हैं।

बैल (धूड़ा) के माध्यम से कहानीकार मनुष्य और उसके समाज की स्वाधीनता, व्यावसायिकता और अमानुषिकता का चित्रण करता है। धूड़ा इसके लिए कसौटी बनता है या बनाया गया है। मानव-समाज इतना संवेदनशून्य हैं कि पशु के मन में भी उसे प्रति वितृष्णा पैदा हो जाती है। धूड़ा बचपन में ही कहानी में आता है और इसी अवस्था में उसे मनुष्य के अन्याय का बोध हो जाता है। वह अपनी चार थन वाली माँ के थन से दूध पीने लगता है, तो उसे हटा कर बाँध दिया जाता है और माँ के ही पैर में। वह खेत में हरी घास चरने लगता है तो डंडों की मार पड़ती है उस पर। वह मनुष्य से कहता है—तुम मुझे दूध भी नहीं पीने देते और घास भी नहीं खाने दोगे? धूड़ा बढ़कर बैल हो गया, दूध और हरियाली से दूरी बढ़ती गयी। उसके बारे में मनुष्य का रवैया है—नाथो और जोतो। उसे पटक कर नाथा गया और खस्सी भी कर दिया गया उसका। मेहनत करने के सिवा और कोई भूमिका नहीं, जैसे उससे कह दिया गया—न सोचो न सपना देखो, क्योंकि उन्हें हम कभी पूरा न होने देंगे। यह सब कर रहा है मनुष्य। धूड़ा खटता रहा और पिटता रहा और

घर के लिए तरसता रहा। वह सोचता है—जिसको काम की कद्र नहीं, उसके लिए क्यों खटो? खामखा सताते रहने वाले के लिए कौन अपने हाड़ गलाएगा? धूड़ा के नाम पर कहानी में आये ये विचार सामाजिक अन्तर्विरोध को व्यक्त करते हैं। धूड़ा बैल के माध्यम से कही गयी बातें मनुष्य को व्यक्त करती हैं, सबसे बड़ी बात यह कि मनुष्य की अमानुषिकता को व्यक्त करती हैं। बैल भी मनुष्य से नफरत करता है, इससे ज्यादा घिनौनी बात मनुष्य के लिए क्या होगी। हद तो तब होती है, जब धूड़ा काम करने में असमर्थ हो गया, तो उसे घर से निकाल दिया गया। वह अपने मूल मालिक के गाँव तक किसी तरह पहुँचा और वहीं गिरा और मर गया। पाठक इस बैल की कथा पढ़कर द्रवित होता है, संवेदित होता है। कहानी के अन्त में एक आदमी की लाश मिलने की बात का जिक्र करते हुए जो बातें कही गयी है, उनकी कोई जरूरत मेरे विचार से नहीं है। बैल के गिरने तक कहानी पूरी हो जाती है।

स्वयंप्रकाश की कहानियाँ आमतौर से विभिन्न जीवन-सन्दर्भों में गहरी मानवीय पीड़ा को चित्रित करती हैं। पीड़ित मनुष्य के माध्यम से समाज में व्याप्त संवेदनहीनता और अमानुषिकता व्यक्त होती है। यों पीड़ा के भीतर से कहीं-न-कहीं प्रतिरोध की चेतना भी व्यक्त होती है। लेकिन प्रतिरोध की चेतना खामख्वाह नहीं व्यक्त होती। नक्सलवाद से प्रभावित और प्रेरित कहानीकारों ने ऐसी कहानियाँ लिखी हैं, जिनमें सहसा कोई क्रान्तिकारी आ धमकता है, अन्याय का प्रतिरोध करने, जो यांत्रिक या फार्मूलाबद्ध जैसा लगता है। स्वयंप्रकाश की कहानियों में गहन पीड़ा और संवेदनशीलता के प्रभाव से पाठकों की चेतना में प्रतिरोध का भाव पैदा होता है, यह ज्यादा महत्त्वपूर्ण है। यहाँ सभी कहानियों की चर्चा तो सम्भव नहीं है, लेकिन स्वयंप्रकाश के रचना मण्डल में और भी कहानियाँ चर्चा के योग्य हैं।

सम्मान, तुमने कभी कोई सरदार भिखारी देखा?, सूरज कब निकलेगा जैसी कहानियाँ खास तौर से उल्लेखनीय हैं। सम्मान गहरे व्यंग्य की कहानी है। एक कवि मर गया है। अचानक ऐलान हुआ कि अन्त्येष्टि में मुख्यमन्त्री आएँगे। सारा मंजर बदल गया। सामान्य महत्त्व वाले कवि के जीवन से कहीं ज्यादा महत्त्वपूर्ण हो गयी उसकी मृत्यु। लेकिन मुख्यमन्त्री को आने में इतनी देर हुई कि फूल मुरझाने लगे, चन्दन सूख गया। यह कवि का नहीं कवि मुर्दे का सम्मान था, जो वास्तव में मुर्दे के साथ की गयी राजनीति की अभिव्यक्ति था। यह राजनीति कितनी संवेदनशून्य है?

क्या तुमने कभी कोई सरदार भिखारी देखा? में लेखक ने सिख-विरोधी दंगे में भीड़ के अमानुषिक उन्माद के बीच एक अकेले सरदार के धैर्य और आत्मसम्मान का चित्रण किया है। इस कहानी का महत्त्व इस बात में है कि यह उन्माद के बीच विवेक की झलक दिखाती है। इस तरह चरित्र को पेश करना लेखकीय संवेदनशीलता का प्रमाण है। सूरज कब निकलेगा में भयानक बारिश के फलस्वरूप भैराराम का सर्वस्व समाप्त हो जाने के बीच भी अदम्य और अक्षय जिजीविषा और उसके लिए संघर्ष

की अभिव्यक्ति हुई है। विवशता के बीच विकट संघर्ष है जीवन की रक्षा के लिए। सूरज निकलेगा, जीवन बचेगा, यह भरोसा है, इसीलिए प्रश्न है सूरज कब निकलेगा।

सामान्य जीवन की सामान्य घटनाओं से नये कथानक का स्वरूप सामान्य को असामान्य बना देता है, सामान्य में विशेष की खोज करके स्वयंप्रकाश ने हिन्दी कहानी को समृद्ध किया है। इस तरह से स्वयंप्रकाश ने कहानीपन की भी रक्षा की है। यद्यपि वे आज के कहानीकार हैं, आज के जीवन के कहानीकार हैं, आज के दर्द के कहानीकार हैं, आज के उन कहानीकारों से भिन्न हैं, जो उपन्यास, निबन्ध, यात्रा-वृत्तान्त, रिपोर्ताज आदि की मदद से कहानीपन को बना-बिगाड़ रहे हैं। यही कारण है कि मैं स्वयंप्रकाश की ओर आकृष्ट रहा हूँ।

स्वयंप्रकाश समकालीन हिन्दी कहानी की शक्ति है, फिर भी मैं उनमें सम्भावना देख रहा हूँ।

उत्तर-आधुनिक युग में दूधनाथ सिंह की रचनाशीलता

कहानी कैसे स्वरूप ग्रहण करती है, इसका उत्तर कहानीकार से बेहतर और कौन दे सकता है। लेकिन हम देखते हैं कि आज हिन्दी में अनेक विचारक हैं, जो लगातार यह बताने की कोशिश कर रहे हैं कि कहानी कैसे लिखी जानो चाहिए। वे कौन लोग हैं? बात के व्यक्तिगत हो जाने के खतरे से बचने के लिए मैं नामोल्लेख से बच रहा हूँ। व्यक्ति से ज्यादा महत्त्वपूर्ण और विचारणीय है प्रवृत्ति। उपर्युक्त अनाम विचारकों की प्रवृत्ति का जिक्र करने के सिलसिले में सबसे पहले मेरा ध्यान इस बात पर जाता है कि एक तरफ वे फार्मूलाबद्ध लेखन का विरोध करते हैं दूसरी तरफ वे ही यह नुस्खा देते रहते हैं कि कहानी ऐसे लिखी जामी चाहिए या वैसे नहीं लिखी जानी चाहिए। ऐसे विचारक कभी यथार्थ को कहानी की सर्जना के रास्ते की बड़ी बाधा मानते हैं, तो कभी आज के वैज्ञानिक तकनीकी दौर में कहानी को ही अप्रासंगिक या अक्षम विधा घोषित करते हैं, तो वे ही कभी-कभार सापेक्षता और कारण-कार्य-सम्बन्ध की सीमा से कहानी को मुक्त करने की नेक सलाह देते हैं। कभी-कभी तो इसी तरह के विचारक यह भी कहते दिखते हैं कि आज के यथार्थ को अभिव्यक्ति देने की क्षमता कहानी नाम की विधा में है ही नहीं। वे इसी प्रक्रिया में मानवीय सम्वेशनशीलता, विवेक, बुद्धि, चिन्तन आदि के घेरे में ही कहानी को रूप लेते देखने की कामना करते रहते हैं। ऐसे लोग वास्तव में जैनेन्द्र कुमार की उस मान्यता को पालते हुए दिखाई पड़ते हैं कि रचना के लिए किसी प्रकार के अध्ययन और बाह्य जगत के अनुभव की जरूरत नहीं है, रचना तो अन्तर्जगत् के प्रकाश का फल है। यों जैनेन्द्र कुमार भी जब कहानी की रचना के बारे में विचारने लगते हैं तो यह कहने को मजबूर होते हैं कि कहानी हमारे जीवन की, हमारे ही आसपास की, हमारे ही सम्बन्धों की बातों, घटनाओं और चरित्रों को हमारी ही भाषा में हमारे सामने रख देती है। यह रख देना एकदम जीवन जैसा ही नहीं होता, फिर भी पाठकों को लगता है कि कहानी की बातें हमारे ही जीवन की हैं। पाठकों को ऐसा तभी लगता है, जब रचनाकार अनुभवों और चरित्रों का सामान्यीकरण कर सकने में सक्षम होता है। लेकिन जैनेन्द्र और उनके जैसे आज के विचारक सामान्यीकरण से ही बचना चाहते या परहेज करते हैं, इसीलिए यथार्थ की द्वन्द्वात्मक प्रक्रिया का

विरोध करते हैं। ऊपर जिन प्रवृत्तियों का जिक्र मैंने किया है, उनका सार तत्त्व यह है कि कहानी में यथार्थ चित्रण से बचना चाहिए, कारण-कार्य-सम्बन्ध अथवा एक सिलसिले से घटनाओं की क्रमबद्धता से बचने का अर्थ दूसरा कुछ नहीं हो सकता है।

देखने की बात यह है कि इसी बीसवीं सदी में हिन्दी कहानी ने अपने प्रारम्भिक दौर में जिस प्रकार की वर्णनात्मकता के सहारे रूपाकार ग्रहण किया था, लगभग उसी तरह की वर्णनात्मकाता के सहारे इस सदी के अन्तिम वर्षों में हिन्दी कहानी ने ऐतिहासिक प्रगति के रास्ते पर मजबूत कदम रखे हैं। प्रेमचन्दोत्तर काल में मनोविश्लेषणात्मक कहानी के दौर के कहानीकारों और आलोचकों ने जिस किस्सागोई को कहानी के पिछड़ेपन का लक्षण माना था, उसी तरह की किस्सागोई आज की कहानियों के शिल्प का मूल अंग बन गयी है। इसका क्या कारण हो सकता है? क्या यह कि आज के कहानीकार पीछे की ओर जा रहे हैं यानी कहानी को आगे ले चलने में असमर्थ हैं? यह कि हिन्दी कहानी फिर पिछड़ रही है? नहीं, यह सब कुछ नहीं है। बात यह कि वैयक्तिकता या व्यक्तिपरकता कहानी नाम की विधा के लिए अनुकूल प्रवृत्ति नहीं है और आम तौर से बात तो यह भी है कि अन्तर्जगत् स्वतः रचना का स्रोत नहीं बन सकता है। और जब आज का रचनाकार बाहरी दुनिया के यानी अपने जीवन के अनुभवों को समेटने की कोशिश करने लगता है, तो पाता है कि अनुभवों और घटनाओं की अन्तःसूत्रता, परस्परनिर्भरता, अन्तःसम्बद्धता पहले की तुलना में ज्यादा बढ़ गयी है। ऐसी हालत में घटनाहीनता, अथवा अत्यन्त घटनापरकता के आधार पर मनुष्य के व्यक्तित्व, चरित्र या उसकी संवेदना को पूरी तरह व्यक्त नहीं किया जा सकता। एकाध सन्दर्भ नहीं अनेक सन्दर्भों की शृंखला आज के जीवन और समाज के साक्षात्कार के लिए जरूरी समझी जा रही है। जीवन और समाज की अत्यधिक जटिलता ने कहानी के रूपाकार को, उसके भीतर गुम्फित चेतना को प्रभावित किया है। इसीलिए आज की श्रेष्ठ कहानियाँ नयी कहानी या उसके बाद के दौर के ज्ञानरंजन, दूधनाथ सिंह, कामतानाथ आदि की कहानियों से भिन्न हैं। आज की ऐसी स्थिति घटनाप्रधान कहानियाँ उसने कहा था, और नमक का दारोगा, जैसी कहानियों की याद दिलाती हैं, लेकिन वह याद भर ही है, उनकी आवृत्ति कतई नहीं है। उसने कहा था या नमक का दारोगा जैसी कहानियों में कथ्य और संवेदना का सरल विकास है, जबकि आज की कहानियों में कथ्य और संवेदना की जटिलता है। जाहिर है कि नयी कहानी और उसके बाद के दौर की कहानियों से आज भी कहानियाँ आगे हैं और स्वयं हिन्दी कहानी के इतिहास में आज की कहानियों का महत्त्व कुछ कम नहीं, ज्यादा ही है।

इस दौर की अनेक कहानियों को लें, हम किसी भी भाषा की उच्चतम स्तर की कहानियों का मुकाबला कर सकते हैं आर्थिक, राजनीतिक, भूमण्डलीकरण की प्रक्रिया में हम भले विश्व पूँजीवाद से पीछे पड़ गये हों, लेकिन अपने देश और समाज की

हकीकत का बयान करने में और रचनात्मकता के विकास में उनसे आगे ही हैं। आज की कहानियों की विशेषता यह है कि वे हमारे अपने समाज और जीवन की हकीकत को समझने में तो मदद करती ही हैं, स्वयं कहानी के बारे में भी समझ को विकसित करती हैं। मेरी इस बात से वे कुछ लोग चकित होंगे, जो समझते रहे हैं कि हिन्दी आलोचना के विकास में हिन्दी कहानी ने कोई खास योगदान नहीं किया है या हिन्दी में कहानी की समझ का विकास नहीं हुआ है। अक्सर कहा जाता है कि हिन्दी में कहानी की सही समझ का विकास नहीं हुआ है। ऐसा कहने से यह अर्थ निकलता दीखता है कि कहानी की समझ कोई ऐसी चीज है, जिसका विकास अलग से करके उसका कहानी के लिए उपयोग किया जाए। ऐसा सोचना गलत है। हाँ, कहानी को समझने के लिए अलग से कोई समझ विकसित करने की जरूरत है, तो वह है समकालीन जीवन और समाज की समझ तथा उससे कहानी के सम्बन्ध की समझ। यों समझने वाले की मानसिक बनावट की भूमिका तो कहानी को समझने में है ही। हिन्दी कहानी ने इतिहास में कई बार आलोचना को नयी समझ ही नहीं दी उसे पकड़ने को भी प्रेरित किया है। ऐसे प्रेमचन्द के दौर में हुआ, स्वातन्त्र्योत्तर काल में खास करके नयी कहानी के दौर में हुआ। यह नयी समझ और दिशा कविता के आग्रह से विकसित समझ और दिशा से भिन्न रही है। कविता हनारी संवेदना और चिन्तन को उद्‌बुद्ध करती है और कहानी हमारी संवेदना और चिन्तन को उनके वास्तविक सन्दर्भ में देखने तथा महसूस करने के जबान देती है। कविता और कहानी में रचनात्मक स्तर पर बुनियादी टकराव नहीं होते हुए भी दोनों की रचना प्रक्रिया और भूमिका में फर्क तो है। कहानी की समझ में इस फर्क का विवेचन अपेक्षित है।

आज उत्तर-आधुनिकता का जो आग्रह कुछ लोग हमारे यहाँ कर रहे हैं वे हिन्दी कहानी को उसके वास्तविक सन्दर्भ से, उसकी अपनी पहचान की जमीन से काट देना चाहते हैं। यही कारण है कि वे कारण-कार्य-सम्बन्ध को कहानी के लिए अप्रासंगिक बताते हैं। ऐसे लेखकों के लेखों को पढ़ें तो आपको यूरोप और अमेरिका के ही आलोचकों के उद्धरण उनमें भरे पड़े मिलेंगे। वे भारतीय सन्दर्भ का जिक्र क्यों नहीं करते? वे जिस तकनीकी क्रान्ति के प्रभाव का जिक्र करते हैं, वह तो यूरोप, अमेरिका और जापान के उत्तर पूँजीवाद से सम्बन्धित है। हमें उससे या उसके दुष्परिणामों से आगाह करना एक बात है और उस अभाव को स्वीकार कर लेने को प्रेरित करना बिल्कुल दूसरी बात है। हमारे कुछ कहानीकार उत्तर-आधुनिकता की अपनी जड़ों को खोजना समझते हैं। जब यह भूमण्डलीकरण के दौर में है उलटा। मैं यहाँ कुछेक ताजा कहानियों का जिक्र करके अपनी बात स्पष्ट करने की कोशिश करूँगा।

ज्ञानरंजन और काशीनाथ के उदय काल के ही कहानीकार दूधनाथ सिंह ने लम्बे अन्तराल के बाद अपना सुखद रचनात्मक इजहार किया है। उनकी कहानी धर्मक्षेत्रे कुरुक्षेत्रे, कई दृष्टियों से एक महत्त्वपूर्ण कहानी है। इस कहानी में उस

सामाजिक-आर्थिक दौर की कथा है, जब पूँजीवादी बाजार का विस्तार गाँव तक हो गया है और व्यावसायिकता ने मनुष्य को ऐसा ग्रस लिया है कि सामाजिक पारिवारिक सम्बन्धों की आत्मीयता को उसने छिन्न-भिन्न कर दिया है। फलतः इस कहानी के पात्रों को हम पत्नी और पुत्रवधू बेचते हुए देखते हैं। रात के अँधेरे में बाप-बेटे दोनों बनकट के जंगल में ले जाकर औरत के पैर में सीकड़ फँसाकर दूसरा छोर बरगद की ऊपरी जड़ से बाँध दिया। यह दृश्य आदमी और जानवर का फर्क समाप्त कर देता है। आदमी की बिक्री तो प्राचीन और मध्यकालीन भारत में भी होती थी लेकिन यह भी सच है कि सामन्ती जमाने में घर की औरतों को इज्जत का प्रतीक मान कर उसकी रक्षा के लिए जान देते थे। इस उत्तर पूँजीवाद के दौर में तो औरतें ही औरतों से ज्यादा खार खाती हैं। पुराने जमाने में तो सिर्फ महतो बैल चुरा कर फिरौती लेता था, अब समय बदला है तो बैल की जगह आदमी का ही कारोबार कर रहा है। वह सिर्फ महतो को यह विद्या सिखाने वाले गुरु कहते हैं—अपने जवार में बाजार का काम मत करो, मेल-जोल बढ़ाओ। औरत हो गयी पाल, ऐसी औरत जो बच्चा पैदा कर सके। सिर्फ महतो इस तिजारत का बादशाह हो गया। कहानी विस्तार से इस धन्धे की कला का वर्णन करती है। इसी कलाबाजी का उपयोग करके उसने अपनी पतोहू को बेच दिया, लेकिन यही काम उसने कई बार किया। दूसरी बार वह गर्भवती पतोहू को बेचता है, जंगल में ले जाकर। बनकट के जंगल में ही वह औरत बच्चे को जन्म देती है। यहाँ नये मनुष्य के आने से स्थिति में परिवर्तन हो गया। सिर्फ महतो ने विवश होकर सोचा कि बच्चे को गड्ढे में दफन कर दें। और अब औरत को न बेचें, जवान खूबसूरत औरत को बेटे के लिए ही रख लें। महतो की अमानुषिकता का यह नया रूप है। लेकिन यह मनुष्य ही है, जिसमें ममता के साथ ममत्व भी रहता है। बच्चे के प्रति सिर्फ महतो विवश है, तो मरकटवा में उसके प्रति ममत्व जग गया है। निर्ममता और ममत्व का टकराव बाप-बेटे में युद्ध का रूप ले लेता है। वे दोनों एक दूसरे पर प्रहार करके वहीं गिर पड़ते हैं और वह औरत बच्चे को लिए घर की ओर चल देती है, यह अपने बूते पर जीने के लिए अपने सृजन की रक्षा के लिए उसका जीवन में प्रवेश करना है। कथा गाँव की है, भाषा में गाँव के परिवेश और संस्कृति का गहरा सम्बन्ध है।

अपनी ताजा कहानी 'डॉक्यूड्रामा' में रमेश उपाध्याय ने नया प्रयोग किया है। रमेश उपाध्याय नये कहानीकार नहीं हैं अब, लेकिन यह कहानी इस बात का सबूत है कि विकासमान जीवन-प्रसंगों पर तीक्ष्ण नजर रखने और उनके नयेपन की पकड़ होने के कारण कहानीकार पुराना नहीं पड़ता है। इस कहानी की बनावट में भी एक प्रकार का नयापन है और वह निबन्धात्मकता से मिलती-जुलती है, लेकिन यहाँ इस पक्ष की व्याख्या में जाना मेरा अभीष्ट नहीं है। 'डाक्यूड्रामा' एक नया शब्द है, जो डाक्यूमेण्ट्री और ड्रामा, इन दो शब्दों को मिलाकर बना है। इन दो शब्दों का

मेल व्याकरणिक आग्रह से नहीं, बल्कि दो कलारूपों को समन्वित कर एक नया कलात्मक प्रयोग करने की प्रेरणा से हुआ है। लेकिन वास्तव में इस कलात्मक प्रयोग की प्रेरणा के पीछे भी एक प्रेरणा है व्यावसायिक जीवन विकसित करने की। इस पृष्ठभूमि में कलात्मक प्रयोग करने के पीछे उद्देश्य जीवन के सत्य को उद्घाटित करना कम काल्पनिक प्रश्नों और प्रसंगों के जरिये व्यक्तित्व को रोचक एवं उत्तेजक बनाना ज्यादा होता है। मिताली घोष अपने प्रेमी के वैज्ञानिक पिता पर डॉक्यूड्रामा बनाने का प्रयत्न करते हुए ऐसे प्रसंगों की कल्पना करके उनसे प्रश्न पूछती है, तो अन्ततः यह जाहिर होता है कि मिताली का कलात्मक प्रयोग मनुष्य के जीवन सत्य को विकृत ही करता है, क्योंकि उस प्रयोग का उद्देश्य है जनता की रुचि के अनुकूल, दर्शकों की रुचि के अनुकूल जीवन प्रसंग गढ़ना। यही उद्देश्य आगे बढ़कर व्यावसायिक हो जाता है। इन बातों को रमेश उपाध्याय ने अत्यन्त कुशलता से आलोच्य कहानी में गुम्फित किया है। कला के व्यावसायिक प्रयोग में भयादोहन की नयी तकनीक का सहारा लिया जाता है। इस तरह के प्रसंगों की क्रमबद्धता के कारण यह कहानी प्रयोग और कथ्य दोनों दृष्टियों से नयेपन से भरीपूरी है। साथ ही इलेक्ट्रॉनिक मीडिया की सीमा का भी अनुभव इससे होता है। इसका प्रभाव यह है कि मिताली की रुचि वैज्ञानिक सत्य की संवेदनशील खोज करने में नहीं, बल्कि वैज्ञानिक के जीवन की कमजोरियों को बेपर्द करने में है। इसी प्रक्रिया में हम यह समझते हैं कि यह कहानी मानवीय संवेदना की सच्चाई और इलेक्ट्रॉनिक मीडिया की व्यावसायिकता के बीच टकराव दिखाती है। इस अनुभव के प्रकाश में हम उत्तर-आधुनिकता के चरित्र को देख सकते हैं।

जैसे आज मनुष्य के जीवन और समाज में संक्रमणकालीन उलट-फेर और उथल-पुथल मचा है, उसी तरह हिन्दी कहानी में उलट-फेर करने या उथल-पुथल मचाने की कोशिश का इजहार है अर्चना वर्मा की कहानी 'जोकर'। इस कहानी में शिल्पगत प्रयोग करने या नयापन लाने की जो कोशिश है, उसकी व्याख्या यहाँ मैं नहीं कर रहा हूँ। इस कहानी में ध्यान देने योग्य बात यह है कि समाज की संक्रमणशीलता, पूँजीवादी विकास के क्रम में आयी बाजार तन्त्र की विज्ञापनबाजी, महिलाओं का नये-नये पेशे में समावेश और नयी-नयी समस्याओं से उनका मुकाबला, इन सबके प्रभाव से स्त्री-चेतना में आ रहा बदलाव आदि को उपयुक्त जीवन-सन्दर्भों के माध्यम से चित्रित किया गया है। सबसे मुख्य बात है स्त्री-चेतना में आया परिवर्तन जो यह नया सन्देश देता है—"हमलावर एक डरा हुआ आदमी है, उसे तुम्हारी शर्म पर भरोसा है। बेशर्म बनो।" यह है व्यावसायिक समाज की, बाजार-तन्त्र की स्त्री-चेतना। यहाँ कोई मूल्य नहीं है। मूँदहूँ आँख कतहुँ कोउ नाहीं वाली बात है। तुलसी के समय यह स्वीकृत मूल्य नहीं था। आज यह बात मूल्यहीनता के रूप में स्वीकृति पा रही है।

मूल्यहीनता किसी एक क्षेत्र में नहीं पूरे समाज में व्याप्त है। राजनीतिक क्षेत्र

में, खासकर के दक्षिणपन्थी प्रतिक्रियावादी राजनीति के क्षेत्र में मूल्यहीनता कितनी भयानक, कितनी अमानुषिक बन गयी है, यह उदय प्रकाश की बहुचर्चित कहानी 'और अन्त में प्रार्थना' में देखा जा सकता है। डॉ. वाकणकर की त्रासदी आज के पूँजीवादी समाज की त्रासदी है। त्रासदी की अभिव्यक्ति का रूप है राजनीतिक पाखण्ड। यह लम्बी कहानी सिद्धान्तनिष्ठता के आवरण में सिद्धान्तहीनता का, संस्कृति के आवरण में सांस्कृतिक पतन का, विचारधारा के आवरण में विचारहीनता या विवेकहीनता का अहसास कराती है। ये सारी विशेषताएँ सत्ता और सम्पत्ति के लोभ से भरपूर पूँजीवादी सड़ँध के उत्तर पूँजीवादी दौर के जीवन सत्य को उद्घाटित करती हैं। इसी प्रयत्न के क्रम में हिन्दी कहानी आगे बढ़ी है। कहानियाँ और भी हैं। मैंने दृष्टान्त रूप में ही कुछ की चर्चा की है।

कहानी-कला का स्वरूप

भागलपुर से 'किस्सा' जैसी पत्रिका का निकलना हिन्दी-जगत् की उल्लेखनीय घटना है। मेरे लिए यह व्यक्तिगत प्रसन्नता का विषय है। इसीलिए मेरे मन में यह बात आयी कि 'किस्सा' का महत्त्व पाठकों की समझ में स्पष्ट करने के उद्देश्य से इस पर टिप्पणी की जाए। पत्रिका मुख्यतः कहानियों की है, नाम भी है 'किस्सा', इसलिए मैं यहाँ पत्रिका के प्रवेशांक की कहानियों के बारे में कुछ बातें कहने की कोशिश कर रहा हूँ।

राधाकृष्ण सहाय की कहानी 'सूर्योदय' का कथ्य अत्यन्त महत्त्वपूर्ण है। आज हमारे देश की जनता खासकर किसान और मजदूर भी विश्व पूँजीवाद के भूमण्डलीकरण अभियान से परेशान हैं। कम से कम डेढ़ लाख किसानों ने आत्महत्या की है। लाखों मजदूर छँटनी के शिकार हैं, मध्यम वर्ग और निम्न वर्ग के सदस्य मँहगाई की मार से परेशान हैं। इन्हीं समस्याओं के आधार पर इस कहानी का कथ्य रचा गया है। इस कथ्य को व्यक्त करने वाली कहानियाँ हिन्दी में बहुत नहीं लिखी गयी हैं। इसलिए यह कहानी ध्यान खींचती है। लेकिन खटकने वाली बात यह है कि कहानी में कथ्य के अनुसार प्रसंग या सन्दर्भ का चित्रण या समावेश नहीं किया गया है। मगन के चाचा-चाची, उनके दोनों छोटे-छोटे बच्चे पलाश की डाल से लटक रहे हैं। उनके गले में फाँसी का फन्दा है। मगन के चाचा की जेब से एक कागज मिला, जिसमें लिखा था—'ईश्वर क्षमा करना, परिवार सहित आत्महत्या जरूरी थी। हम बैंक का कर्ज चुका नहीं सकते थे।' मगन के चाचा किसानी करते हुए आत्महत्या करने के निर्णय तक कैसे पहुँचे, बैंक से कर्ज लेना जानलेवा कैसे साबित हुआ, इस पूरी प्रक्रिया का चित्रण कहानी को बहुत ही महत्त्वपूर्ण बना देता, क्योंकि तब कहानी में संवेदनशीलता लबालब होती, जब किसानों का दर्द पाठकों तक सम्प्रेषित होता। सूचना मात्र से दर्द व्यक्त नहीं होता।

एक दूसरे परिवार का बेटा किसानी छोड़कर भट्ठे की ओर चला। रास्ते में ही उसे पहाड़ी पर रोजगार मिल गया—आठ घंटे श्रम का एक सौ पचास रुपये।

पहाड़ी पर पाँच लड़के नाटक करने आते हैं। वे नाटक के जरिये सूचना देते हैं कि अर्जुन, शीशम, देवदार आदि को काटकर युक्लिप्टस के पेड़ लगाये जा रहे हैं।

नाटक का राजा कहता है—ऐसा विश्व बैंक के आदेश के अनुसार किया गया। इससे विकास-दर बढ़ गयी। इससे फायदा किसको? अरबपतियों को। इसी तरह की और सूचनाएँ नाटक के जरिये दी गयी हैं। वह बेटा नींद में सपना देखता है, बिजली के पंखों का स्पर्श, टमाटर का लौट चलने का आह्वान। तिनके की कल्पना के जरिये उत्पादन का महत्त्व समझाया गया है। बेटा जगा और उसके जीवन में सूर्योदय हुआ, निराशा दूर हुई और वह लौट गया, ऐसा संकेत है।

कहानी का शिल्प अत्यन्त श्रेष्ठ है, लेकिन संवेदनशून्य शिल्प, कहानी वस्तु और रूप विधान में भारी असन्तुलन का शिकार हो गयी है। देवेन्द्र सिंह की कहानी 'बाघिन' अन्तर्वस्तु और रूप विधान में संतुलन और संवेदनशीलता से लबालब भरी होने का दृष्टान्त पेश करती है। हरखू की पुत्रवधू तीन दिनों से प्रसव पीड़ा से परेशान है। अस्पताल ले जाने के लिए रुपये चाहिए, उनके पास नहीं हैं। हरखू रुदल खलीफा के पास कर्ज लेने गया। कर्ज देने का निर्णय करने तक पहुँचने में रुदल जो समय लगाता है, उससे हरखू की चिन्ता और उसकी पुत्रवधू की पीड़ा बढ़ती गयी है। इससे रुदल का शोषक रूप, संवेदनहीन रूप निखर जाता है। यह कहानीकार की सफलता है।

हरखू की पुत्रवधू को पहले निजी डॉक्टर के पास ले जाया गया। उसने देखने से इनकार करके सरकारी अस्पताल ले जाने को कहा। वहाँ लेडी डॉक्टर, नर्स आदि ने उपेक्षा की। पीड़ा बढ़ती जा रही है। व्यवस्था की संवेदन शून्यता और पीड़ा में वृद्धि एक साथ चल रही है। अन्त में लखना की माँ गंगिया नर्स को खींचकर वहाँ ले जाती है, जहाँ पुत्रवधू पीड़ा से बिलख रही है। वह देख कर घबरायी, हालत खराब है। डॉक्टरनी को खबर दी गयी। लेकिन नतीजा है जच्चा-बच्चा दोनों की मृत्यु। व्यवस्था की हृदयहीनता और मनुष्यता की उपेक्षा के कारण लखना की बहू मारी गयी और सम्भावित शिशु भी जन्म नहीं ले सका अथवा मृत पैदा हुआ। फलतः गंगिया बाघिन बन कर लेडी डॉक्टर पर टूट पड़ी, उसको जमीन पर पटककर गला पकड़ लिया। बड़ी मुश्किल से उसे छुड़ाया गया। गंगिया उस समाज की सदस्या है, जिसमें आम लोगों के पास जीने के साधन नहीं हैं, लेकिन संवेदनशून्यता का प्रतिरोध करने का अधिकार तो है। व्यवस्था की संवेदनहीनता और गंगिया का प्रतिरोध दोनों मिलकर लेखक की संवेदनशीलता का निर्माण करते हैं। इसीलिए यह महत्त्वपूर्ण कहानी है।

जयनन्दन की कहानी 'वे न करेंगे न कुछ करने देंगे' भी उल्लेखनीय है। इसमें मुख्य बात है सल्तनत नाम की मुस्लिम लड़की और भैरव नाम के हिन्दू लड़के का अनन्य प्रेम। लेकिन यह कथ्य नहीं है, कथ्य इसी से बनता है। सल्तनत और भैरव गाँव की खेती के लिए नहर बनाने में निर्णायक भूमिका, नेतृत्वकारी भूमिका अदा करते हैं। फलतः उन्हें गाँव का जन-समर्थन प्राप्त होता है। नहर के प्रवाह में

उनके प्रेम का विरोध बह जाता है। कथ्य यह है कि सार्वजनिक हित के आधार पर विकसित प्रेम असाधारण प्रेम होता है। इस प्रेम के विरोधी एक तरफ सेठ टेकमल हैं, तो दूसरी तरफ सल्तनत का भाई इदरीश और उसके कुछ बोहरे दोस्त। 'प्यार से आदमी छोटा नहीं बड़ा बनता है, टुच्चा नहीं, ऊँचा बनता है।' धर्मेतर प्रेम के आधार पर दंगा करने की कोशिश भी नाकाम होती है, क्योंकि यह प्रेम व्यक्ति-स्वतन्त्र्य के आधार पर नहीं सार्वजनिक हित के आधार पर खड़ा है, टिका है। कहानीकार ने कथा का यह स्वरूप अपने उदात्त अनुभव और कल्पनाशक्ति के माध्यम से रचा है। यह राष्ट्रीय स्वाधीनता-संग्राम जैसे व्यापक और महान् आन्दोलन के तर्ज पर रचा गया किसान-आन्दोलन है, जो प्रेम का बचाव करता है।

टेकमल साजिश करता है। इदरीश की सोये में हत्या कराकर सल्तनत भैरव की माँ, उसके पिता प्रभुदयाल, तौफीक, मतीऊर आदि को मामले में फँसाकर गिरफ्तार करा देता है। कहानी तो यहीं खत्म होती है, लेकिन संकेत से यह अर्थ दे जाती है कि टेकमल जैसे लोग इन्सानियत का निषेध कर रहे हैं। शासन का सहारा भी उसे ही मिल गया, लेकिन प्रेम करने वाले और उनके समर्थक जेल जाकर भी, साजिश का शिकार होकर भी प्रेम के प्रति अडिग हैं। वे समाज की रूढ़ियों और संकीर्ण रवायतों के खिलाफ जेल जाते हैं, यह जाना बड़प्पन है। टेकमल खलनायक बनकर सामने आता है। यह एक श्रेष्ठ कहानी है।

पी.एन. जायसवाल की कहानी 'घाघ' पर गौर करें। यहाँ पर एक बात याद आ गयी, जो कह देना चाहता हूँ—पहले कहानीकार श्री राधाकृष्ण सहाय मेरे गुरु रह चुके हैं और पी.एन. जायसवाल मेरे शिष्य। जायसवाल ने इस समाज को पाठकों के सामने करने के लिए शव-परीक्षा-गृह से जुड़े प्रसंग के आधार पर कहानी की रचना की है। 'घाघ' यानी गम्भीर किस्म का चतुर (या धूर्त)। घाघ बनने में डोम सरदार और पुलिस के सिपाही या दारोगा में प्रतियोगिता है। लेकिन शव-परीक्षा का काम डोम सरदार को ही करना है, इसलिए उसका हाथ ऊपर है। मूल बातें दो-तीन हैं। एक तो यह कि शव-परीक्षा कराना सरकार का दायित्व है और सारा खर्च सरकारी कोष से होना है। लेकिन दिक्कत यह है कि सरकारी डोम सेवा-निवृत्त हो गया, तो बार-बार लिखने पर भी नियुक्ति नहीं की गयी है। अब रवानगी डोम से शव-परीक्षा करानी है। उसके नखरे हैं, पीने को पैसा चाहिए, चखना चाहिए, घर में सब्जी आदि के लिए कुछ पैसा देना है, यह सब कोई दे, तो मूड बनेगा। कौन देगा, सुजान को देना है, क्योंकि उसी के बेटे की लाश का शव-परीक्षण होना है। एक दिन तो जा कर भी डोम भाग गया। दूसरे दिन एक हजार रुपये की माँग की। सुग्गन ने कर्ज ले कर दिया। घाघ पुलिसवाले ने डोम सरदार को पाँच सौ दिया। डोम चला, फिर वहाँ जाकर कहता है कि एक हजार की बात थी। पुलिस वाले ने एक सौ का नोट अपनी जेब में रख कर शेष डोम को दे दिये। सब ठीक हो गया। इस समाज और

सत्ता में मुद्रा की भूमिका प्रधान हो गयी है। नैतिकता और अनैतिकता आदि भी वर्गीय गुण हैं। डोम भी सत्ता का दलाल बना हुआ लगता है। संकेत में कहानी यह भी बता जाती है कि सबसे घाघ तो डाक्टर है, जो सरकार से शव-परीक्षण का बिल भुना ही लेगा। सुग्गन सब से लाचार व्यक्ति है, बेटा उसका मरा है, सारा खर्च उसी को करना है। यही मनुष्य है, तो मौत से लेकर डॉक्टर, दारोगा-पुलिस और डोम सबके अनाचार की चोट सहता है। कहानी में कथ्य के अनुसार जीवन-सन्दर्भों की रचना सहज भाव से की गयी है।

पंकज मित्र की कहानी 'काँझड़ बाबा था' भी पहले शिल्प की दृष्टि से ध्यान खींचती है। पहले तो कहानी-रिपोर्ताज की तरह है, गाँव के किनारे काँझड़ बाबा थान शहर के गाँव में घुसने में बाधक बनता है, वैसे अगल-बगल से तो शहर घुस ही रहा है। काँझड़ बाबा लोगों को मन्नत का उलटा देते हैं माँगा बेटा तो मिली बेटी, माँगी बेटी तो मिल गया बेटा।

गाँव के बच्चे अपने-अपने बाबा को ही काँझड़ बाबा मानते हैं। यहाँ से कहानी शब्द चित्र का रूप ले लेती है। बाबा की कुछ विशेषताओं के दृष्टान्त दिये गये हैं। बाबा बहुत खर्च करते लेमनचूस देते बच्चों को। लोग बैठे बात कर रहे हैं, लाइट जला है, तो कहते हैं बात करने के लिए बत्ती जलाना क्या जरूरी है। अखबार दो दिन पुराना पढ़ते हैं बाबा। अन्तिम अंश में कहानीपन है। घटनाओं के मेल से एक कथा बनती दिखती है। लेकिन कहानी में न तो कोई व्यक्तित्व और न चरित्र पूरी तरह विकसित हो पाया है और काँझड़ बाबा थान का प्रतीक भी नहीं बन पाया है। उधर प्रतीकत्व अधूरा लगता है और इधर गाँव के काँझड़ बाबा का व्यक्तित्व नहीं उभर पाया है। भाषा में विशेषता है कि अंगिका की छाँव मिल जाती है। इस भाषा से पात्रों के सामान्य स्तर का पता चलता है।

शेखर ने आदिवासी जीवन की व्यथा को कहानी का आधार बनाया है। ध्यान देने की बात यह है कि व्यथा का कारण आदिवासीपन नहीं, गरीबी है। कहानी संकेत देती है कि आदिवासी जीवन में अब आदिवासीपन कहाँ है। करियो एक मेहनतकश महिला है। जंगल से लकड़ी काटकर गुजर करती है। बड़ा बेटा सातवीं तक पढ़कर छोड़ देता है, सिनेमची निकल गया है, चोर-बेईमान महाजन के बेटों जैसा। फटफटिया, मोबाइल और सूटबूट खोजता है। करियो का पति तेरह साल पहले गोबरछत्रा की सब्जी और रोटी खाकर निकला था, जंगल गया था, आज तक नहीं लौटा, सिउरी नदी में अचानक उफान आया, जिसमें वह बह गया। भूत की तरह काम करनेवाली करियो अकेलापन, बेटे की आवारागर्दी और फिर उम्र की अवस्था से परेशान है, बुढ़ापे की चिन्ता है। मुईसी और अनारो उसकी दोस्त उस दिन जंगल से साथ लगी आ गयीं, तो फिर जैसे उसे 'सगुन' लगा, जो सगुन पहली बार इस घर में आने पर दिखायी पड़ा था, नीलकंठ बोला था उस दिन।

इधर सुशासन, मनरेगा और सात पसेरी चावल-गेहूँ का वादा, पीला कार्ड, लाल कार्ड, सब बेकार, अमल में कुछ नहीं। कहानी में यह अंश संक्षेप में करियो के वक्तव्य के रूप में कह दिया गया है। जीवन से टूटी हुई करियो को दस-बीस बार ब्लॉक ऑफिस या और सम्बद्ध जगह में निरर्थक दौड़ते, परेशान होते, पस्त होते दिखाया जाता, गोलमाल दिखाया जाता, इसी क्रम में आदिवासी या झारखंडी राजनीति का पाखंड चित्रित होता, तो शायद कहानी दमदार हो जाती। लेकिन इसके लिए लेखक को परेशान होना पड़ता, अतः उसने जंगल से लकड़ी काटने का वृत्तांत तो खूबसूरती से दिखा दिया है, लेकिन यथार्थ के नयेपन को शायद अनुभव की कमी के कारण वक्तव्य का रूप दे दिया है।

अनन्त प्रसाद सिंह की कहानी 'बाकी बचा शून्य' एक विलक्षण चरित्र सामने लाती है। कलिराम त्रिवेदी एक सरकारी कार्यालय में तृतीय श्रेणी के कर्मी हैं। उनका जीवन एक साधारण नागरिक जैसा है। दो बेटे हैं, उन्हें पढ़ा रहे हैं। वे पढ़ने में तेज हैं। दोनों प्रतियोगिता में उत्तीर्ण हो कर मेडिकल में पढ़ते हैं। वे पढ़ाई पूरी कर मैनशिप भी कर चुके हैं। फिर वे दिल्ली जाकर पढ़ाई करना चाहते हैं, उनकी रिंग सिरेमनी होती है, तिलक होता है। सैकड़ों गाड़ियों पर सवार लोग आते हैं, बारात में भारत सरकार के दो मंत्री, पाँच सांसद, राज्य सरकार के सात मंत्री, पैंतालीस विधायक, राजधानी के सारे डाक्टर, नौ जज, आठ आई.ए.एस., सात आई.पी.एस. आदि तिलक में आते हैं। त्रिवेदी जी का संतुलन बिगड़ रहा था। इसी ठाट-बाट के साथ शादी भी हुई। कुछ ज्यादा ही तड़क-भड़क। औरतें तक नाचती हैं। पुत्रवधू भी डाक्टर है।

बात यह है कि अचानक यह उठता हुआ जीवन-स्तर और सामाजिक रुतबा वे पचा नहीं पा रहे। कहानी का उत्तम पुरुष 'मैं' त्रिवेदी जी को समझाते हैं, यह तो प्रसन्न होने की बात है, आप मायूस क्यों हैं? बात क्या है? त्रिवेदी जी समझते हैं कि उनकी आजादी खत्म हो गयी, उनपर किसी का दबाव है कहानी के अन्त में उनका कथन है शादी में मिली चीजें मुझे चुभती हैं, दौड़ती हैं काटने को। मैं लगातार जान छुड़ा रहा हूँ। ऐसा नहीं कि त्रिवेदी जी सुखी जीवन, सम्पन्न जीवन नहीं चाहते, चाहते हैं, लेकिन अपनी कमाई पर। अपनी कमाई स्वतन्त्र बनाती है। त्रिवेदी जी के चरित्र का यह रहस्योद्घाटन महत्त्वपूर्ण है, एक नमूना है, उदाहरण है, दुर्लभ है आज के समाज में। लेखक ने बड़े कौशल से यह चरित्र रचा है, यही कौशल और चारित्रिक विशेषता महत्त्वपूर्ण है, वैभव के भोंड़े प्रदर्शन के बीच त्रिवेदी जी की मानसिकता को घर में भी सहारा नहीं मिलता, यही अकेलापन 'ओल्ड एज होम' के बारे में सोचने को मजबूर करता है। कहानी ध्यान देने योग्य है। इस पूँजीवादी समाज के योग्य नहीं है बलिराम त्रिवेदी।

आशा प्रभात की कहानी 'सरकार बदल गयी' बागमती की बाढ़ से पीड़ित

लोगों की व्यथा की अभिव्यक्ति है। अचानक बागमती उमड़ पड़ी और रातोरात पूरा गाँव बह गया। घर बह गया, लोग बह गये, गाय-बैल बह गये। सब कुछ बरबाद हो गया। धीरे-धीरे लोग बाँध पर जाकर झोंपड़ी बनाकर बस गये, लेकिन जीवन तो ऐसा हो गया कि जो किसान थे, वे मजदूर या भिखमंगा हो गये। कुछ लड़कियाँ तो भट्टा में शरीर का पेशा करने लगीं परिवार चलाने के लिए, यों ऐसा करने को वे मजबूर हुईं, दर्द सूचना भर है, उनके जीवन का चित्रण नहीं है। ब्लॉक से राहत स्वरूप गेहूँ बँट रहा है, लेकिन वह भी क्या सबको मिल पा रहा है? नहीं। ब्लॉक में भीड़ लगाने वालों को 'कामचोर' होना भी सुनना पड़ता है। शहर से लोग देखने आते हैं, पत्रकार आते हैं, फोटोग्राफर आते हैं। इतने ही से आस की डोर बनती है और जिन्दगी उससे लटकी हुई है। ग्यारह साल हो गये विस्थापित जीवन के, अपने छप्पर का सपना भी टूटने लगा। अफवाह फैलती है कि सरकार बसाएगी लोगों को जमीन और घर बनाने का पैसा देकर। लेकिन यह अफवाह ही है। कहा जाता है बाढ़ जब आयी थी, तब जो सरकार थी वह अब नहीं है, यह सरकार क्यों बनाएगी? लेकिन यह प्रश्न और मन्तव्य अप्रासंगिक ह। सरकार की जन-विरोधी राजनीति का जिक्र किया जा सकता था। पूजीवादी राजनीति के चरित्र के चित्रण के जरिये बात कही जा सकती थी। असल में व्यथा का जिक्र भी वक्तव्य के जरिये किया या है। बाढ़ आयी, तो किस तरह का कहर बरसा, इसके दृश्यों का कहानी में अभाव है, इसलिए ऐसी भयानक आपदा के बावजूद कहानी पाठक के दिल में दर्द नहीं पैदा करती। कहानी तो लम्बी हो गयी है, बाढ़ से सम्बद्ध समस्याओं के वर्णन से, जैसे एक परिवार ससुराल चला गया था, लौट के आया है, तो देखता है, सबकुछ नष्ट हो गया है। कोसी की बाढ़ का वर्णन है, जो बहुत आवश्यक नहीं है। ऐसे ही और प्रसंग हैं। असल में कहानी की आन्तरिक अपेक्षा होती है, उसका आन्तरिक अनुशासन होता है, जिसमें वर्णन से अधिक चित्रण की अपेक्षा रहती है। चित्रण में भावनाओं के चित्र खड़े किये जाते हैं।

कहानीकार हेमन्त का नाम मेरे लिए नया है। 'प्यार' नश्वर है, इसलिए सुन्दर है एक श्रेष्ठ रचना है। मैं रचना कह रहा हूँ, कहानी नहीं, यों इस रचना का ढाँचा तो कहानी का ही है। कहानी के इस ढाँचे में लेखक के जीवन (हेमन्त नहीं, लेखक मात्र) में लेखनी और वाणी के प्रति प्रेम का द्वन्द्व है। लेखक के प्यार का अन्यतम विषय है लेखनी। लेखक लेखनी को ही प्यार करता है, सबसे ज्यादा प्यार। वह लेखक के रूप में प्रतिष्ठित है, लोकप्रिय है। तभी वाणी उसे लुभाती है, वाणी उससे अनन्य प्यार देती है। लेखनी और वाणी दोनों में द्वन्द्व है, दोनों यहाँ प्रतीकात्मक रूप में आयी हैं। लेखक जब वाणी के बहकावे में आता है, लेखनी छूट जाती है। लेखक मर जाता है। ये विचार हैं। लेखक हेमन्त ने इस रचना में लेखक के लिए लेखन और भाषाण के अन्तर्विरोध को साफ कर के पेश कर दिया है। अच्छी रचना

है। अब मुझे हेमन्त से किसी अच्छी कहानी या कविता यानी लेखनी से निकली अनुभूति की अपेक्षा है।

डॉ. लक्ष्मण प्रसाद चन्द की कहानी 'फैसला सुरक्षित' ध्यान खींचती है। क्या कारण है। कहानी शुरू होती है इस प्रश्न से कि 'अब कौन साथ देगा? हम गरीबों की कौन सुनता है?' पातो चा की पत्नी तल्खी के साथ उपर्युक्त बात कहती है। कभी पाते चा का आंगन गाँव में 'बड़का अँगना' के नाम से प्रसिद्ध था। अब बँटकर छोटा हो गया। पहले 'बड़का अँगना' था पंगच होगता ही था, आज पातो चा कायल थे? दस एकड़ गैर मजरूआ आम जमीन को लेकर गाँव में जातीय और वर्ग-विभाजन हो गया है। एक दूसरे का बहिष्कार करना है। पातो चा के पास एक बैल है, हल है। खेती कैसे होगी? पातो चा गोवर्धन की साझेदारी में खेती कर लेते हैं। उसके पास भी एक ही बैल है। लेकिन गोवर्धन उस बिरादरी का है, जिसका नायक सुखदेव है। पातोचा की बिरादरी का नायक बिन्दो।

पातो चा ने बिरादरी के फैसले का उल्लंघन किया गोवर्धन का साथ ले दे कर। पंचायत बैठी है और पातो चा को बुलाया गया है। पातो चा को बेटे ने चेताया है, बिरादरी से लड़ेंगे, तो सुनीता की शादी कैसे होगी। चिन्ता का विषय है। लेकिन खेती के बिना जीवन कैसे चलेगा। अतः पंचायत में जाते समय जो पातो चा परेशान थे, कमजोर थे, वही वहाँ जा कर मजबूत हो गये। पंच ने कहना शुरू किया—फैसला हो चुका है पातो चा। केवल आपको सुनाना बाकी है।....' तभी पातो चा बोल उठते हैं..."फैसला मैंने भी किया है...मेरे पास एक पालो है हल नहीं और बैल माथे यही सँवरा। अगर आपकी अपनी बिरादरी की नाक इतनी ऊँची है, तो मेरा अभाव पूरा कर दीजिए। ...और हाँ बैल का भी जोड़ा लगा दीजिए।" अनेक लोग इस हालत में थे, बिरादरी के डर से बोल नहीं रहे थे। बिरादरी के पास समस्या का समाधान नहीं था, होता ही नहीं है। पातो चा के ठोस प्रश्न के सामने पंचायत का फैसला सुरक्षित यानी स्थगित रह गया। जमीन के स्वाले भी लड़ाई के पक्ष में बिरादरीवार किया गया, लेकिन अभाव की समस्या को दूर करने की रूचि के अभाव में पंचायत और बिरादरीवार विफल हो गया।

कथानक की उपर्युक्त प्रक्रिया और वर्ग एवं बिरादरी के संघर्ष नें वर्ग का ऊपर होना कहानी को महत्त्वपूर्ण बना रहा है। आज के समय में जब राजनीति में भी जातिवाद का आधार लिया जा रहा है, बिरादरीवाद की सीमा और अक्षयता की स्वाभाविक परिणति कथा के रूप विधान को भी महत्त्वपूर्ण बनाती हैं कथा का यह राजनीतिक निष्कष्र कहानी को ग्रामीण दायरे से बाहर निकला कर उदात्त बनाता है।

शिव कुमार शिव तो सधे और मँजे हुए कहानीकार हैं। आलोच्य कहानी 'उसके जाने के बाद' पारिवारिक माहौल की व्यक्तिपरक कहानी है। व्यक्तिपरकता में भी एक खास परिस्थिति और वातावरण में मनुष्य के व्यवहार के मनोवैज्ञानिक

ढंग से देखने की कोशिश की गयी है। कहानी व्यक्तिपरक है, इसलिए स्वभावतः आत्मकथात्मक शैली में लिखी गयी है। कहानी का उत्तर पुरुष (मैं) आगे चलकर बाबूजी हो जाता है।

कहानी का प्रारम्भिक अंश वास्तव में कहानी की पृष्ठभूमि है। यह पृष्ठभूमि अनिवार्य है, लेकिन शीर्षक उसके जाने के बाद बताता है कि असल कहानी तो कथानक का उत्तरार्द्ध ही है। यों कहानी के शुरू में ही उत्तम पुरुष कहता है—एक साल पहले मेरी लुगाई मर गयी। इसके बाद 'स्मृति' के रूप में वे पत्नी के बाद के प्रसंगों का उल्लेख करते हैं। बड़ा ही आत्मीयतापूर्ण, आनन्दमय, उल्लासमय जीवन बिताया इन्होंने पत्नी के साथ। वे कहते हैं—'मेरा कमरा हर रात मेरे साथ बिना उसके रोता है।' इस वाक्य में दर्द भरी अनुभूति गुम्फित है, उससे स्पष्ट हो जाता है कि पति पत्नी में अगाध प्रेम था। वे यह भी कहते हैं—कहने में अच्छा नहीं लगता, लेकिन कहे बिना जी नहीं मानता, घर वाली के जाने के बाद बहुओं, बेटों का मिजाज मेरे प्रति माड़ा और ओछा हो गया। कई पुकार के बाद बेटा, बहू या नौकर आ कर पूछता है कुछ चाहिए बाबू जी? ...समझने लगा हूँ कि एक बाप चार बेटों को पोस सकता है पर चार बेटे मिलकर एक बाप को नहीं पोस सकते। कैसी विडम्बना है? बेटों ने बहुओं को बाप के बारे में उलाहना दिया तो, वे कहती हैं आपके बाबूजी का बेढब स्वभाव है। अपने आचरण से आँख मूँद कर हमें उलाहना देने का हिसाब रखते हैं। उसके जाने के बाद यह भी सुनना पड़ा।

पति-पत्नी का सम्बन्ध एक-दूसरे की प्राकृतिक जरूरत की पूर्ति के अलावा मानवीय जरूरत भी पूरी करता है। दोनों के साथ से जीवन भरा-पूरा लगता है, रहता भी है, लेकिन उसके जाने के बाद जीवन अधूरा हो जाता है, अभावग्रस्त हो जाता है मानसिक रूप से। कहानी का यह निष्कर्ष आज के स्त्री-विमर्श के दौर में अत्यन्त महत्त्वपूर्ण है। उसके रहते बहुएँ अनुशासन में रहती थीं, उसके बाद बाबूजी को ही लांछित करने लगीं, ऐसा प्रहार जिसका उत्तर बाबू जी नहीं दे पाते वे इतना ही कह पाते हैं—आज तो धरती फटने और मेरे उसमें समाने दिन का था। सारी बातों को मिलाकर यह एक मार्मिक कहानी है।

कहानी में मारवाड़ी मिश्रित हिन्दी का प्रयोग आकर्षक है।

इन कहानियों पर मेरी टिप्पणी में ज्यादा ध्यान देने योग्य है कहानी की मेरी व्याख्या। कथ्य, कथानक और शिल्प के सामंजस्य की व्याख्या।

जीवन के नये लक्षणों की पहचान

विकास के किसी भी दौर में कहानी को महत्त्वपूर्ण बनने के लिए समाज और जीवन में प्रकट हुए नये लक्षणों की पहचान करनी पड़ती है। पूर्ववर्ती दौर की कहानी से अपने को अलग विशिष्ट और मौलिक साबित करने के लिए नये दौर की कहानी के लिए यह आवश्यक है। यह हर दौर के नये रचनाकार के लिए उसकी सर्जनात्मकता का पहला कदम है। सामाजिक जीवन की विविधता और जटिलता में अपने समय के आग्रह के अनुकूल विषय वस्तु एवं चरित्र का चयन करना और कथ्य के साथ उनका समायोजन करना कहानी-कला के अत्यन्त आवश्यक पहलू हैं। इस बात का महत्त्व स्पष्ट करने के लिए यह भी कहा जा सकता है कि पुरानी ही वस्तु, चरित्र और कथ्य को नये घटनाक्रम के साथ प्रस्तुत करने वाली कहानी महत्त्वपूर्ण नहीं बन पाती।

हमारा आज का समाज, खास कर के ग्रामीण समाज जीवन के पुराने और नये तत्त्वों के संयोग का अच्छा उदाहरण है। संक्रमणशील दौर में ऐसा होना स्वाभाविक है। इस प्रसंग में शिवमूर्त्ति की कहानी 'तिरिया चरित्तर' और सृंजय की कहानी 'भगदत्त का हाथी' का जिक्र मैं करना चाहता हूँ।

'तिरिया चरित्तर' से जो व्यंग्यार्थ परम्परागत रूप से निकलता रहा है, उससे भिन्न, बल्कि उसका उल्टा अर्थ यह कहानी उसे दे देती है। यही इस कहानी की सब से बड़ी विशेषता है। यों प्रत्यक्षतः देखने में कोई एकदम नयी बात या नयी घटना कहानी में नहीं है। बिमली जैसी नवयुवती को उसके सम्पर्क में आने वाला हर व्यक्ति, उसे ललचाई आँखों से देखता है, ईंट के भट्ठे का काम करने वाला मजदूर हो, या भट्ठा पर का मिस्त्री या फिर अन्त में उसका अपना ससुर। इसमें कुछ भी नया नहीं है, यहाँ तक कि ससुर का छलपूर्वक पूजा, प्रसाद और चरणामृत के आवरण में उसका शीलहरण कर लेना भी। लेकिन छोटी-छोटी नयी बातों के बीच से एक बड़ी नयी बात उठ खड़ी होती है और वह है स्वयं विमली का अपना व्यक्तित्व, जो जीवन की किसी भी विवशता से कभी समझौता नहीं करता, किसी भी प्रतिकूलता के सामने आत्मसमर्पण नहीं करता है।

बिमली के व्यक्तित्व में नयेपन के और भी कई तत्त्व हैं। सब से पहली बात है उसका खुलापन। वह किसी के भी साथ खुल कर हिलती-मिलती है, इस मामले

में वह निःसंकोच हैं। दूसरी बात है खुलेपन के साथ अपनी मर्यादा की रक्षा करने का साहस और संकल्प। हर तरह के पुरुष जो उसके सम्पर्क में आये हैं, वे उसके खुलेपन का गलत अर्थ लगा कर उसकी ओर बढ़ना चाहते हैं, बढ़ते भी हैं, लेकिन बिमली एक झटके से सब को उनकी वाजिब जगह बता देती है। झटका वह अपने ससुर को भी देती है, बल्कि सबसे ज्यादा जोर से, लेकिन ससुर उसे धार्मिकता की अफीम पिला कर उसका शीलहरण कर लेता है, जब बिमली होश में नहीं है, यों उस हालत में भी वह मुँह नोच लेने की बात बोलती है।

बिमली धोखाधड़ी और विवशता के साथ समझौता नहीं करती, बल्कि उग्र प्रतिरोध करती है, प्रतिशोध लेना चाहती है। इसके तीन व्यक्त रूप हैं, पहले तो वह होश आने पर ससुर को जला कर राख कर देना चाहती है, लेकिन वह लापता था। फिर वह अपने पति से मिलने कलकत्ता प्रस्थान करती है, लेकिन पकड़े जाने पर पंचायत में पूरे साहस और क्रोध के साथ ससुर का भण्डाफोड़ करती है। लेकिन समाज उसके नैतिक बल को प्रश्रय नहीं देता, विश्वसनीय नहीं मानता और उसे गर्म लोहे से दागने का अमानुषिक दंड देता है और अन्ततः उसके नैतिक बल, साहस, संघर्ष आदि को 'तिरिया चरित्तर' घोषित कर देता है, जो वास्तव में पुरुष चरित्र की पशुता का प्रमाण है। एक मजदूर परिवार में पली-बढ़ी बिमली के व्यक्तित्व का यह नयापन कहानी को महत्त्वपूर्ण बनाता है। यह नयापन जिस व्यंजकता से प्रस्तुत किया गया है, वह ध्यान देने योग्य है।

सृंजय की कहानी 'भगदत्त का हाथी' ग्रामीण समाज के सामन्ती अवशेष पर आधारित खानदान और गाँव की इज्जत की भावना और सामन्ती अवशेषों एवं पूँजीवादी व्यावसायिकता के मेल से उत्पन्न धन के लाभ के प्रभुत्व का समन्वित चित्रण प्रस्तुत करती है। कहानी में एक विवाह के माध्यम से आज के ग्रामीण जीवन की अनेक असंगतियों और अन्तर्विरोधों को एक साथ समेट कर उभारा गया है। असंगति और अन्तर्विरोध अपने आप में भारतीय समाज के लिए नयी चीज नहीं है, इसमें नयी चीज है असंगति और अन्तर्विरोध का आधुनिक स्वरूप। समाज और जीवन की रूढ़ियों ने भी आधुनिक रूप ग्रहण कर लिया है और सामाजिक चेतना ने भी। कहानी का ढाँचा खड़ा करने के लिए लेखक ने एक असामान्य घटना की कल्पना की है। उद्धव सिंह की बेटी रासमणि ऐन विवाह के दिन की शाम विवाह-विधि के प्रसंग में बिनौकी माँगने के समय बेहोश हो कर दम तोड़ देती है। इधर विलाप है और उधर शामियाने के पास ही पोखरे पर बारात आ चुकी है। इस विषम परिस्थिति में रामजस काका खानदान और गाँव के 'अपजस' का सवाल उठाते हैं। इसी को बढ़ा कर रामनरेश सिंह कहते हैं कि आज तक गाँव से कोई बारात लौटी नहीं है। नन्हकू नाई ने अपना एक अनुभव-प्रसंग सुनाते हुए किसी दूसरी लड़की से विवाह कर देने का सुझाव दिया तो गाँव की इज्जत वालों ने उसे मान लिया और रासमणि

की मौत का समाचार दबा देने का निश्चय देखते-देखते हो गया। और पण्डित सदानन्द ने महाभारत के नाम पर राजा भगदत्त के द्वारा अर्जुन के तीर से मरे हुए हाथी को जीवित हाथी की तरह खड़ा रखे रहने का प्रसंग सुना कर रासमणि की मौत का समाचार छिपाए रखने को उत्साहित किया। अन्ततः उद्धव सिंह उसके लिए तैयार हो गये। यह सब कुछ इस तरह वर्णित है कि अस्वाभाविक लगते हुए भी अप्रासंगिक नहीं अनुभव होता।

कहानी में इसके बाद युवक रामेसर के माध्यम से सामाजिक रूढ़ि और प्रगति की प्रवृत्तियों के बीच संघर्ष होता है। बारात नहीं लौटने देने के निर्णय के बाद मुख्य प्रश्न यह आता है कि किस लड़की से दूल्हे की शादी की जाए! कोई इसके लिए तैयार नहीं होता। इसी प्रसंग में रामेसर बाल विधवा जानकी से शादी कर देने का प्रस्ताव रखता है। यह गाँव के बुजुर्गों और महिलाओं के लिए चौंकाने वाला प्रस्ताव है। इसलिए रामेसर के द्वारा जानकी को तैयार कर लिये जाने के बाद भी गाँववाले इसे स्वीकार नहीं करते। रूढ़ि की शक्ति जीत जाती है और प्रगति के प्रतीक रामेसर की तो पिटाई हो जाती है। यही रूढ़ि इस रूप में प्रकट होती है कि अन्ततः उद्धव सिंह ही अपनी आठ-नौ साल की बच्ची की शादी तीस साल से ऊपर दूल्हे से कर देने को तैयार हो जाता है। दूल्हे का पिता शुरू में आनाकानी करके भी पैसे के लोभ में राजी हो जाता है। पैसे का लोभ दूल्हे के पिता एकबाल सिंह खानदान की प्रतिष्ठा, अनमेल विवाह, दूल्हे की अनिच्छा आदि बल्कि अपनी बेइज्जती तक को दबा देने को तैयार हो जाता है। यहाँ जो पैसे का लोभ है, वह पुराने समाज के दहेज-लोभ जैसा नहीं है, क्योंकि पुराने जमाने में आम तौर से खानदान की प्रतिष्ठा के आवेश में धन को ठुकराते देखा गया है। यहाँ एकबाल सिंह पहले ही दहेज में ली गयी रकम के अतिरिक्त तत्काल एक गाय देने का वचन पाने पर रासमणि की मौत की खबर पा लेने के बाद भी अनमेल और जबरिया शादी के लिए तैयार हो जाता है।

कहानी में रासमणि की लाश को छिपा कर रखना अथवा प्रासंगिक कथा-प्रसंग में भगदत्त के मरे हाथी को खड़ा रखने का प्रयत्न वास्तव में सांकेतिक अर्थ रखते हैं। समाज के लोग आज भी प्रगतिशील नजरिये को अपनाने से परहेज करते हैं और मृत एवं नुकसानदेह रीति-रिवाज से चिपके हुए हैं। मुख्य बात है समाज में चल रहा वैचारिक संघर्ष, जिसमें नये विचारों को विचार-शक्ति से नहीं लाठी के जोर से दबा दिया जाता है, जिससे समाज की जीवन्तता क्षतिग्रस्त हो रही है।

निरन्तरता और परिवर्तन

कहानी के कहानीपन पर प्रेमचन्द के बाद से ही हमला किया जाता रहा है, इन दिनों यह हमला और जोर से किया जा रहा है। इसके दो कारण हो सकते हैं, एक तो यह कि कुछ लोग समझने लगे हैं कि कहानीपन का सम्बन्ध यथार्थवाद से है और अभी सामाजिक वातावरण यथार्थवाद के प्रतिकूल हो गया है। दूसरा यह कि हिन्दी कहानी अपने विकास के नये दौर में है और इस दौर में अनेक श्रेष्ठ कहानियाँ लिखी गयी हैं, जिनके जरिये साहित्य और समाज के नये प्रश्नों और नये लक्षणों पर बातचीत करने में सहूलियत हो रही है। यदि कहानी से उसका कहानीपन छीन या निकाल लिया जाए, तो उपर्युक्त चर्चा का माध्यम कहानी तो नहीं बन सकती। यही कारण है कि कहानीपन को कहानी का रूढ़िवादी तत्त्व कहा जा रहा है। यह कहानीकारों पर मनोवैज्ञानिक प्रहार है। कहानी को कहानीपन से मुक्त कर दिया जाए तो उसे एक साथ कथानक और चरित्र से मुक्ति मिल जा सकती है और तब साहित्य के पाठकों को कहानी नाम की किसी विधा की तलाश ही नहीं रह जाएगी। लेकिन अच्छी बात यह है कि हिन्दी कहानी अपने कहानीपन पर किये जा रहे प्रहार को उसी तरह बर्दाश्त कर रही है "बूँद अघात सहै गिरि जैसे"। इसके साथ ही हिन्दी कहानी ने वस्तु और रूप में विविधता और नवीनता के साथ उल्लेखनीय विकास किया है। इसराइल, स्वयं प्रकाश, रामधारी सिंह दिवाकर, चन्द्र किशोर जायसवाल, प्रभा खेतान, अब्दुल बिस्मिल्लाह, असगर वजाहत, उदय प्रकाश, सी. भास्कर राव, जयनन्दन आदि अन्य अनेक कहानीकार हैं, जो कहानीपन के साथ कहानी का विकास कर रहे हैं।

इस प्रसंग में मैं यहाँ तीन कहानियों का जिक्र करना चाहता हूँ। इन कहानियों में कहानीपन इस विधा की आत्मा की तरह मौजूद है, साथ ही कहानी नये जीवन-प्रसंग के साथ पुरानेपन या रूढ़ि से मुक्त भी है। इसी अर्थ में ये कहानियाँ निरन्तरता और परिवर्तन के सम्बन्ध के अच्छे उदाहरण बन गयी हैं।

अरुण प्रकाश की कहानी 'भैया एक्सप्रेस' ऐसी कहानी है, जिसे पढ़ते हुए कहानी पढ़ने का अहसास होता है। यद्यपि उसमें आदि-मध्य-अन्त वाला शिल्प नहीं है, फिर भी कहानी का चेहरा उसे प्राप्त है। उसमें कथानक है, बिल्कुल ठोस कथानक, मनुष्य की क्रिया और अनुभव से निर्मित। पठनीयता के कारण कहानी परम्परागत कहानियों

की तरह होते हुए भी जीवन के नये अनुभव और कथन-भंगी दोनों की नवीनता के कारण ताजगी से भरी हुई है। कहानी में प्रत्यक्ष पात्र है रामदेव, लेकिन वास्तविक पात्र है दिवंगत विशुनदेव, जो अपने अनेक सपनों को पूरा करने के उद्देश्य से पैसा कमाने पंजाब गया था और आतंकवादियों की हत्या का शिकार हो गया। पत्नी गौना कराये जाने की और माँ कई अरमानों की पूर्ति होने की प्रतीक्षा करती रह गयीं। छोटा भाई प्रतीक्षा से ऊब कर बड़े भाई विशुनदेव को खोजने निकला। रामदेव की यह यात्रा पारिवारिक आत्मीयता की यात्रा है। इसी क्रम में कहानी आकार ग्रहण करती है। यह यात्रा दिखाती है कि पंजाब का विस्तार बिहार के खेतमजदूरों के गाँवों तक हो गया है। बिहार के खेत मजदूर का 'घर पंजाब हो गया है। रात-रात भर सो नहीं पाता' वह, दूसरी तरफ पंजाब का हाल यह है कि 'इंजन की तरह दहाड़ता बस अड्डा लाश की तरह खामोश था' और 'धीरे-धीरे शहर भी खून की तरह जम गया'। जिस आत्मीयता से प्रेरित हो कर रामदेव चला है, वह उसे पंजाब के गाँव में सरपंच सरूप सिंह और मनजीत कौर के व्यवहार में मिलता है। आतंक और आत्मीयता के इस विस्तार में ध्यान देने की बात है कि घटना है रामदेव के जीवन की और संवेदना है विशुनदेव के जीवन की और उसके माध्यम से राष्ट्रीय सामाजिक व्यथा व्यक्त होती है। यह कहानी की विशेषता है।

यह कहानी वर्तमान और भविष्य का, यथार्थ और स्वप्न का, संवेदनशीलता और संवेदनशून्यता का, मनुष्यता और बर्बरता का टकराव तो दिखाती ही है, पूँजीवादी समाज के असमान विकास की त्रासदी और हरित क्रान्ति की खेतो के अन्तर्विरोध भी अनुभव कराती है। इन्हीं कारणों से कहानी में एक 'ऐतिहासिक विजन' मिलता है, जो उपर्युक्त टकरावों और अन्तर्विरोधों से निकलने का कलात्मक संकेत भी देती है। 'भैया एक्सप्रेस का सफर तमाम नहीं हुआ था'—यह कथन विशुनदेव और रामदेव के अनुभवों को, उनकी व्यथा को सारे अन्तस्सम्बन्धों तथा अन्तर्विरोधों को मार्मिक ऐतिहासिकता प्रदान करती है। इसी ऐतिहासिकता से कहानी का विजन विकसित होता है।

व्यक्ति और व्यक्तित्व के विकास की समस्या आधुनिक युग के रचनाकारों और विचारकों के सामने दरपेश रही है। इस सम्बन्ध में व्यक्ति-केन्द्रित और यथार्थवादी दोनों तरह की कहानियों में अक्सर अपनी-अपनी रूढ़ियाँ दिखायी पड़ी हैं। व्यक्ति-केन्द्रित कहानियों में परिवेश और परिस्थितियों की उपेक्षा से रूढ़ि बनती रही है और यथार्थवादी कहानियों में व्यक्ति के निजी सपनों और व्यक्तित्व की भूमिका को नजरअन्दाज करने से रूढ़ियाँ बनी हैं। लेकिन इस दौर में यथार्थवादी या यथार्थपरक कहानियों में भी व्यक्ति की आकांक्षाओं तथा व्यक्तित्व के विकास की समस्याओं पर अनेक लेखकों ने ध्यान दिया है। मनोज रूपड़ा की सद्यःप्रकाशित कहानी 'प्यास' ऐसी ही कहानियों का प्रतिनिधित्व अत्यन्त समर्थ ढंग से करती है।

प्रस्तुत कहानी में जो 'प्यास' है, वह पानी या अन्य किसी पेय से बुझने वाली नहीं है। वह प्यास है आत्मीयता की, ममत्व की। वह प्यास भौतिक नहीं आत्मिक है। इस प्यास से पीड़ित कथानायक उन ढेर सारे लोगों में एक है, जो 'लड़ाई लड़ने आये सिपाहियों के मौन अत्याचारों की पैदावार है' और समाज में त्याज्य बन कर दूसरों के लिए चोरी करने का धन्धा कर के जी रहे थे। चर्च मिशन की मदर शैलना ऐसे बच्चों को पालती-पोसती है, सुख-सुविधा देती है, प्यार देती है। मिशन में बच्चों को सब कुछ मिल जाता है, लेकिन माँ नहीं मिल पाती। कथानायक कहता है—"मैं माँ के सान्निध्य के अभाव में भूख की अन्तहीनता के किनारे खड़ा था—दुनिया की भीड़ में अकेला, अजनबी और डरा हुआ।" एक अन्य स्थल पर वह कहता है—"पूरे दस साल मैंने एक ही घेरे में चक्कर काटते बनैले जानवर की तरह गुजारे।" जाहिर है, कथानायक कहना चाह रहा है कि मिशन में मनुष्य बनाने का नहीं, क्रिश्चियन बनाने का काम होता है। यही कारण है ममत्व से अलगाव का। यहाँ चर्च किसी भी धर्मपीठ का प्रतीक है धर्मपीठ यान्त्रिक अनुशासन सिखाता है, यान्त्रिक प्यास देता है। इसलिए वहाँ पुरुषार्थ विकसित नहीं होता।

लेकिन चर्च के बाहर की दुनिया में भी कथानायक को वास्तविक स्वतन्त्रता और खुलापन नहीं मिलता। चर्च से भाग कर वह अपनी चित्रकला के बूते पर आत्मनिर्भर हो जाता है, आर्थिक हालत अच्छी हो जाती है, लेकिन उसे लगता है कि उसके भीतर एक प्रेत उसके जीवन के अतीत से निकल कर आया है और धार्मिक खँडहरों और मनहूस मकबरों से प्रतिहिंसा का आह्वान करता है। ध्यान दें यह किसी राजनीतिक या दार्शनिक मंच से किया गया आह्वान नहीं है। यह एक ऐसे मनुष्य की आत्मा की आवाज है, जो समझता है कि धार्मिक मठ ने उसके व्यक्तित्व का 'राक्षसीकरण' कर दिया है। लम्बे समय तक अस्वाभाविक स्थितियों में जीने के कारण मनुष्य असामान्य हो जाता है, उच्छृंखल हो जाता है, इसका प्रमाण कथानायक ही है। वह कहता है "मेरा मैं मुझसे बाहर निकल कर काले प्रत्ययों के जंगल में भाग गया है।" जीवन का यह निष्कर्ष रचनात्मकता और कलात्मकता के लिए महत्त्वपूर्ण है। कथानायक 'दिशाहीन', दृष्टिहीन और मूल्यहीन होकर ऐसा सोचता है। अपने आप में डूबा हुआ समाज भी कथानायक को निरर्थकता के बोध से उबार कर उसकी सर्जनात्मकता को विकसित करने में असमर्थ है।

ऐसे अनेक मूल्यवान निष्कर्ष कहानी में अनेक जीवन-प्रसंगों और कलात्मक प्रतीकों तथा संकेतों के माध्यम से प्रस्तुत किये गये हैं। ये सारी बातें मिलकर कहानी को महत्त्वपूर्ण एवं उल्लेखनीय बनाती हैं।

पीढ़ियों के अलगाव और टकराव की समस्या आमतौर से उच्च वर्ग के सदस्यों के प्रसंग में चित्रित होती रही है। बसन्त कुमार ने निम्नमध्यवर्गीय परिवार के प्रसंग में इस समस्या को ऋण मुक्ति में दिखाया है। यहाँ ध्यान देने की बात है कि आज

की नयी पीढ़ी अपने वर्तमान और अपनी आकांक्षाओं से इतना घिरी रहती है कि पारिवारिक अतीत की भावनात्मकता के प्रति जरा भी लगाव नहीं महसूस करती। इसीलिए सत्तो बाबू का बेटा ऋण-मुक्ति के लिए माँ का कंगन बेचने की सलाह बेखटके दे डालता है। इसके विपरीत बीच की पीढ़ी के सत्तो बाबू अपनी पत्नी की निशानी को बचाये रखने के लिए एक स्कूल में रात्रि दरबान की नौकरी स्वीकार कर लेते हैं। बदलते हुए समय के साथ भावनाओं और मूल्यों के भी बदलते जाने, उनमें टकराव होने की स्थिति इस छोटी सी कहानी में जिस तरह चित्रित है, वह मनुष्य को व्यथित कर देती है। यद्यपि कहानी का कथ्य बहुत नया नहीं है, लेकिन सन्दर्भ नया है।

संवेदनशीलता की खोज

जीवन और समाज के वर्त्तमान दौर में संवेदनशील मनुष्य अथवा मनुष्य की संवेदनशीलता सबसे अधिक संकट में है। मनुष्य का मनुष्य के प्रति संवेदना व्यक्त करना खतरनाक काम है। ऐसे माहौल में मानवीय संवेदनशीलता यदि दुर्लभ हो गयी है तो कुछ भी अचरज नहीं। संवेदनशीलता और उसके स्रोत पर कई तरफ से हमले हो रहे हैं, उनमें सबसे अधिक आक्रामक और उग्र प्रहार धर्मान्ध और साम्प्रदायिक शक्तियों की ओर से किया जा रहा है। इसलिए यह स्वाभाविक है कि मानवीय संवेदनशीलता की खोज आज वहीं की जा रही है, जहाँ धर्मान्धता और साम्प्रदायिक उन्माद ने वातावरण को अमानुषिक बना दिया है।

आज के कहानीकार इस अमानुषिक वातावरण और उसमें सक्रिय मनुष्य के प्रति सजग और संवेदनशील है। कुछ लोग अक्सर कहा करते हैं कि आज 'पेशावर एक्सप्रेस', 'अमृतसर आ गया' अथवा 'मलबे का मालिक' जैसी कहानियाँ कहाँ लिखी जा रही हैं। लेकिन ध्यान देने की बात यह है कि आज की धर्मान्धता और साम्प्रदायिकता उस दौर से बहुत भिन्न है, इसलिए आज उसी तरह की कहानियाँ नहीं लिखी जा सकतीं। लेकिन आज के संवेदनशील पाठक को स्तब्ध कर देने वाली या झकझोर देने वाली अनेक कहानियाँ इस दौर में भी लिखी गयी हैं। अभी पंकज बिष्ट की कहानी 'क्या कहना है जटायु' और सी. भास्कर राव की कहानी 'सुबह' मेरे सामने है।

साम्प्रदायिक उन्माद ने एक-दो मनुष्य नहीं पूरे मनुष्य समाज की जिन्दगी को जिस संकट में डाल दिया है उसका सार पंकज बिष्ट ने अपनी कहानी 'क्या कहना है जटायु' में इन शब्दों में व्यक्त किया है—गर्मी और दुर्गन्ध के कारण उसकी इच्छा हो रही थी कि सारी खिड़कियाँ' दरवाजे खोल कर बाहर निकल जाए, पर जैसे ही वह किसी भी खिड़की या दरवाजे की ओर बढ़ता कोई-न-कोई उसे टोक देता था और चुपचाप वापस अपनी सीट पर आ कर बैठना पड़ता था। कैसी भयानक स्थिति है, न घर में चैन से रह सकते हैं और न निश्चिन्त हो कर घर से बाहर निकल सकते। बाहर निकलने की बात तो दूर खिड़की तक नहीं खोल सकते। खिड़की, दरवाजे खोलने से रोकने वाला कोई व्यक्ति नहीं बल्कि घर से बाहर के पूरे वातावरण में

छाया हुआ साम्प्रदायिक आतंक है। आतंक की सूचना अजब क़िस्म की दुर्गन्ध से मिलती है। अच्छे-भले लोगों का मुहल्ला है यह, लेकिन अजब सी दुर्गन्ध आ रही है। "आखिर यह दुर्गन्ध है कैसी?" इसका उत्तर नहीं मिलता। क्यों नहीं मिलता? इसलिए कि आदमी के मुहल्ले में ऐसी दुर्गन्ध कभी किसी को नहीं मिली। कैसे मिलती? यह दुर्गन्ध तो है आदमी के मुहल्ले में जिन्दा आदमी के जलने की। मुर्दा श्मशान में जलता है और जिन्दा आदमी मुहल्ले में जलाया जा रहा है आदमी के ही द्वारा। कहानी के मामा जी यह जान कर बेचैन हो उठते हैं, इसलिए नहीं कि उन्हें मुसलमानों से बड़ा प्रेम है बल्कि वे तो हिन्दू मानसिकता के व्यक्ति हैं और कहते हैं कि मुसलमानों के घरों में पाकिस्तानी "हथियारों का जखीरा" है, फिर भी अपने मुहल्ले में मुसलमानों पर किये जा रहे अमानुषिक ज़ुल्म की बात सुन कर कहते हैं—"नहीं-नहीं यह ठीक नहीं है।" उस पर उनका पड़ोसी कहता है—"तो मन्दिर कैसे बनेगा? हमें सिद्ध करना होगा कि हम मरी हुई कौम नहीं हैं।" यह वाक्य कहानी की पूरी बर्बरता और अमानुषिकता को देश के वर्त्तमान राजनीतिक यथार्थ और उससे जुड़ी धर्मान्ध संस्कृति से जोड़ देता है।

बड़े ही प्रासंगिक ढंग से लेखक ने मन्दिर और कौम यानी राष्ट्रीयता के प्रसंगों को दंगाई पड़ोसी के माध्यम से जोड़ कर कथा-सन्दर्भ को व्यापक फलक प्रदान किया है। उसके फलस्वरूप जो उन्माद फैला है उसमें घर के बाहर तो और भी संवेदनशून्यता, और भी बर्बरता है। पड़ोसी मामा जी को देखने के लिए आये हुए भगिने को वापस लौटने के लिए मुख्य सड़क तक छोड़ आने के बहाने से अपने साथ ले जाता है और एक ऐसी जगह ले जाता है जहाँ प्रशिक्षित धर्मान्ध युवकों का बड़ा गिरोह एक युवती के साथ जो जघन्य कर्म कर रहा है, उसे देखना भी नहीं होता है, हालाँकि पड़ोसी उसे रास्ते में समझाता आया था कि "यह विजय जो दो हजार साल बाद मिली हो, उसमें ये तत्त्व और भी सघनता से होंगे...उस आर्यावर्त की बुद्धियाँ ही नहीं होने वाली है। दुर्गन्ध तुम्हारी समझ का फेर है। जब तुम अपने धर्म, अपनी जाति, अपने राष्ट्र के प्रति प्रेम का सही अर्थ जान लोगे, तब यह गन्ध चन्दन और पुष्पों की गन्ध में बदल जाएगी।" यह है साम्प्रदायिक इतिहास दृष्टि जो दूसरे धर्म के मनुष्य को जलाने, दूसरे धर्म की युवती को निर्वस्त्र करके अट्टहास करने को राष्ट्रीय विजय मानने की अमानवीय समझ देती है। पंकज बिष्ट ने बर्बरतापूर्ण व्यवहार और सम्प्रदायवादी इतिहास दृष्टि एवं राष्ट्रीयता का सम्बन्ध बड़े प्रासंगिक ढंग से दिखाया है।

लेखक ने कहानी को एकाध जगह कुछ यांत्रिकता से आगे बढ़ाया है, लेकिन निष्कर्ष पर पहुँचने में वह यांत्रिकता से बिल्कुल बचा रहा है। जिस तरह लड़की और मामा जी के भगिना को दरिन्दों के चंगुल से भागने का अवसर मिल गया, वह यांत्रिक जरूर है, लेकिन आगे चलकर फिर कहानी को वहीं पहुँचाया है, जिससे

साम्प्रदायिक वातावरण को समाज की संवेदनशून्यता में ही मनुष्य फँस जाता है। लेखक बता रहा है कि भागने के लिए स्कूटर जैसी तेज सवारी हो, फिर भी भाग कर भला आदमी कहाँ जाएगा। वे फिर दंगाइयों के दूसरे गिरोह की पकड़ में आ जाते हैं, और वह युवती बेहोश हो जाती है। यह बेहोशी संवेदनशीलता को, मनुष्यता और सभ्यता को बचाने के कमजोर प्रयत्न की असफलता है। लेकिन वास्तव में लेखक पाठकों को यह महसूस कराने में सफल होता है कि धार्मिक उन्माद समाज को संवेदनशून्य बना देता है, असहिष्णु, विवेकहीन और हिंसक बना देता है। इस दृष्टि से यह कहानी आज के राजनीतिक सन्दर्भ में अपने तईं मानवीय सामाजिक चिन्ता की कहानी है। लेखक ने 'क्या कहना है जटायु' शीर्षक देकर धर्मान्ध मनुष्य पर गम्भीर व्यंग्य किया है। जटायु गिद्ध था, लेकिन उसने सीता को रावण के चंगुल से बचाने के लिए अपनी जान दी और यहाँ ये सम्प्रदायवादी हीरो है, जो धर्म के नाम पर एक युवती की इज्जत से खेल करते हुए प्रफुल्लित होते हैं।

मनुष्य की चेतना और संवेदना पर कितना भयानक असर डालता है सम्प्रदायवादियों के चंगुल से युवती को बचाने का प्रयत्न करने वाला युवक इनके सामने कितना कातर बना रहता है।

पंकज बिष्ट की इस कहानी से भिन्न स्तर पर बनी है सी.भास्कर राव की कहानी 'सुबह'। यहाँ भी हालत वैसी ही है कि मोहल्ले में कोई घर ऐसा नहीं था, जिसके दरवाजे या खिड़कियाँ खुली हों। कहानी के प्रारम्भ में ही निरंजन बाबू अपनी छत पर अपने पुत्र कैलाश के अब तक घर नहीं लौटने की चिन्ता से व्यग्र हैं और बेचैन हैं। शहर में सिख विरोधी उन्माद फैला हुआ है। कर्फ्यू लगा हुआ है। ऐसे में देर तक घर से बाहर रहने वाले बेटे के लिए चिन्तित होना स्वाभाविक है। यह मनुष्य की पारिवारिक संवेदना है। इसी संवेदना से प्रेरित कैलाश की माँ भी निरंजन बाबू की चिन्ता में शामिल हो जाती है। इनके लिए एक-एक पल भारी हो रहा है और कैलाश "इत्मीनान से चहलकदमी करता सा आ रहा है।" कैलाश इत्मीनान से इसलिए है कि सिख विरोधी उन्माद ने उसके दिमाग को भी अपने कब्जे में ले लिया है। उस उन्माद को फैलाने की कोशिश में ही वह कहता है—सुना है, बरमामाइन्स में सरदारों ने एक हिन्दू परिवार को काट डाला। कैलाश का बड़ा भाई नारायण सरदारों से डर लगने की बात कहता है। इस पर उनकी माँ कहती है—डरने की क्या बात है बेटा, वे भी तो आखिर इंसान ही है। यहाँ हम देखते हैं कि वात्सल्य भावना के बीच मानवीय संवेदना को आश्रय मिला है। अपने बेटे के प्रति जो चिन्ता है, उसका विस्तार होता है और वह उदात्त हो कर महनीय बन जाती है। माँ की भावना और ऊपर उठती है, जब कहती है—मरते तो दोनों समुदाय के लोग हैं बेटा। माँ की भावना का विस्तार होता है, वह उदात्त हो जाती है, इसलिए कि वह समझती है कि "मरे चाहे कोई भी, हिन्दू, मुसलमान या सिख, किसी माँ की ही कोख सूनी

होती है। मातृत्व का यह सामान्यीकरण मानवीय संवेदनशीलता का सम्बल बनता है। लेकिन कैलाश के मन में जो उन्माद है वह उसे शान्त नहीं रहने देता। वह रात में दबे पाँव छत पर चला जाता है। अँधेरे में भी बहुत गौर से देखते-देखते छत पर एक कोने में दुबक कर छिपे हुए एक अधेड़ सिख को उसने पकड़ ही लिया। कैलाश के "जेहन में एक खूनी प्यास लपलपा रही थी"। वह उसे खींच कर सीढ़ियों से लुढ़काता नीचे ले आता है। वहाँ उपस्थित उसके पिता निरंजन पसोपेश में हैं। उसकी माँ करुणा निर्द्वन्द्व भाव से कैलाश के खूनी हमले से सिख को बचाने के लिए आगे आ जाती है। करूणा की दृढ़ता देख कर निरंजन भी पसोपेश से मुक्त हो कर कैलाश के छुरी वाले हाथ को पकड़ लेते हैं। यहाँ सरदार की रक्षा मनुष्यता और मानवीय संवेदनशीलता की कसौटी है। इस कसौटी पर कसे जाने वाले लोग ज्यादा नहीं हैं। मोहल्ले वालों को उस डर से नहीं बुलाया जाता कि वे उसे मार डालेंगे। करुणा की संवेदना ठोस रूप लेती है, वह सरदार को नौकरानी के लिए बचा कर रखी रोटियाँ खिलाती है। इस मनुष्यता के मुकाबले कैलाश की दानवता है, जो रात में फिर सरदार को मारने के लिए लोहे का रॉड लेकर हमला करने को सन्नद्ध हो जाता है। वह मार ही डालता, यदि माँ उसे धक्का न दे देती। एक ही परिवार के माँ-बेटे के माध्यम से मानवता और दानवता का यह संघर्ष वास्तव में दो परस्पर विरोधी मूल्यों और विचारों का टकराव है। इस टकराव में अपनी सारी दृढ़ता के बाद भी करुणा पराजित हो जा सकती है। इसलिए वह सरदार को छत पर ले जाकर चुपके से विदा कर देती है। उसकी जान बचाने का यही तरीका उसने अपनाया। यह एक प्रकार की कमजोरी भी है, इसीलिए वह रोने लगती है। लेकिन उसे सन्तोष है कि उसने सरदार को अपने घर में अपने सामने नहीं मरने दिया। जब पूरा माहौल अमानुषिक हो गया हो तब भी मानवीय संवेदनशीलता बची रहती है। उसे रात के अँधेरे में भी खोज कर सुबह के सूर्य की तरह समाज के सामने प्रस्तुत कर देना लेखक की कला का वास्तविक मर्म है।

आज के सामाजिक-सांस्कृतिक सन्दर्भ में ये दोनों कहानियाँ बहुत महत्त्वपूर्ण और उल्लेखनीय हैं।

कहानी में यथार्थ का आतंक

कहानी में फार्मूलेबाजी की चर्चा अक्सर होती रही है। यों तो फार्मूलेबाजी के कई रूप है, मनोविश्लेषण और प्रेम विषयक कहानियों के गठन के भी फार्मूले होते हैं, लेकिन पिछले दिनों एक खास तरह की फार्मूलाबद्ध कहानियों को यथार्थ के आतंक का परिणाम कहा गया। यह यथार्थ का आतंक क्या चीज है? इसे स्पष्ट करने के लिए मैं बंगला के प्रसिद्ध कहानीकार सौरी घटक की एक कहानी 'कम्युनिस्ट परिवार' का जिक्र करना चाहता हूँ। इस कहानी में नक्सलवादी आन्दोलन में सक्रिय दो भाई हैं। एक भाई पर नेतृत्व को कुछ शक हुआ और कमिटी ने फैसला कर के उसकी हत्या कर दी। जिस बैठक में उसकी हत्या कर देने का फैसला किया गया, उसमें दूसरा भाई मौजूद था। बाद में यह भाई अपने भाई की मृत्यु से शोकमग्न सोचता है कि उसने हत्या करने का विरोध क्यों नहीं किया? उसका मन ही जवाब देता है कि यदि वह ऐसा करता तो अन्य साथी उसे कापुरूष कहते। कापुरुष कहलाने से बचने के लिए ही उसने भाई की हत्या का फैसला कबूल कर लिया। यह था क्रान्तिकारिता का आतंक और उसके फलस्वरूप मानवीय एवं पारिवारिक संवेदनशीलता की हत्या। इसी तरह की क्रान्तिकारिता से प्रभावित लेखकों पर यथार्थ का आतंक छाया रहता है, जिससे वस्तुगत यथार्थ क्षतिग्रस्त हो जाता है। इस कोटि की कहानियों ने एक सकारात्मक भूमिका जरूर निभायी कि कहानी को निरर्थकता बोध और अराजक वैयक्तिकता की ओर जाने से रोका, लेकिन इस प्रसंग में दावा किया जाता है कि नक्सलवाद ने जीवन से लेकर साहित्य तक में जड़ता को तोड़ कर रचनाशीलता का नया द्वार खोल दिया, यथार्थ की नयी जमीन तोड़ी। यह परीक्षण का विषय है। संजीव की कहानी 'दुनिया की सबसे हसीन औरत' सौन्दर्य का नया प्रतिमान अथवा नयी दृष्टि प्रस्तुत करती है, क्योंकि सब्जी बेचने वाली एक औरत को दुनिया की सबसे हसीन औरत कहा गया है, वह भी उस समय जब वह ट्रेन में टी.टी. के जुल्म का प्रतिकार करने को उठ खड़ी होती है। उसका सौन्दर्य उस नाक-नक्श या वर्ण आदि से नहीं बनता, वह बनता है उसकी लड़ाकू मुद्रा से। उस मुद्रा में उसकी आँखों में नया आत्मविश्वास, जिजीविषा आदि के भाव दिखाई पड़ते हैं इसीलिए वह सबसे हसीन औरत बन जाती है। समाज की कुरूपता का विरोध करने से यह

सौन्दर्य निखरता है। लेकिन इस प्रसंग में ध्यान देने की बात यह है कि वह सब्जी वाली औरत जिस तरह लड़ने की मुद्रा अपनाती है वह सहज और स्वाभाविक नहीं है बल्कि बड़ा ही यान्त्रिक और संयोग पर निर्भर है। ट्रेन में महमूद जैसे युवक का होना महज संयोग है और उसके भाषण के प्रभाव से औरत का प्रतिरोध करने के लिए तैयार हो जाना यान्त्रिक है। उस औरत के हाथ में तीन गोदना है और महमूद उसे उसका अर्थ बताता है। यही सुन कर वह जुल्म के खिलाफ तन जाती है। क्रान्तिकारी राजनीति का सूत्र है जोर-जुल्म का विरोध करना। इस सूत्र का दृष्टान्त लेखक ने कहानी में प्रस्तुत किया है। जुल्म करने वाला है एक मध्यवर्गीय व्यक्ति ट्रेन का टी.टी. और जुल्म की शिकार है ट्रेन में सब्जी ले जा रही एक औरत। यह पूँजीवादी समाज का एक मामूली या गौण अन्तर्विरोध है। लेकिन लेखक की नजर में जैसे यही मुख्य अन्तर्विरोध है, तभी तो जिस महमूद को नेत्रहाट का सूर्योदय नहीं देख पाने का अफसोस था, वही अपने भाषण के प्रभाव से प्रेरित उस औरत की आँखों का तेज देख कर सोचता है–"क्या नेत्र के इस सूर्योदय से नेत्रहाट का सूर्योदय कहीं ज्यादा खूबसूरत होता?" यह तो तय है कि मानवेतर प्रकृति से बेहतर है मानव-प्रकृति फिर नेत्रहाट के सूर्योदय की औरत के नेत्र से क्या तुलना? हाँ, सौन्दर्य-दृष्टि बदलने की बात ठीक है, लेकिन यह बात तो प्रेमचन्द ने 1936 में ही की थी और 'पूस की रात' में हल्कू की पत्नी के तेवर में क्या कम सौन्दर्य है? बल्कि वह ज्यादा स्वाभाविक है, क्योंकि वह किसी भाषण का परिणाम नहीं है। सौन्दर्य-दृष्टि बदलने की प्रक्रिया के चित्रण का अपना महत्त्व है। यहाँ लेखक ने वह प्रक्रिया नहीं अपना कर शार्टकट मारा है। जो सूर्य लेखक को सब्जीवाली की आँखों में दिखायी पड़ता है, वह लेखक की अपनी चेतना से बना हुआ ज्यादा है। बहुचर्चित भोजपुर क्षेत्र के कहानीकार सुरेश कांटक की कहानी 'एक बनिहार का आत्मनिवेदन' भी सूत्रबद्धता का ही उदाहरण पेश करती है। यह एक बौद्धिक कहानी है, इसलिए नहीं कि इसमें जो यथार्थ चित्रित है, वह जीवन में नहीं है, वह तो है, लेकिन यथार्थ को पाठकों की अनुभूति का अंग बना देने की क्षमता कहानी में नहीं है। शुरू से आखिर तक कहानी की वास्तविकता विचारों से बोझिल बनी हुई है। कहानी के मुख्य पात्र गनपत को शुरू में ही नेता के रूप में पेश किया गया है, लेकिन वह खादी धोती-कुर्ता टोपी पहने ब्रीफकेस लेकर चलने वाला, या मंत्रियों के पीछे दौड़ने वाला नेता नहीं है। वह क्रान्तिकारी संघर्ष की चेतना ले कर गाँव-गाँव चक्कर लगाने वाला असली नेता है, हालाँकि यह मात्र पाँचवीं कक्षा तक पढ़ा हुआ है। गनपत कैसे नेता बन गया? पढ़ाई छोड़ कर चरवाही-हरवाही करने वाला गनपतिया कैसे नेता बन गया, यानी जीवन की लाचारी के घेरे को तोड़ कर जीवन व्यवस्था को बदलने के लिए लड़ने वाला कैसे बन गया यही दिखाना उस कहानी का भवितव्य है। लेकिन यह विकासक्रम विश्वसनीय ढंग से नहीं चित्रित है।

पाँचवीं कक्षा की पढ़ाई छोड़ कर चौधरी की भैंस चराने को मजबूर गनपतिया भैंस की पीठ पर बैठकर भोजपुरिया तान में गाता है—हमसे ना होई बनिहरिया, मालिक, कम बा मजूरिया।' जीवन के इस अन्तर्विरोध और शोषण की हकीकत को समझने के लिए गनपत की यह अवस्था जँचने योग्य नहीं है। इसलिए स्पष्ट लगता है कि लेखक ने यह जनवादी गीत उसके होठों पर रख दिया है। गनपत के जीवन के तीनों स्तरों में तालमेल नहीं है।

चरबाहा गनपत हरवाहा और बनिहार बन जाता है, गुलाम की तरह खटता है, बीमार पड़ने की भी फुरसत मालिक उसे नहीं देना चाहता। चौधरी उसे गालियाँ देता है और वह सुनता रहता है। चौधरी के चले जाने पर उसकी चेतना में पशपतिया, शिवचरना आदि आते हैं, जिन्हें मारते-मारते चौधरी ने पहले कभी बेदम कर दिया था। बलात्कार की शिकार कबूतरी भी ध्यान में आती है और अचानक चार दिनों से बीमार गनपतिया अतीत के दायरों से निकलकर वर्तमान में आ गया। उसने एक बार अपने शरीर को निहारा। उस पर हाथ फेरा और एकाएक जमीन से उठ खड़ा हुआ। न जाने कहाँ से उसके शरीर में शक्ति आ गयी। वह अपनी मड़ई से बाहर निकल गया और चल पड़ा अपने मुहल्ले की ओर। "वह चल पड़ा मुहल्ले के लोगों को लड़ने के लिए संगठित करने। लोग आसानी से उसकी बात नहीं मानते। लेकिन वह बहस करता है, तर्क देता है और अन्ततः कुछ नौजवान तैयार हो जाते हैं। बूढ़े तैयार नहीं हुए। जो गनपत से राजी नहीं होते वे जो तर्क देते हैं, वह गाँव के लोगों जैसा नहीं है, जैसे देखिए—छोड़ो गनपत, इसी रफ्तार में गाड़ी चलने दो। नहीं तो हो सकता है ज्यादा तेज दौड़ने पर गाड़ी उलट भी जाए।" गनपत भी जो कहता है, वह मजदूर का तर्क नहीं है, जैसे "मौत तो एक दिन आएगी ही। कुछ तो अगली पीढ़ी के लिए करो" ये तर्क मध्यवर्गीय शिक्षित लोगों जैसे हैं। पुरानी पीढ़ी के लोग भाग्य और कर्म का तर्क देते हैं, प्रेमचन्द के होरी की तरह। लेकिन गनपत और तैश में आये उसके कुछ दोस्त एक दिन गाँव के चौधरी बाबुओं से भिड़ ही जाते हैं। यह घटना आकस्मिक ढंग से कहानी में आ गयी और दूसरी सुबह जो सूरज उगा, उसके प्रकाश में नयी चमक थी। यह क्रान्तिकारी लेखक की आत्मगत चेतना है, जो गनपत और उसके साथियों से ले कर सूरज के प्रकाश तक में चमकती दिखायी पड़ती है। इस कहानी में यथार्थ के तीन स्तर हैं—एक स्तर जुल्मी चौधरी परिवार का है, दूसरा हरिजन टोली के बूढ़ों का है, जो यथास्थितिवादी है और तीसरा स्तर गनपत का है, जो अचानक जुल्म के खिलाफ उठ खड़ा होता है। चूँकि कहानी जुल्म का वर्णन भर है, उसका अमानुषिक रूप चित्रित नहीं है, इसलिए गनपत का जुझारूपन जीवन से विकसित नहीं, लेखक की प्रतिबद्धता से निर्मित दिखायी पड़ता है।

विजय कान्त की कहानी 'बान्ह' में सामन्ती शोषण की प्रक्रिया का चित्रण अवश्य ऐसा किया गया है कि पाठक के मन में धनेसर मिसर के प्रति क्रोध और नफरत के

भाव पैदा होते हैं और सनीफ के प्रति सहानुभूति एवं संवेदना। धनेसर मिसर अपनी चालबाजी और जालसाजी से तथा सनीफ की कमजोरी और बेबसी का नाजायज लाभ उठा कर धीरे-धीरे उसकी जमीन हड़पता जा रहा है। उस जुल्म के खिलाफ संघर्ष करने के लिए खड़ा होना स्वाभाविक है। लेकिन कहानी को उस जगह पहुँचाना जहाँ सनीफ धनेसर को पटक कर उसका गला टीपने लगता है, यथार्थ के आतंक यानी मनोवादी यथार्थ की सूत्रबद्धता का ही नतीजा है। चार दिनों तक मोटर पोखर का पानी उलीचता रहा, तो धनेसर मिसर आपत्ति करने क्यों नहीं आया? एक मिनट पहले तक धनेसर मिसर को "मालिक-मालिक" कह कर गिड़गिड़ाने वाला सनीफ अचानक मालिक को शारीरिक चुनौती देता है याकूब के प्रवेश से प्रेरित होकर। यह कहानी में क्रान्तिकारी तत्त्व का समावेश है। संजीव की उपर्युक्त कहानी की तरह उसमें भी क्रान्तिकारी तत्त्व संयोगवश बाहर से ही आ जाता है बाहर से क्रान्तिकारी तत्त्व का समावेश होना गलत नहीं है, लेकिन उसे आकस्मिकता या संयोग से बच कर आना चाहिए।

परम्परागत यथार्थ में नया तत्त्व इस तरह जोड़ने से कहानी के आन्तरिक अनुशासन और यथार्थ की विश्वसनीयता को नुकसान होता और किस तरह होता है, यह ऊपर चर्चित कहानियों में आसानी से देखा जाता है। कहानियों में पीड़ित पात्र तो तन कर खड़ा हो जाता है, लेकिन पाठक भौचक देखता ही रह जाता है। यह कहानी की सफलता का सबूत नहीं है। ऐसी ही कहानियाँ यथार्थवाद के विरोधियों को यथार्थ के आतंक का सिद्धान्त गढ़ कर यथार्थ मात्र का विरोध करने का मौका देती हैं। कहानी में लेखक की विचारधारा के अनुकूल मोड़ आ जाता है। यह कहानी के आन्तरिक अनुशासन का उल्लंघन है।

यथार्थ के आतंक का अनिवार्य सम्बन्ध फार्मूलाबद्धता से है। ऐसी कहानियों में कहानी में मनोवांछित मोड़ सहसा दे दिया जाता है। सहसा कहानी में मोड़ ला देना किसी फार्मूले के कारण ही होता है। घटना-क्रम के माध्यम से बात नहीं कही जाती। उपर्युक्त दोनों कहानियों में क्रान्तिकारी युवक सहसा उपस्थित होता है।

इस दृष्टि से शैवाल की कहानी कालसूत्र दामूल अधिक सफल है, क्योंकि जुल्म की भयानकता देखते हुए पाठक परेशान हो उठता है और सोचने लगता है कि जुल्म का प्रतिरोध क्यों नहीं हो रहा है और ऐसी ही स्थिति में कहानी में भी प्रतिरोध होता है। कहानी के पाठक और पात्र की अनुभूति और संवेदना में यह कहानी-कला की सफलता का प्रमाण है।

नये शिल्पगत प्रयोग

कहानी के नये शिल्पगत प्रयोग पर अलग से विचार करने का अर्थ यह नहीं है कि शिल्प कहानी की विषय वस्तु से अलग कोई चीज है। कहानीकार का मूल चिन्तन समग्र रूप से कहानी में नयापन लाने का होता है और व्यावहारिक रूप में उसकी यह चिन्ता जीवन के प्रवाह से घटनाओं का चयन करने के क्षण से ही व्यक्त होने लगती है और कहानीकार के मनोजगत् में सृजन की प्रक्रिया में ही कहानी जब रूप ग्रहण करने लगती है, तभी कहानी के शिल्प का गठन होने लगता है। शिल्प वास्तव में कहानी की वस्तु की आवश्यकता है, और वस्तु भी शिल्प की आवश्यकता है, क्योंकि बिना शिल्प के वस्तु नहीं हो सकती और वस्तु के बिना शिल्प नहीं हो सकता है। यहाँ यह प्रश्न विचारणीय नहीं है कि दोनों में कौन प्रधान है या कौन किसको निर्धारित करता है। दोनों का अन्योन्याश्रय होना ही यहाँ अधिक प्रासंगिक और महत्त्वपूर्ण है। यों इतना कहा जाना उचित होगा कि शिल्प से यह समझ में आता है कि लेखक ने जीवन के यथार्थ को किस रूप में ग्रहण किया है और किस तरह उसे पाठकों के सामने प्रस्तुत करने का प्रयत्न किया है। उस प्रयत्न में ही लेखक व्यक्तित्व या उसकी चेतना की बनावट का प्रभाव भी शिल्प पर पड़ता है।

इस प्रसंग में यह भी उल्लेखनीय है कि पाठक भी कहानी को समग्रता में ही ग्रहण करता है, उसके भिन्न-भिन्न तत्त्वों, पहलुओं या पक्षों को अलग-अलग नहीं। कहानी की समग्रता के प्रति लेखकों और पाठकों के आग्रह के बावजूद यदि अध्ययन के प्रसंग में उसके विभिन्न पक्षों का अलग-अलग विश्लेषण किया जाता है तो उससे कहानी खण्डित नहीं होती, बल्कि उनके प्रति कहानीकार के रुख और सामर्थ्य को स्पष्ट करता है, साथ ही कहानी के अध्ययन-विश्लेषण को अधिक गम्भीर बनाता है और यह भी कह सकते हैं कि पाठकों की कहानी सम्बन्धी समझ को विकसित करता है। शिल्प कहानी की विषय-वस्तु या अन्तर्वस्तु को सम्प्रेषित करने में अनिवार्य भूमिका अदा करता है, इसलिए कहानी की अर्न्तवस्तु को समझने के लिए शिल्प का विश्लेषण आवश्यक है।

आज के कहानीकार, कहानी के स्वरूप गठन की प्रक्रिया में कई तरह के दबावों का मुकाबला कर रहे हैं। एक तो परम्परा का दबाव जो परम्परा प्रेमचन्द से लेकर

आज के कहानीकारों के निकटतम पूर्ववर्तियों तक की कहानियों से बनी है और उसमें विविधता एवं गहन प्रभावोत्पादकता भी है। दूसरा दबाव स्वयं अपने समय के जीवनानुभव और कहानी की विषय-वस्तु का है और तीसरा दबाव शिल्प-सम्बन्धी वैचारिक आग्रहों का है, खास करके आग्रह के उस पक्ष का, जो कहानी के चेहरे को ही बदल डालने पर जोर दे रहा है। इन दबावों का सम्मिलित असर आज के कहानीकारों पर इतना ज्यादा है कि उनमें से कई सचमुच कहानी को परम्परागत रूप-शिल्प से अलग ले जाने का उपक्रम कर रहे हैं। इस प्रसंग में असगर वजाहत का नाम सबसे पहले उल्लेखनीय है। असगर ने पागलखाना, हरेराम गुरु संवाद और कवि नाम से जो रचनाएँ अपने संग्रह स्वीमिंग पूल में दी हैं, वे प्रचलित समझ के मुताबिक कहानी नहीं है। मैं यह मानता हूँ कि अलग से कोई समझ लेकर किसी कहानी को देखने या समझने का प्रयत्न करना काफी नहीं है, स्वयं कहानी से जो समझ बनती है, वह भी महत्त्वपूर्ण है, लेकिन कहानी की बुनियादी बात भी इनमें दुर्लभ है। असगर ने उन्हें कहानी कहकर पेश किया है, तो कहानी के रूप में ही उन पर विचार करना है। ऊपर चर्चित कहानियों में कोई घटना नहीं है, न कोई पात्र है। किसी खास प्रसंग में लेखक के कुछ उद्गार प्रकट हुए हैं। पागलखाना में घटना स्थल तो है, लेकिन घटना के बदले उसमें वातावरण व्यक्त हुआ है। हरेराम गुरु संवाद में पात्र तो है, लेकिन यहाँ घटना के बदले विचार व्यक्त हुए हैं। ये कहानियाँ आज की कविता के स्वरूप से अधिक प्रभावित हैं।

कहानी और कविता के अन्तर को मिटाने की प्रवृत्ति का प्रभाव उदय प्रकाश पर भी है। तिरिछ संग्रह के प्रारम्भ में दी गयी तीन आत्मकथाएँ इसके प्रमाण हैं। कहानी के ढाँचे में कविता लिखी जाती है, तो उसमें घटनाओं से अधिक महत्त्व भावनाओं या विचारों का होता है। वर्णन से अधिक महत्त्व बिम्बों और प्रतीकों का होता है। कविता के ढाँचे में लिखी गयी कहानी में भी इन दिनों ऐसा ही देखा जा रहा है। उदय प्रकाश की तीन आत्मकथाएँ हैं। नेल कटर, डिबिया, और अपराध। उनमें नेलकटर और डिबिया प्रतीक बन गये हैं। नेलकटर प्रतीक है पुरानेपन को काट-छाँट कर नये समय के आग्रह के अनुसार सुदृढ़ बनाने के साधन का। डिबिया प्रतीक है जीवन को आकृष्ट करने वाली रोशनी के टुकड़े को सुरक्षित रखने वाली वस्तु का। इन दोनों ही रचनाओं में आत्मकथ्य हैं, कोई घटना या वर्णन नहीं। इस रूप में इनमें कहानीपन नहीं के बराबर है। अपराध में कोई प्रतीक नहीं है, लेकिन घटना इसमें भी नगण्य है। यह भी आत्मकथ्य ही है। लेकिन उपर्युक्त दोनों से अधिक संवेदना पूर्ण है और अधिक प्रभावपूर्ण भी। शिल्प सम्बन्धी और भी प्रयोग उदय प्रकाश ने किये हैं, जिनमें कहानीपन की प्रमुखता के साथ ही नया शिल्प है, जैसे हिन्दुस्तानी इवानदानोविच की कथा और हीरालाल का भूत। पहली कहानी में दो कहानियों के गूँथने की कोशिश की गयी है। इससे जीवन यथार्थ के प्रसंग में

व्यथा और संघर्ष की व्यापकता व्यंजित होती है। दूसरी कहानी में लोक चेतना में बसे भूत-प्रेत सम्बन्धी अन्धविश्वास का नया उपयोग लेखक ने किया है। कहानी भूत-प्रेत की नहीं, बल्कि आज के समाज में चल रहे सामन्ती शोषण और उसके खिलाफ विकसित हो रही जन-चेतना की है। यह विरोधी या प्रतिरोधी जन-चेतना भूत की भूमिका के रूप में व्यक्त हुई है। जन-चेतना के प्रभाव से ही भूत सामन्त परिवार को तबाह करता है। इस शिल्प में लिखी कहानी को जादुई यथार्थ की कहानी कहा जा सकता है। यह अलग से विचारणीय विषय है।

प्रेम कुमार मणि की कहानी 1984 शिल्पगत प्रयोग का एक अलग उदाहरण प्रस्तुत करती है। यों डायरी शैली में कहानी पहले भी लिखी गयी है, और इसमें भी डायरी शैली का उपयोग किया गया है। लेकिन यहाँ एक फर्क है, वह यह कि डायरी कथाकार की नहीं, किसी और की है, जो बस स्टैण्ड पर कूड़े के ढेर में मिल जाती है। लेकिन कहीं किसी के द्वारा फेंक दी गयी डायरी कथानायक के द्वारा पायी जाती है, तो वह उसे अपनी ही डायरी मालूम पड़ने लगती है। आम तौर से डायरी वैयक्तिक होती है, लेकिन इस कहानी में उसे सामाजिक भी बना दिया गया है। वास्तव में जीवन-संघर्ष की पीड़ा से परेशान कथानायक की उद्विग्न और विशृंखल मानसिक प्रक्रिया को व्यक्त करने के लिए लेखक ने डायरी का शिल्प अपनाया है। घटना की कमी यहाँ भी है, लेकिन डायरी के पन्ने इस कमी की पूर्ति कर देते हैं, जिससे कहानी का ढाँचा तो खड़ा हो ही जाता है, वह आज के बेरोजगार युवक के जीवन संघर्ष को मार्मिक ढंग से व्यक्त करने में समर्थ भी है।

हिन्दी में लम्बी कहानियाँ पहले भी लिखी गयी हैं। प्रेमचन्द की भी कई कहानियाँ बड़े आकार की मिल जाती हैं, जैसे 'नमक का दारोगा'। गुलेरी जी की कहानी 'उसने कहा था' का भी उल्लेख इस प्रसंग में किया जा सकता है। ये दोनों कहानियाँ अपने विषय विस्तार के कारण औपन्यासिक हैं, इसलिए अध्यायों में बाँटी हुई हैं, आज के लेखकों के बीच लम्बी कहानी लिखने का रिवाज बनाया जा रहा है। कहानी में औपन्यासिक ढाँचे की वापसी है। फर्क इतना ही है कि आज की इन लम्बी कहानियों के शिल्प में कहानीपन, निबन्धात्मकता, भावनात्मक प्रवाह, आत्मकथ्य आदि का सामंजस्य मिलता है। अरुण प्रकाश की कहानी 'भैया एक्सप्रेस', चन्द्रकिशोर जायसवाल की 'और दीपनाथ मर गया', उदय प्रकाश की 'और अन्त में प्रार्थना', प्रभा खेतान की 'चलो पें पें...चलें' जैसी कहानियाँ इस प्रसंग में विचारणीय हैं।

कुल मिलाकर कहा जा सकता है कि इस दौर में शिल्पगत प्रयोग की दृष्टि से भी हिन्दी कहानी आगे बढ़ी है, उसमें नयापन आया है। और वह समृद्ध हुई है। लेकिन यह कहना जरूरी है कि प्रयोगों के आग्रह के बीच कहानी में पठनीयता का आग्रह भी जोर मार रहा है, जिसकी उपेक्षा करना कहानीकारों के लिए मुश्किल है।